地方治理创新研究丛书

阶段演变与多元协同

乡城移民社会支持模式建构研究

易龙飞◎著

中国社会科学出版社

图书在版编目（CIP）数据

阶段演变与多元协同：乡城移民社会支持模式建构研究／易龙飞著．
—北京：中国社会科学出版社，2017.11
ISBN 978-7-5203-1123-6

Ⅰ.①阶…　Ⅱ.①易…　Ⅲ.①农民—城市化—研究—中国
Ⅳ.①D422.64

中国版本图书馆 CIP 数据核字（2017）第 238558 号

出　版　人	赵剑英
责任编辑	冯春凤
责任校对	张爱华
责任印制	张雪娇

出　　　版	中国社会科学出版社
社　　　址	北京鼓楼西大街甲 158 号
邮　　　编	100720
网　　　址	http：//www.csspw.cn
发　行　部	010 - 84083685
门　市　部	010 - 84029450
经　　　销	新华书店及其他书店

印　　　刷	北京君升印刷有限公司
装　　　订	廊坊市广阳区广增装订厂
版　　　次	2017 年 11 月第 1 版
印　　　次	2017 年 11 月第 1 次印刷

开　　　本	710×1000　1/16
印　　　张	16.25
插　　　页	2
字　　　数	265 千字
定　　　价	68.00 元

凡购买中国社会科学出版社图书，如有质量问题请与本社营销中心联系调换
电话：010 - 84083683

目　　录

序　言

　　当今世界正在经历一场深刻的治理变革（Governance Transforma-
tion），治理理念、治理结构、治理工具的创新比任何时候都显得重要和
紧迫。中国正处于上千年未有的大变革进程之中，社会变革的剧烈程度和
深刻程度远远超过了西方国家当年的社会转型经历，由此带来的公共事务
治理的复杂性、艰巨性也是世所罕见的。中国面临的治理挑战，既有现代
化进程的社会秩序重构课题，有全球化、信息化时代公共事务治理的共性
问题，更有中国在特定的历史境遇中生成的发展方式派生出来的一系列特
殊问题。近20年来中国政治学、管理学、社会学等领域形成的最大的理
论共识，就是以治理创新作为思考体制改革的新视野，从构建开放化的治
理结构与有效整合治理资源的双向互动中探寻中国的治道变革。相关研究
领域甚至因此完成了一次重大的话语转向。更为可贵的是，围绕治理创新
特别是地方治理创新，理论界与公共管理的实践者达成了前所未有的共
识，不仅理论界运用治理理论的相关资源，以建设性的姿态广泛介入了各
地各种形式的地方治理创新实践，地方党委政府也基于实现地方的有效治
理而对治理机制、治理方式的变革创新表现出了极大的热情。

　　如何广泛吸纳现代治理因素，创新国家治理体系，提高国家治理能
力，是实现中华民族伟大复兴的中国梦的重要依托。十八届三中全会明确
将推进国家治理体系和治理能力现代化确立为全面深化体制改革的总目
标，标志着执政党关于国家治理的理论建设实现了一次具有历史意义的重
大飞跃。改革开放以来，我国最大的成就之一是经济取得了突飞猛进的发
展，在极短的时期内一举成为世界第二大经济体。但是，与这种特定的发
展方式相伴生的诸如生态保护、社会公正、贫富分化、权力制约、社会管
理等一系列问题也对各级政府的治理能力提出了严峻的挑战。这些问题的

破解，直接关系到国家的长治久安和民族的复兴大业。关注和思考这些问题，为治理转型提供分析框架和政策参照，进而构建中国语境下的治理理论体系，学者们责无旁贷。

地方政府创新实践及区域治理创新一直是浙江省委党校、浙江行政学院关注的重大现实问题。上世纪 90 年代中期，我校就立足于行政管理硕士点设立了地方治理研究中心。进入新世纪以后，我校在浙江省重点社科研究基地"科学发展观与浙江发展"研究中心专门设立了"地方政府创新"方向，随后又成立了地方政府危机管理研究中心。2011 年，我校成功获批公共管理一级学科，并将地方治理创新作为学科建设的主攻方向。经过多年的发展，我校已集聚形成了一个由 30 多位中青年学者构成的地方治理研究团队，其中有浙江省有突出贡献中青年专家 3 人，享受国务院政府津贴专家 5 人，浙江省"151 工程"第一层级人员 5 人。研究团队近十年主持完成了 20 多项国家社科基金项目，发表了一大批高质量的学术论文，许多决策参阅成果获得国家领导人和省委省政府主要领导的批示。2013 年我校地方政府创新实践研究团队被省政府命名为浙江省重点学术创新团队。

浙江是改革开放的前沿地带，也是一片治理创新的沃土，一个观察中国治理变革与治理现代化的重要窗口。民主恳谈、参与式预算、村务监督委员会制度、公共服务标准化、城市复合治理等创新之举层出不穷，引起了社会各界的广泛关注。近期以来，浙江明确提出了推进省域治理体系和治理能力现代化的战略，着力通过深化体制改革，再创浙江体制机制新优势，建设美丽浙江、创造美好生活。在经济转型、社会转型与政府转型的互动过程中，浙江将迎来新一轮的地方治理创新热潮。我校地方政府创新实践研究团队将在全面总结浙江地方治理创新实践经验的基础上，以浙江创新实践的个案经验为依据，就转型国家市场化进程中的地方创新实践的规律性问题进行理论反思，致力于探索和构建本土化的治理话语体系，进而根据浙江经济转型升级、社会结构转型和文化大发展面临的体制性问题，对新形势下地方政府的角色转型及管理创新进行前瞻性研究，以期在强化学术创新的同时，为各级党委政府深化地方行政体制改革，加大经济转型升级、社会治理格局创新和文化强省建设中的政策创新提供必要的理论支撑和决策咨询服务。为此，我们将逐步推出一套地方治理创新研究丛书，与学界共同交流探讨中国的治道变革，为建设有中国特色的现代国家治理体系和地方治理体系尽绵薄之力。

是为序。

何显明
2014 年 6 月 8 日

前　言

　　长期以来，我国农业转移人口的市民化进程严重滞后于城镇化的进程，大多数乡城移民群体无法在迁入地享有政府提供的基本公共服务，因而也就不能享受到城镇化和城市经济增长所带给他们的红利。这一状况表明我国经济社会发展的包容性程度还远远不够，在城乡之间的分割日益严重、城市中的阶级分化日益明显、城市新移民与本地市民之间的冲突日益加剧、社会不稳定因素日益增多等社会现实中，为乡城移民群体提供有效社会支持从而帮助其尽早融入城市社会就显得尤为迫切。

　　在这一研究领域中，学术界以往多把乡城移民视为一个整体来讨论社会支持的建构方式，却很少关注于这一群体内部的异质性问题，而对于异质性问题的忽略就会导致社会支持的回应缺乏针对性和精准度。在此，本研究将从差异化的视角来探讨其社会支持问题，研究的重点议题包括如何界定乡城移民迁入城市过程中所经历的不同阶段，处于不同迁移阶段的移民群体在融入城市社会过程中的需要和诉求有何差异，多元社会主体在社会支持体系建构中如何有效协调以回应处于不同迁移阶段中的差异化诉求，这些不同的建构模式是否具有实践运作上的可行性和理论上的依据，以及政府的政策和制度应当如何设计才能够增强政策的包容性以减少对乡城移民群体所带来的社会排斥效应等。

　　本书遵循科学研究的基本范式，以文献回顾—方法论—迁移阶段的划分—不同迁移阶段的社会网络与诉求分析—社会支持模式的阶段化建构—阶段化模式建构的理论功用—政策分析与启示为研究主线，依托移民系统理论、移民网络理论和社会资本理论形成研究框架，利用二手调查数据和个人访谈相结合的方式并采取社会网络分析、多元主体分析、案例分析等研究方法展开分析，主要结论如下：

一是本书依据我国现有的政策规定并结合卡方检验与 Bonferroni 校正法，将乡城移民群体以在城市生活半年和五年为界，分为迁移初始期、迁移发展期和迁移稳定期三个阶段，不同迁移阶段的群体在本地社交情况、子女教育、维权情况、政府公共服务认知等方面的差异较为显著。

二是本书通过对于不同阶段乡城移民群体的社会网络分析，发现针对处于迁移初始期的移民群体来说，他们在城市的社会交际网络主要集中于基于乡土关系中的同乡、工作场所中的同事和居住场所中的室友和社区工作人员；针对处于迁移发展期的移民群体来说，他们与本地房东、本地社区、本地朋友之间互动的加强表明这一阶段中乡城移民的社会网络与前一阶段相比已经发生了明显变化，他们更加需要在本地实现安居，更加期待与本地社区有更深地融入；针对那些处于迁移稳定期乡城移民群体来说，他们与本地政府、学校和一些社会组织之间的互动显得更为频繁，他们的社会网络大都与上述几个关键节点为中心呈现主动向外发散式的态势。

三是本书通过对于社会网络特征的阐发归纳了不同迁移阶段中乡城移民群体的生活困难与核心诉求。在迁移初始期，他们要承受重构和适应城市生活的压力，求职艰辛、社交匮乏的现象较为突出；在迁移发展期，他们便开始寻求能够在城市站稳脚跟的可能，追求在城市的生活质量和居住条件，但是城市中高昂房价所产生的驱离效应增加了他们被社会排斥的风险，而作为城中村实际承租人的他们，却往往在城市拆迁改造的利益博弈中处于绝对的弱势地位；在迁移稳定期，他们则对于改变目前公民身份差序格局的愿望更加强烈，因而享受与城市市民无差别的基本公共服务是他们在城市生活中最大的利益诉求，具体体现在子女入学、户籍准入、住房保障享有等方面。

四是基于上述社会网络特征和生活诉求的阶段性差异，笔者认为在初始期，以企业与社区为中心的协同能够成为一种有效的社会支持模式，前者能够缓解乡城移民群体的求职压力以及提供更多的人文关怀，后者能够提供基本的社区服务帮助他们增加对于城市社会的融入感；在迁移发展期，以政府与社区为中心的协同能够发挥积极的支持作用，前者主导了公租房的建设和审批，后者能够积极参与公租房社区的日常管理和服务输送；在迁移稳定期，以政府与社会组织为中心的协同是破除现有公民身份差序格局的主要模式，前者能够通过制度的优化为乡城移民群体平权，后者能够通过各种项目的开展为乡城移民群体赋权。

　　最后，笔者认为要真正实现乡城移民群体的市民化，最终的途径还是要提升政府政策设计的包容性。因而本书建议，在政策设计上要注重前置需求评估并减少制度性排斥，在手段运用上要强化多元协同以提升社会支持有效性，在政策评估上要注重对于多元包容的社会风气的引领以促进移民群体心理融入。

导　论

一　研究缘起

实现从乡土中国向城镇中国的转变，是我国现代化进程中所必须面对的重大历史课题。在这一进程中，不可避免地会产生大量的农业剩余劳动力向城市迁移并逐步实现在城市的定居，这也使得我国以常住人口计算的名义城镇化率在过去的二三十年中快速上升，截至 2015 年末，我国的名义城镇化率已经达到了 56.1%[①]。但是，若以户籍人口占城镇总人口的比例计算，我国目前的实际城镇化率仅为 40% 左右。这一状况表明，农业转移人口的市民化进程严重滞后于城镇化的进程，有大量从农村到城市的迁移人口及其随迁家属无法在就业、医疗、养老和教育等方面享有与城镇居民无差别的基本公共服务，不能享受到城镇化和城市经济的增长所带给他们的红利，由此导致乡城移民群体游离于城市和农村两大社会体系之间，从而形成了所谓的"半城市化"现象。

为了破解这一城镇化进程中的困境，党的十八大报告指出，在我国大量农业转移人口融入城市社会，市民化进程滞后的大背景中，要坚持走中国特色的新型城镇化道路，推动工业化与城镇化良性互动、城镇化与农业现代化相互协调，促进工业化、信息化、城镇化、农业现代化协调发展[②]。党的十八届三中全会公报中进一步指出，要推进农业转移人口市民化，逐步把符合条件的农业转移人口转为城镇居民，稳步推进城镇基本公

[①]　国家统计局：《2015 年国民经济和社会发展统计公报》，可于 http://www.stats.gov.cn/tjsj/zxfb/201602/t20160229_ 1323991.html 检索，2016 - 02 - 29.

[②]　新华网：《胡锦涛在中国共产党第十八次全国代表大会上的报告》，可于 http://news.xinhuanet.com/18cpcnc/2012 - 11/17/c_ 113711665.htm 检索，2012 - 11 - 17.

共服务常住人口全覆盖等①。在这些指导思想下，中共中央、国务院出台的《国家新型城镇化规划（2014—2020 年）》，更进一步要求推进城镇化战略过程中要坚持"以人为本"，把城镇化的落脚点放在"人"上②。这就意味着，城镇化绝不是简单的人口从农村向城镇集聚以及城市面积的不断扩张，更重要的是实现迁移人口的就业方式、居住环境、社会保障、生活理念等一系列由"乡"到"城"的重要转变。因此，从农村向城市的迁移人口能否顺利融入当地社会以实现由农民向市民的转变，将成为关系着我国城镇化战略成败的关键性因素。

由此来看，对于乡城群体社会支持的研究就具有十分重大的现实意义，因为这一研究是实现乡城移民群体市民化的基本前提。进入新世纪以来，随着我国城镇化进程的加快，乡城移民群体在融入社会过程中所遭遇的一系列问题开始被提上了学术界的研究议程，这些研究为我们从整体上审视这一群体在城市生活中的困难与诉求提供了依据。基于这些社会事实，学术界也从不同的角度来探讨解决问题的途径与方法，并提出了乡城移民社会融入的不同实现路径。然而，在乡—城之间人口迁移特征、模式和趋势都在不断发生着变化的今天，学术界的研究也要更加关注于乡城移民群体内部的异质性问题，而不能够简单地把乡城移民视为一个整体来讨论各种社会支持的回应和社会融入的路径。笔者认为，这一异质性可以体现在两个方面，一是横向的异质性，也即强调乡城移民群体在同一时期因为迁移动机（如务工经商和投靠亲属）、迁移模式（如单人迁移和家庭式迁移）、个人禀赋（如家庭背景和社会资本）等方面的不同而体现出的异质性；二是纵向的异质性，也即强调乡城移民群体在整个迁移周期所经历的不同迁移阶段中而体现出的异质性。目前，学术界对于前一种异质性的讨论较多，较为典型的是讨论单人式迁移与家庭式迁移在社会支持的建构上应当有哪些区别，而对因为迁移阶段不同而造成的异质性讨论甚少。本研究力图从阶段划分的视角来剖析不同迁移阶段中乡城移民群体所体现出的阶段化差异，并以此为基础讨论社会支持模式的建构。由此，关注乡城

---

① 新华网：《中国共产党第十八届中央委员会第三次全体会议公报》，可于 http：//news. xinhuanet. com/politics/2013—11/12/c＿ 118113455. htm 检索，2013 - 11 - 12.

② 新华网：《国家新型城镇化规划（2014—2020 年）》，可于 http：//news. xinhuanet. com/politics/2014—03/16/c＿ 119791251. htm 检索，2014 - 03 - 16.

移民群体的阶段差异性特征便构成了本研究的基本立脚点。

二　研究问题

作为一国在实现城镇化和工业化进程中所不可避免的社会问题，乡城移民群体如何获得有效的社会支持并融入城市社会成为了学界研究的焦点议题之一，尤其是在我国城乡之间的分割日益严重、城市中的阶级分化日益明显、城市新移民与本地市民之间的冲突日益加剧、社会不稳定因素日益增多等社会现实中，为乡城移民群体提供有效社会支持就显得尤为紧迫。在本研究中，笔者不再把乡城移民群体视为一个整体来讨论其社会支持问题，而是从阶段性和差异化的视角来分析乡城移民群体在城市生活过程中所遭遇的困难因素的变化，据此探索社会支持可能的建构模式。具体来说，本研究主要探索以下几个问题：

一是乡城移民群体融入城市社会过程中往往经历哪些阶段？处于不同迁移阶段的乡城移民群体在社会网络状况和生活诉求方面又有哪些不同？农村劳动人口向城市的迁移和定居往往需要经历一个漫长的过程，因为当他们原有基于乡土社会中的生活方式和社会网络被现代城市社会中的生活方式和社会网络所取代之后，他们要承受这种巨大的变迁对其生活所带来的冲击。外来移民要想融入本地社会，往往会经历迁移适应期、发展期和稳定期等多个阶段，在不同的迁移时期中，这一群体所呈现出的特性也必然带有明显的阶段性差异。本研究要分析每个阶段中，移民群体的社会网络状况、他们的就业和社会保障情况、当地政府针对他们提供的社会福利和公共服务状况等。这一问题试图从社会主体和社会结构的视角阐述不同迁移模式中，乡城移民群体所面临的不同融入障碍，从而采用一种差异化和阶段化的思维方式展开研究。

二是社会支持体系应该如何有效建构来回应处于不同的迁移阶段中乡城移民群体的社会网络特征和生活诉求的差异？也即，多元社会主体在社会支持建构的过程中应该如何有效协同来保证支持效用的最大化？对这一问题的回答要建立在对乡城移民群体进行科学分类的基础之上，进而探讨政府、社区、用人单位和社会组织等不同社会主体如何发挥作用来解决不同迁移阶段中所遇到的主要困难，不同社会支持之间相互协作的机制应该发挥怎样的作用等问题。

三是政府的政策和制度应当如何设计才能够增强政策的包容性以减少对乡城移民群体所带来的社会排斥效应？这一问题所涉及的是政策应该遵循怎样的理念以真正推动移民群体实现市民化，其中可能包括户籍制度的改革、政府基本公共服务的均等化、普惠型社会保障制度的建构等问题，这些议题的核心就是要提升社会政策的包容性。这些讨论试图从政策分析的视角来审视现有政策的不足，并以提升政策的包容性为核心提出具体的政策建议，缓解社会排斥和阶层分化状况，最大程度地减少我国新型城镇化战略推进过程中所遇到的阻力因素。

三　概念界定

本研究中所涉及的主要概念有两个，一个是乡城移民，另一个是社会支持。这里，笔者将对于这两个概念予以具体说明。

（1）乡城移民

本研究把研究对象界定为乡城移民，也即具有农村户籍，无论他们是否拥有定居城市的主观意愿（从城镇化进程的大背景来看，大量农村人口迁入城市工作和生活是一种历史的必然），但客观上现时在城市从事非农业工作和生活的群体。具体来说，乡城移民是介于农村居民和城市居民之间的一类特殊群体，并且与投资移民、人才移民等群体有着明显的不同。乡城移民群体来到城市的首要原因往往是获得一份稳定的工作（大都以劳动密集型的低技术岗位或服务类岗位为主），在城市拥有固定的居住场所而非无家可归（常常以用人单位提供的住房和自行租赁的住房为主），在城市工作和生活达到了一定的时长并可能显露出在城市定居的倾向（而非经常处于候鸟式的迁移状态）。此外，因到城市求学而发生乡—城户口迁移的大学生群体或因工作调动原因被迫发生乡—城户口迁移的移民群体并不在本书的讨论范围。

在学术界以往的研究中，农民工、外来人口、流动人口、进城务工人员、城市新市民等概念与乡城移民这一概念在内涵和外延上都有着一定的重合，其主体也都是从农村迁移到城市工作和生活的一类人，但是笔者认为不同概念之间在指代对象、潜在含义等方面仍然存在着一些细微的差别。农民工这一概念在学术上意义上过于强调身份属性，其含义是既不同于农村农民也不同于城市工人的群体身份，但是另一方面，这一称呼在经过岁月的沉淀后常常具有贬义，因为人们往往容易把'农民工'与没文化、没素质、没学历的人等同起来，这种根深蒂固的偏见和思想在一定时期内难以改变；外来人口这一概念本身就具有地域排斥的意味，其潜在的含义是外来人口与本地人口之间存在着明显的差别；流动人口这一概念虽然很好地诠释了这一群体的"迁移"属性，强调户籍地与居住地之间的分离状态，但是随着城镇化的逐步推进，必然会有越来越多的流动群体选择定居在城市工作和生活，因而最终会摆脱迁移和流动的状态；进城务工人员这一概念虽然体现了迁移的方向和迁移的原因，但是其与农民工的概念类似，往往是指那些从事于建筑行业、搬运行业、家政行业等技术含量较低、危险系数较高、体力劳动较强、工资待遇较低的职业的一类人；城市新市民这一概念强调这一群体作为城市里的新成员有一个融入和适应的过程，但是这些人往往并不具有城市市民所能够享有的社会福利和公共服务，其生活理念与生活方式和城市市民相比也有差别，因此这一概念在现阶段的语境中更多地是指那些符合城市落户条件的移民或者高端引进人才。

笔者认为，在当今的社会情势下使用"乡城移民"的概念来描述本书的研究对象群体显得更为准确，主要有以下几点原因：一是这一概念明确了人口迁移的方向，也即从农村迁入城市，而非城市之间的迁移；二是这一概念强调了移民的倾向和趋势，更加贴近社会客观现实。因为早在2004年就有研究指出，农民工每年的平均外出时间已经达到了 8.3 个月，超过了学术界公认的每年外出打工 6 个月的时长，已经具有了明显的移民特征[1]，而 2010 年全国人口普查的数据表明部分流动人口在流入地平均生活达四年半之久[2]；2015 年，国家卫计委流动人口司（2015）的调查报告显示有超过一半的流动人口有今后长期定居在城市的意愿[3]；三是在

---

[1]　国家统计局农村社会经济调查司：《2005 年中国农村劳动力调研报告》，中国统计出版社 2005 年版。

[2]　段成荣、吕利丹、王宗萍、郭静：《我国流动儿童生存和发展：问题与对策——基于 2010 年第六次全国人口普查数据的分析》，《南方人口》2013 年第 4 期，第 44—55、80 页。

[3]　国家卫生和计划生育委员会流动人口司：《中国流动人口发展报告 2015》，中国人口出版社 2015 年版，第 3—4 页。

当前我国实施新型城镇化战略的背景下，从农村到城市的人口迁移已经成为了一个不可逆转的社会趋势，使用"移民"这一概念就是为了呼吁整个社会舆论和社会心态对这一群体的尊重和包容，也强调全社会必须在今后一段时间里正视和解决这一群体如何融入城市社会生活的问题，真正使他们从"移民"成为"市民"。

（2）社会支持

社会支持这一概念最早应用在社会心理学、精神医学等领域，旨在提高受助者的社会适应能力①。社会支持的形式可以是正式的，也可以是非正式的，社会支持的内容可以是来自于物质层面的，也可以是精神层面的，社会支持的主体可以是个人，也可以是组织和群体。在以往研究中，社会支持体系这一概念在针对不同的研究对象时，或在不同的研究语境中，其含义也不尽相同。例如朱考金和刘瑞清在研究青年农民工的社会融入是就把社会支持分为非正式的社会支持与正式社会支持两种类型，前者是指基于血缘、亲缘、地缘、业缘等建立起来的私人的微观支持网络，后者是指由各种社会主体如政府机关、非政府组织、社区居委会等等组成的宏观支持系统②。在本研究中，社会支持体系的概念侧重从中观和宏观层面讨论社会各个主体之间的相互作用和协调配合，从而给予特定社会成员在若干方面的辅助与支持。从这个意义上说，这些支持性主体包括政府的社会政策、组织制度、社会团体、市场组织、社区等等。研究社会支持体系的目的在于呈现一幅完备的图景，从而能够全面展示社会支持的主体构成状况以及各个主体之间的相互作用。

四　理论基础

乡城移民群体的迁移机制、社会融入以及社会影响等议题是近些年来学术界研究的焦点议题，吸引了包括公共管理学、社会学、人口学、政治学等在内的不同学科的研究兴趣。在西方，学界对于移民领域的研究由来

---

① 李强：《社会支持与个体心理健康》，《天津社会科学》1998 年第 1 期，第 67—70 页。

② 朱考金、刘瑞清：《青年农民工的社会支持网与城市融入研究——以南京市为例》，《青年研究》2007 年第 8 期，第 9—13 页。

已早，不同的学科从不同的视角介入到对于跨国家、跨地域移民的研究领域中，据此也形成了基于不同学理背景和学科导向的移民研究经典理论。纵观当代西方国际移民学界主要的几种理论学说，大致可以分为两种，一种是以分析人口迁移的动机和迁移形成机制为重点，多以经济学的分析模型为基础来论证；另外一种则是以分析移民行为方式和社会融入为重点，多以生命历程和社会资本分析以及移民文化的阐释为立脚点①。本研究所讨论的乡城移民社会支持问题主要涉及对于移民迁移行为、社会关系网络和日常生活的分析，并要探索移民个体与不同社会主体之间的互动关系，并据此提出社会支持和社会政策建议。因而，本研究将会涉及以下几个重要理论，包括移民系统理论（Immigration System Theory）、移民网络理论（Immigration Network Theory）、社会资本理论（Social Capital Theory）等。其中，有的理论对大规模移民的产生现象做了深入探讨，诠释了复杂的社会经济背景下跨国移民和国内跨地区移民现象的迁移机制、迁移过程和社会影响等重大问题，也有的理论则聚焦移民群体个人的社会经济地位和生活诉求，刻画了这一群体与本地社会之间的互动以及在此过程中的社会资源分配状况。在此，笔者将对上述理论进行简要的梳理。

（1）移民系统理论

移民系统理论关注的是迁入国和迁出国两端的宏观制度性因素对于国际间移民的影响，这些因素包括国际关系、国家的政治经济发展水平、集体行为和文化因素、家庭和个人社会网络等等。这一理论视角与历史主义和结构主义理论的观点有异曲同工之妙。历史主义的理论在总体上强调历史发展连贯性，但同时也不会忽略人与人以及事件与事件之间在具体时空条件下所呈现出的差异性特点；而结构主义的理论则从整体性视角强调社会历史是一个多种要素相互联系的辩证结构，并认为从单一个体来认识宏观整体的研究模式具有显著的缺陷性，提倡从整体出发以认识局部。移民系统理论则同时借鉴了上述两种理论视角的思想，也即强调移民过程的连贯性以及社会结构对移民行为的影响，认为移民系统往往由两个或多个相

---

①　李明欢：《20 世纪西方国际移民理论》，《厦门大学学报（哲学社会科学版）》2000 年第 4 期，第 12—18 页。

互交换移民的国家组成，强调对移民行为产生两端（流入和流出）的所有关系进行整体性研究，同时也会注重于个体微观因素在不同背景条件下所具有的差异性及其对整体移民过程的影响。

因而，这一理论不仅能够从宏观上对迁移发生的原因给出具有说服力的解释，还试图在微观上探索他们在移民过程中的生存和发展状况①。移民系统理论的起源被认为是由阿金·马博贡耶基于对非洲内部城乡移民研究的基础之上提出的，该理论认为迁入地区和迁出地区之间形成了一组相对稳定的联系，正是这种联系紧密的纽带导致了后续的大规模移民②。此外，移民系统理论在对跨国移民的解释中认为迁出国与迁入国之间联系纽带中同时存在着宏观与微观两种结构，前者主要是指世界市场的政治经济状况、国与国之间的关系，各国的移民管制政策和各项制度，这些因素决定了迁移行为是否能够真正发生；后者主要是指移民链（migration chain），移民链在增进移民对于迁入社会的了解和认同并促进其社会融入方面发挥了重要的作用，其能够保证迁移过程源源不断地进行下去。在整个移民链中，家庭与社区能够为新移民提供经济与文化上的支持，因而在移民发生全过程中扮演了核心的角色③。

移民系统理论启示我们分析和研究移民现象要关注宏观与微观结构的相互影响，该理论对于移民研究的重要贡献之一在于其结合移民与定居的实际情况和不同时期从而归纳总结出了移民与定居的"四阶段说"④。迁移的第一阶段主要是新移民（大多是年轻的打工者）刚刚到达迁入地社会，对当地社会的融入感不强，具有强烈的客居心态，他们往往把在迁入地挣到的钱通过汇款的方式寄给迁出地的家人或者在工作结束之后回到原籍地；第二阶段中，一部分移民选择留在迁入地，并基于血缘或地缘关系建构和发展了一定的社会网络，这一社会关系网络能

---

① 华金·阿朗戈：《移民研究的评析》，《国际社会科学杂志（中文版）》2001 年第 3 期，第 35—46 页。

② Kritz M. M., Lim L. L. & Zlotnik H. International migration systems: a global approach [M]. Oxford: Clarendon Press, 1992.

③ 位秀平、杨磊：《国际移民理论综述》，《黑河学刊》2014 年第 1 期，第 3—5 页。

④ Bohning W. R. Studies in International Labour Migration [M]. New York: St. Martin's Press, 1984.

够对其在新环境的融入起到促进作用。在第三阶段，移民开始具有举家
迁移和进行家庭团聚的倾向，决定在迁入地长期定居，因而与迁入地社
会的交往和互动更加密切，与当地社区和族群的认同感日益增强；到了
第四阶段，移民在迁入地社会已经定居下来，他们开始争取与当地居民
平等的公民权利和法律地位等，而此时迁入地政府的政策实施和制度安
排就显得尤为重要①。总的来看，移民系统理论是对移民行为的产生及
定居过程的剖析进行独特地阐释，其有利于推进对于移民迁移过程的分
类研究，因而可以说是从移民生命周期的过程视角来探讨迁移行为发生
的全过程。

（2）移民网络理论

移民网络理论的开创者是美国社会学家道格拉斯·梅西等人，这一思
想与科尔曼、布迪厄等人提出的社会资本理论有着一定的渊源②。移民网
络理论认为移民网络是一系列基于血缘、亲缘、地缘等人际关系的组合，
这种特殊的关系网络能够使迁移者获取一定的社会资本，从而帮助他们更
好地实现社会融入和文化融入③。移民网络之所以能够发挥社会支持的作
用，是因为后来的迁入者可以利用这一关系网络来获取各种形式的支援，
而每次迁移行为的发生都成为后来者的资源，都在为以后的迁移者编织社
会网络，越来越多的迁入者会导致这一网络的不断发展壮大，从而能够降
低后来移民者的迁移成本，使他们能够迅速地融入当地社会生活，这些有
利因素会促进移民队伍的不断扩大④。因而，这一理论的基本假设包括：
在环境没有发生重大改变的情况下，迁移网络的累积效应会随着迁移人数
的增多而不断增大；迁移风险和成本会随着迁移网络的增大而减少；迁移

---

① 周聿峨、阮征宇：《当代国际移民理论研究的现状与趋势》，《暨南学报（哲学社会科
学版）》2003 年第 2 期，第 1—8 页。

② Massey D. S., Arango J., Hugo G., Kouaouci A., Pellegrino A. & Taylor J. E. Worlds in Mo-
tion：Understanding International Migration at the End of the Millennium ［M］. USA：Oxford University
Press，2005.

③ Du H，Li X，Lin D. Individualism and sociocultural adaptation：Discrimination and social cap-
ital as moderators among rural – to – urban migrants in China ［J］. Asian Journal of Social Psychology，
2015，18（2）：176 – 181.

④ 赵敏：《国际人口迁移理论评述》，《上海社会科学院学术季刊》1997 年第 4 期，第
127—135 页。

网络能够在劳动力市场不健全和存在信息不对称的条件下，对城乡之间劳动力的转移起到明显的影响作用。

一些研究者基于大量实证数据对这一理论进行了检验和丰富。如梅西分析了居住在美国四个社区的墨西哥人在当地社会的生活情况之后发现，那些迁移到美国的墨西哥移民更多地利用到了早期移民者建立起来的社会网络关系来提高他们在美国的工资收入水平和生活质量，因此认为移民社会网络规模的扩大能够大幅降低移民迁移成本，因而是迁移群体数量迅速增长的重要原因[1][2]。也有研究者基于这一理论，提出了利用迁入地社会资本存量的方法去预测未来的迁移趋势[3]，如 Arnold 等人以居住在美国的菲律宾和韩国移民为例，预测分析了移民网络的连锁效应，也即平均每个来自菲律宾的移民迁入美国之后将会带来一名家庭成员后续迁入，平均每个韩国移民则会带入 0.5 名家庭成员后续迁入[4]。这些预测方法的实质都是以移民社会网络理论和社会资本理论为基石逐渐发展和完善起来的，其研究的主要对象区别于以往移民研究主要关注的个人迁移决策和整体社会结构这两方面，而在于刻画迁移者之间的人际交往和社会关系网络，通过这一中介机制的建立来窥探整个迁移行为发生的全过程[5]。因此，这一理论思想的提出弥补了移民研究中的一个重要空白，因而具有十分重要的学术价值。

（3）社会资本理论

本研究所采用的社会网络分析工具在理论上源自于社会资本理论，其所探讨的是一种附属于个体网络关系之中的潜在资源，个人行动者之间以

①　Massey D. S. & España F. G. The social process of international migration ［J］. Science, 1987, 237 (4816)：733 –738.

②　Massey D. S., Alarcon R., Durand J. & González H. Return to Aztlan: The Social Process of International Migration from Western Mexico ［M］. Berkeley: University of California Press, 1990.

③　Papademetriou D. G. & Martin P. L. The Unsettled Relationship: Labor Migration and Economic Development ［M］. Greenwood Press, 1991.

④　Arnold F., Minocha U. & Fawcett J. T. The changing face of Asian Immigration to the United States ［J］. Center for Migration Studies Special Issues, 1987, 5 (3): 103 –152.

⑤　Faist T. The crucial meso – level ［A］. In T. Hammer, G. Brochmann, K. Tamas & T. Faist (Eds.). International Migration, Immobility and Development: Multidisciplinary Perspectives. Oxford: Berg, 1997.

及个体与组织之间的动态联系构成了不同的网络关系，行动者能够从这一关系网中获得相应的资源①②。而从学理起源上进行探究，社会资本这一概念最早是由法国社会学家皮埃尔·布迪厄提出，他把社会资本界定为一种资源的集合体，人们获取这些资源的多少与其拥有的制度化的或者基于私人认可的关系网络大大小有关③。在他看来，社会资本至少具有以下两个基本特征：其一，社会资本是一种与群体的成员资格和社会网络联系在一起的资源；其二，社会资本是以群体成员间的相互认识和认知作为基础。这一解释突出了社会资本的工具性，其所强调的是社会资本所能够带给人们收益的增加并强化了人们参与社会行动和社会建构的动机。此后，美国社会学家詹姆斯·科尔曼进一步把社会资本定义为个人所拥有的社会结构资源，如义务与期望、信息网络、规范和有效惩罚、权威关系等都是社会资本的表现形式④。从这个意义上说，人与人之间相互交叉、错综复杂的社会交际网络为人们的相互信任和相互合作奠定了基础，而人们在一个社会共同体中拥有社会资本的多寡也成为了衡量其能否获得更多社会支持的重要标志。

美国政治学家罗伯特·帕特南则将社会资本扩展到对于民主治理研究的过程中，他认为社会资本与物质资本和人力资本相比有着特殊的优势，因为社会资本能够帮助组织协调内部成员之间的关系和行动从而提高整个社会的运行效率，这就解释了为什么一个依赖普遍性互惠的社会比一个缺乏人际信任的社会更有效率的原因⑤。美国社会学家马克·格兰诺维特则把社会资本按照人们之间的交往时间、情感密切程度、熟识程度以及互惠服务等指标分为强关系社会资本和弱关系社会资本两种类型，其中弱关系网络的社会资本对于社会成员的求职过程更有益处，是一种更为有效的社

①　Kilduff M. & Tsai W. Social networks and organizations ［M］. London：Sage，2003.

②　Inkpen A. C. & Tsang E. W. K. Social capital，networksand knowledge Transfer ［J］. Academy of Management Review，2005，30（1）：146－165.

③　Bourdieu B. P. The forms of capital ［A］. // Richardson J（Eds）. Handbook of theory and research for the sociology of education ［M］. New York：Greenwood Press，1985.

④　詹姆斯·科尔曼. 邓方译：《社会理论的基础（上）》，社会科学文献出版社 1999 年版。

⑤　Putnam R. D. Democracies in Flux：the Evolution of Social Capital in Contemporary Society ［J］. Foreign Affairs，2003，82（1）：169.

会资本①。这一分类原则启示我们通过特定的指标来衡量社会资本的多与少、强与弱对于我们分析具体问题显得更有意义，其使社会资本或社会网络成为了一种有效的分析工具来阐释社会现象的产生或社会成员的行为过程。随后，著名华人社会学家林南进一步从社会网络和个体行动的视角来研究社会资本，其认为对于人们的行动结果真正有意义的不是弱关系本身，而是弱关系网络所连接的社会资源，因而人们所拥有的社会资本大小主要与其从社会网络中所获取的资源多少有关②。

随着社会资本理论的不断扩展，其理论边界开始涉及社会学、政治学、管理学、经济学、人类学甚至自然科学的研究领域，这一理论的运用范围也不断扩大，如青少年行为问题、少数族裔问题、老年人问题、城市就业问题、社区生活问题、教育问题、集体行动问题等领域都是社会资本理论研究的经典问题③。在我国学术界的研究中，社会资本同样是社会科学研究中最为重要的理论和分析工具之一，比较有代表性的如边燕杰对个人的社会资本进行了操作化的界定，其认为一个人社会资本就是其所拥有的社会网络资源的综合，包含了社会网络的规模和社会网络的构成两个方面，社会资本的存在形式本质上是社会行动者之间的关系网络背后所蕴含的资源，这一资源能够在一定的条件下实现在不同社会行动者之间转移④。因而，这种资源不可能被任何社会行动者单方面的占有，资源的获取、累积和运用都必须依靠社会网络关系的延伸才能得以实现。从这一定义中我们可以看到，社会网络的内在实质是社会资本及其背后的一系列资源，失去了社会资本的社会网络则只具象征性的意义。因而从某种程度上说，社会网络仅是静态的存在状态，而社会资本则是动态的运作能力。当然，随着社会资本内涵与外延的不断扩展，我们也要警惕社会资本这一概念在中国研究语境中的异化和滥用，正确认识社会资本所带来的正功能与

---

① Granovetter M. S. The Strength of Weak Ties [J]. Social Science Electronic Publishing, 1973, 78 (2): 1360 – 1380.

② 林南：《建构社会资本的网络理论》，《国外社会学》2002 年，第 18—37 页。

③ Woolcock M. Social capital and economic development: Toward a theoretical synthesis and policy framework [J]. Theory & Society, 1998, 27 (2): 151 – 208.

④ 边燕杰：《城市居民社会资本的来源及作用：网络观点与调查发现》，《中国社会科学》2004 年第 3 期，第 136—146 页。

副作用，避免对西方社会资本的理论和测量工具的简单照搬和误读曲解①。

综上所述，对于乡城移民社会支持问题的讨论涉及社会学、社会政策、社会福利领域的多个理论，移民系统理论、移民网络理论和社会资本理论是本研究得以开展的理论基础。基于这些理论，笔者形成了乡城移民迁移三阶段分类讨论的基本研究框架，并据此采取社会网络分析的方法来识别和展示不同迁移阶段下乡城移民群体的社会交往与生活诉求情况。此外，在本书第七章中，笔者将会基于社会资本理论、社会排斥理论、公民身份理论和社会质量理论等视角来具体阐释这一社会支持阶段化建构所具有的理论意义。其中，社会资本理论是为弱势群体进行赋权增能的理论基石；社会排斥理论则从建构主义的视角展现了乡城移民被主流社会所排斥的社会现实，并试图从经济、政治、社会、文化、空间排斥等维度给出解释；公民身份理论是我们分析乡城移民群体社会权利缺失和户籍资格准入的重要工具；社会质量理论则能够从宏观社会体系的运行和评估的角度出发探索一个社会总体的社会质量和社会环境对于乡城移民群体所产生的影响。因而，这些不同的理论视角为我们研究乡城移民的社会支持问题提供了不同角度和切入点，既能够反映微观个体生活和社会交往的基本状况，也可以在宏观上折射社会支持和社会政策的发展状况。

五　研究方法

本研究的开展将综合采用以下几种研究方法：

第一，文献分析。文献分析法主要是指对现有文献进行搜索、分类和梳理，从而形成对特定研究议题的分析和研究，进而形成对客观事实和经验规律科学认识的方法。本书将基于国内外已有文献的讨论，识别对乡城移民融入城市社会的过程可能造成阻碍的若干因素，从总体上了解乡城移民融入城市社会的一般性规律。同时，本研究也将尽可能收集执政党的指导性方针、文件和政府部门的相关政策规定进行政策文本分析，对新中国

---

① 张文宏：《社会资本：理论争辩与经验研究》，《社会学研究》2003 年第 4 期，第 23—35 页。

成立以来户籍政策和乡城移民的管控、服务政策进行探讨，从而归纳总结出中国乡城移民政策的演化规律和不同时期政策主张的阶段性特征。

　　第二，量化检验。本研究鉴于研究时间和研究成本的限制并没有进行大规模问卷调查并收集数据，转而利用政府的统计公报和年鉴数据以及学术界建立的大型数据库数据进行分析，从而为甄别乡城移民群体在不同迁移阶段中所遇到的困难因素提供支持，也能够为进一步探索针对这一群体的社会支持体系建构提供资料基础。本书借用了 2013 年"流动人口管理与服务对策研究"数据库①进行分析，该数据库使用配额抽样和方便抽样相结合的方式收集了哈尔滨、天津、兰州、成都、上海、武汉、广州七大城市共 3800 多名流动人口的数据，样本具有广泛的代表性和较好的分析价值。经过笔者筛选后，户籍为外地农业户口且目前在城市居住的乡城移民群体样本一共有 2320 个②。这里需要说明的是，由于问卷设计的限制（调查问卷的详细内容见附录），本书把受访者来到目前城市工作和生活的年份（对应问卷编号为 A17，下同）换算成三个阶段，2013 年 2 月到 2013 年 8 月间来到城市的被归为迁移时间在半年之内的；2008 年 7 月到 2013 年 1 月间来到城市的被归为迁移时间在半年到五年之间的；2008 年 6 月之前来到城市的被归为迁移时间在五年以上的。笔者将选取迁移群体是否认为应该加强对于外来人口的公共服务（J1E）、在城市中本地朋友数量的多少（E3C）、在城市中找工作困难情况（J2B）、社保转接情况（J3A）、子女入学情况（J3B）、居住条件情况（J3C）、邻里交往情况（J3D）、生活情况（J3E）、权利受到侵害情况（J3G）和维权困难情况（J3J）这十个维度上进行卡方检验，从而评估处于不同迁移阶段中的乡城移民群体对于上述十个方面中所遇到的困难和诉求是否存在显著差异。其中，在三个迁移阶段对同一问题的回答存在显著差异的情况下，笔者又采用了 bonferroni 校正法探讨了三个迁移阶段中的两两差异，以进一步验证每两个迁移阶段中对于同一问题的回答是否存在显著差异。这些检验将会

---

　　① "流动人口管理与服务对策研究"数据库是 2013 年教育部哲学社会科学重大攻关课题的资助项目之一，由南开大学和华东理工大学联合课题组承担调查，课题组的首席专家为南开大学的关信平教授。

　　② 由于在各个检测维度上的缺失值都较少，故笔者在进行数据分析时直接采用均值法予以替代。

为笔者下文的个案访谈和资料分析提供线索和指引。

第三，调查访谈。调查访谈法是进行社会科学调查研究的常用方法，其能够展开调查数据所不能够触及的深层次问题（如被调查对象的心理活动、主观认知、行为变化等），因而能够对调查数据进行很好地补充以展现被研究对象和社会现象的全貌，增强研究结论的科学性和可信度①。其中，采用座谈会的方法比个人深度访谈的形式更为轻松，受访者可以在一个相对放松的情境中自由表达观点，其所产生的信息量也会成倍地增加，能够使笔者在短时间内获取更多有价值的研究资料②。基于研究条件的便利，笔者在 2012—2015 年在杭州市共进行了将近 60 人次的个人访谈，包括处于不同迁移阶段的乡城移民群体 40 多人、政府人力资源和社会保障局农民工管理部门负责人、住房保障和房产管理局相关部门负责人、杭州市总工会相关部门负责人、两家企业的人事管理部门负责人、三家社区的工作人员和一家社会组织的相关负责人和志愿者群体等，并数次以座谈会的形式收集访谈资料（访谈提纲和访谈人员具体信息见附录）。因此，采用个人访谈和座谈会的形式来收集资料将会对大规模的数据样本形成很好地补充，从而能够更加深入地探索受访者的个人诉求和主观想法。

第四，社会网络分析。社会网络分析是基于社会资本理论演化而来的一种分析社会成员间相互交往关系的科学方法，其作为一种分析方法最早被英国人类学研究者对于社区结构的探索中③。随后，这一分析工具逐步被扩展和运用到社会学、经济学、管理学、心理学等领域中，甚至被运用于诸如计算机科学、数学、工程学等具有交叉学科背景的研究领域中，正是众多学科中学者的共同努力，才使得社会网络分析从一种隐喻成为一种现实的研究范式和分析工具④。社会网络分析以网络中的个体行为及其关

① Kahn R. & Cannell C. The dynamics of interviewing [M]. New York: John Wiley, 1957.

② Morgan D. L. Focus groups as qualitative research (2nd edition) [M]. Thousand Oaks, CA: Sage, 1997.

③ Barnes J. A. Class and committees in a Norwegian Island Parish [J]. Human Relations, 1954, 7 (1): 39 – 58.

④ 鲁兴启：《科技创业家成长研究：一种基于社会网络的视角》，《中国软科学》2008 年第 3 期，第 115—121 页。

系为展开分析的逻辑起点，从而解释社会成员与其他社会主体和个人的互动关系，并由此来揭示个体或群体行为的结果以及影响。因此，运用社会网络的分析方法就能够展示出由若干个社会个体所指代的节点通过相互关联情况所形成的复杂连接关系网，其相当于在个体行为与社会结构之间建构起了一座桥梁，既可以运用其对于个人社会关系和理性行为的分析，也可以运用其对于宏观社会现象的阐释①。具体到社会学领域中，社会网络研究通常存在两种视角：一是借助于这一工具来探索行动者之间、行动者与外部环境之间的关系，也即侧重关系分析的关系取向；二是把社会网络视为一种行动者关系所构成的社会结构，由此分析个体在结构中的相对位置，也即侧重位置分析的位置取向②。在本研究中，笔者将基于关系取向的社会网络分析来探索不同迁移阶段中乡城移民群体在城市的人际交往和社会互动情况，由此来揭示这一群体在融入城市过程中所遇到的生活困难和主要的利益诉求。

　　第五，个案研究。个案研究是跟踪和聚焦某一个体或组织的行为模式、实践经验等的一种研究方法，常常用于对某一种社会现象做出探索性或补充性研究。本研究将在量化数据整理和质化资料分析的基础之上尝试进行若干个案的研究，以实例为基础对本书基于不同迁移模式下社会支持体系的建构设想进行进一步的讨论和印证，包括对位于杭州下沙白杨街道的 L 社区、杭州拱墅半山街道的 X 社区以及杭州义工网下属的 Y 项目等若干典型个案的介绍与剖析，以期能够在个案分析的过程中进一步与本研究所提出的观点形成呼应。

六　研究创新与局限

　　本研究的创新主要体现在以下三个方面：

　　首先体现在研究思路和研究工具的选取上。在以往的研究中，学者们常常注重于对研究对象本身的关注，并建构各种指标体系测量乡城移民群

---

　　① 朱天：《社会网络中节点角色以及群体演化研究》，北京邮电大学博士学位论文，2011年。

　　② 张存刚、李明、陆德梅：《社会网络分析——一种重要的社会学研究方法》，《甘肃社会科学》2004 年第 2 期，第 109—111 页。

体在不同维度上的社会融入情况①。本研究的开展将基于移民系统理论、移民网络理论、社会资本理论等为基础，并借助于社会网络的分析工具对乡城移民群体的生活场域和日常交往状况进行分析。这一分析工具为研究乡城移民问题提供了一个新的视角和技术方法，因为这一工具能够有效展示出他们在城市生活的困境诉求以及主要的社会交往主体。

其次体现在对乡城移民的分类讨论上。在以往的研究中，学者们常常把乡城移民群体视为一个整体来讨论，忽视了不同移民模式之间存在的差别，也即在不同的迁移模式下移民群体本身在融入障碍、政策诉求、融入模式等方面是不同的，所以我们只有在澄清这些差别的基础之上讨论社会支持体系的建构才更加具有针对性和合理性。因此在本研究中，笔者基于现有政策制度设计和样本数据检验两种方式把乡城移民群体划分为三个迁移阶段，从而分阶段地具体讨论社会支持体系的建构模式。

最后体现在社会政策的包容性倡导上。提升社会政策的包容性在本质上要求地方政府确立以民为本的公共服务理念，建立多层次、立体化的社会支持网络为社会边缘群体提供帮扶，减少社会排斥。本研究认为，不同迁移阶段下的社会支持措施虽然能够分别回应他们在城市生活的主要诉求，但要真正实现乡城移民的市民化必须依靠政府政策和制度的改革优化。在此背景中，政府应该采取更加积极开放的社会政策来看待这一群体融入城市社会的过程，社会政策的出台要增进社会包容和社会融合的程度，并要把所有社会成员包容到社会发展的进程中以共享社会经济发展的成果，摒弃任何形式的"社会偏见"和"社会排斥"，减少迁入人口与城市原住居民之间的隔阂与冲突。

当然，本研究也面临着一些局限。其一，本研究并没有根据研究思路和框架自行设计问卷并收集数据，而是使用了政府部门的统计公报、年鉴资料和数据库等二手资料加以代替，这样做虽然能够保证数据具有广泛的代表性，但是其缺陷在于二手资料的效度难以保证，也即有可能在数据分析的过程中出现与原有的研究设计存在偏差的问题。其二，在时间和财力支撑都很有限的条件下，个案访谈的数量亦十分有限。在此约束下，笔者

---

① 杨菊华：《中国流动人口的社会融入研究》，《中国社会科学》2015 年第 2 期，第 61—79 页。

尽可能地在访谈对象的选取上追求差异化和代表性原则，并尽量保证合适的访谈时长以提升访谈的质量和深度，同时也结合了一些座谈会的方法来收集访谈数据。其三，本研究对乡城移民社会支网络的分析与刻画仅仅基于笔者的访谈资料，仅能够展现出受访者日常生活中的主要的社交场域和交往对象，但却无法精确识别个体社会网络中的全部要素。其四，由于制度设置和约束条件在我国各地并不完全相同，价值地区之间经济社会发展水平差异较大，而本研究中的访谈是在经济较为发达的浙江省杭州市展开，故其所得的研究结论是否在全国层面具有普遍意义仍需要学界进一步的探索。

第一章　乡城移民社会支持的
研究回顾与述评

由于本书主要讨论的议题是社会支持系统应当回应我国新型城镇化进程中乡城移民群体的差异化和阶段化特点，从而能够保证社会支持体系建构的有效性来帮助他们更好地融入城市社会，帮助他们真正实现从移民到市民的转变。要实现这一研究目标，笔者将会系统回顾涉及本研究议题的实证经验与政策回应，这些研究的回顾有助于帮助本研究厘清研究思路和逻辑框架，同时也将能够为本研究具体研究内容的安排和研究视野的扩展提供有益的借鉴。具体来说，文献回顾涉及以下三方面的内容。

其一，学术界对于乡城移民群体融入城市过程中存在着哪些普遍的、显著的困境的讨论，造成这些瓶颈和困境的主客观因素的分析，以及如何解决这些困境因素的探索；其二，学术界关于社会支持体系的研究，包括社会支持体系的概念、主体与客体，以及如何能够为社会弱势群体建构社会支持体系，多元化社会主体在针对乡城移民群体社会支持体系的建构过程中都发挥了哪些作用等；其三，我国自改革开放以来乡城移民治理政策的演变逻辑，这一政策理念的变化将会为本研究展开进一步的讨论奠定政策基础。

一　关于乡城移民的研究回顾

移民研究是一个古老的话题，因为移民活动自古便有，其是人类社会变迁的具体表现和直接后果。导致移民发生的原因也多种多样，有的源于政权的更替、战乱的影响，比如中国历史上就曾经发生的三次以战乱为主的大规模移民浪潮（分别发生于西晋"八王之乱"时期、唐朝"安史之乱"时期和北宋"靖康之乱"时期）；有的源于经济的发展和工程的建设，例如我国改革开放以来发生的以工程移民（三峡水利工程等库区的移民）和经济移民（如农村到城市的劳动力转移）为主的移民浪潮[①]。20世纪八九十年代，随着社会主义市场经济体制的逐步确立，经济移民开始成为我国现阶段移民的主流。改革开放以后，国家开始放松对于农村流动人口的控制政策，越来越多的农村劳动力开始进入城市工作和生活，其为城市经济发展带来大量劳动力的同时，也引发了诸如社会治安、贫富矛盾等一系列的社会问题。因此，俞可平指出，这场以农民工流向城镇为标志的新移民运动，不仅对中国的现代化进程，而且对整个中华民族的历史演进都将产生深远的影响，如对于中国经济增长模式、产业结构调整、城乡二元破除、国民素质提升、政府行政职能优化和公民政治权利获得等方面都将有所影响[②]。我国学术界对于农村流动人口和乡城移民问题的研究也在这一大背景下展开，早期的研究主要聚焦于对概念的解析以及对乡城流动人口特征的研究上[③][④]。也有研究关注于对人口迁移趋势的预测和对政府的建议上，如李永耀基于对我国铁路客运量的变化趋势判断人口从农村向城市的流动是一个大趋势，其需要从战略的高度加以重视，他还认为这一现象的出现标志着我国商品经济发展进入了一个新阶段，人口的流动将会对社会经济产生影响，呼吁学术界加强对乡城流动和迁移群体进行系统性和综合性的研究[⑤]。还有研究以北京市为例指出流动人口在就业、收入和教育程度等方面的基本状况及其这一群体对经济社会可能造成的潜在影响，建议地方政府采取合理的措施保证进京流动人口的增长速度和规模保持，防止社会秩序出现动荡[⑥]。这些早期的研究大都停留在描述性阶段，其为我们展示了改革开放初期我国乡城人口迁移的总体状况和一般特征，

---

① 葛剑雄、安介生：《四海同根：移民与中国传统文化》，山西人民出版社 2004 年版。

② 俞可平：《新移民运动、公民身份与制度变迁：对改革开放以来大规模农民工进城的一种政治学解释》，《经济社会体制比较》2010 年第 1 期，第 1—11 页。

③ 张庆五：《关于人口迁移与流动人口概念问题》，《人口研究》1988 年第 3 期，第 17—18 页。

④ 吴瑞君：《关于流动人口含义的探索》，《人口与经济》1990 年第 3 期，第 53—55 页。

⑤ 李永耀：《亟需加强对流动人口的研究》，《人口研究》1985 年第 6 期，第 53—54 页。

⑥ 王树新、冯立天：《经济体制改革中的北京市流动人口》，《人口与经济》1986 年第 1 期，第 3—11 页。

并分析了经济社会转型背景下人口迁移的含义与成因，并提出了一些具有针对性的对策和建议，这些研究为学术界后续的大规模的实证解释性研究奠定了学理基础。

如今，在我国新型城镇化战略的推进过程中，如何把数量庞大的乡城移民群体转变为城市的新市民就成为了政府的施政重点和学术界的研究焦点。因此，在这一背景下探索乡城移民群体的城市社会融入问题自然引起了学术界的广泛关注。这一群体在城市生活的基本状况如何？他们在融入城市社会的过程中会经常遇到哪些问题？学术界针对这些问题又做了哪些研究？笔者经过文献梳理后发现，以往学术界对上述问题的研究主要聚焦于六大领域，分别是乡城移民群体的定居意愿问题、身份认同问题、就业排斥问题、社会保障问题、住房保障问题和子女教育问题，其中前两个问题属于主观性较强的问题，也是受访者自身通过努力能够做出改变的；后四个问题属于制度性较强的问题，需要政府和全社会的共同努力才能够予以解决，也是社会支持体系建构必须要回应的问题。

（1）关于定居意愿的研究

定居意愿这一概念具有很强的主观性，指的是移民群体无论其是否具有城市户籍而具有在城市永久性居住的愿望和准备。因此，定居意愿并不等同于在城市长期居住的客观事实，后者是指人口迁移群体因各种原因在城市长期居住或滞留的状态，并不强调移民城市的倾向和准备。对于这一问题的研究是探索乡城移民群体融入城市的逻辑基础，只有当他们具备在城市定居的意愿时，我们讨论针对这一群体的社会支持体系才会有意义。

早在上世纪末期，清华大学社会学系课题组就开展过针对农民工家庭的一项调查，结果显示有 89.7% 的农民工表示将来一定会回到家乡定居，而显示出在城市定居意愿的仅有 10.3%[1]。2006 年，国家统计局的调查数据显示有 55.14% 的农民工设想未来在城市发展和定居，另外有 28.55% 的人表示希望等赚钱或学到技术以后回到家乡生活[2]。此外，学术界围绕乡城移民在城市的定居意愿及其影响因素这一议题也展开了大量

---

① 李强：《农民工与中国社会分层》，社会科学文献出版社 2004 年版，第 58 页。

② 国家统计局课题组：《城市农民工生活质量状况调查报告》，《调研世界》2007 年第 1 期，第 25—30 页。

的研究。例如 2006 年南开大学的“农村劳动力转移就业的社会政策研究”课题组在全国五大城市的抽样调查显示，在 2457 个被调查的对象中只有 25.9% 的人表示有意愿在城市定居，绝大多数（占比 66.3%）的人还是愿意选择未来回到农村定居①。这一研究显示大多数乡城移民对于在城市定居的前景并不看好，其一方面可能由于乡城移民群体自身的社会经济地位与城市居民相比过于悬殊，短期内缩小差距的可能性不大；另一方面也可能与现有诸多的制度性排斥因素有关。不过，随着城乡之间的融合进一步加深以及政府近些年来在促进乡城移民城市融入方面一系列政策的出台，他们在城市定居的意愿从整体上看有所增强。例如 2007 年清华大学社会学系的课题组又在湖南、河南、重庆等七省市进行的农民工专题调研显示，在 1863 份被访样本中有 41.7% 的人表示愿意定居在城市，另外有 35.4% 的人对自己未来的定居意愿说不准②；同时，刘于琪等在广州、杭州、郑州等六个城市进行的调查显示，在 3168 个被调查样本中，表示愿意在所在城市长久定居的乡城移民高达 58.80%，另有 18.72% 的人没有定居城市的打算③。因此，从这些调查数据来看，乡城移民群体选择在城市生活和定居已经成为一种不可逆转的大趋势，特别是随着这一群体内部走向分化，对于那些具有相对稳定住所和劳动关系且具备一定经济能力的人群来说，在城市定居往往将会成为他们的最终选择④。

由此我们可以看到，定居意愿虽然是一个偏向主观的概念，但是多种客观因素对他们主观意愿的形成也会产生不可忽视的影响作用。如王玉君的研究认为，受访者的受教育时间越长、未婚、工作技能越高以及配偶或恋人在同城的乡城移民群体更愿意在城市定居。而获得城市住房市场的准入资格、与本地人产生更多互动、熟练掌握迁入地的方言等因素不仅直接对城市定居意愿产生正向影响，而且也会对他们的城市归属感产生积极影

---

① 刘建娥：《中国乡—城移民的城市社会融入》，社会科学文献出版社 2011 年版。

② 叶鹏飞：《农民工的城市定居意愿研究：基于七省（区）调查数据的实证分析》，《社会》2011 年第 2 期，第 153—169 页。

③ 刘于琪、刘晔、李志刚：《中国城市新移民的定居意愿及其影响机制》，《地理科学》2014 年第 7 期，第 780—787 页。

④ 郑功成、黄黎若莲：《中国农民工问题与社会保护》，人民出版社 2007 年版，第 48 页。

响从而间接提升其城市定居意愿①。同时，乡城移民群体的年龄、收入状况以及迁出地的经济发展水平等因素也可能会对这一群体在城市的定居意愿产生显著的影响，而相比之下，他们在城市工作和生活的时间长短则对定居意愿并没有产生显著影响②。当然，乡城移民群体的定居意愿也有可能与迁入地社会的整体经济发展水平密切相关，对此有学者在陕西、宁夏、甘肃等西北部地区展开调研以分析经济欠发达地区乡城移民的定居意愿问题，结果显示他们的个人特征如性别和教育水平，工作单位的性质、对居住条件的满意度和户籍状况等对他们定居城市的意愿会产生显著影响，这些影响因素与经济发达地区的乡城移民群体相比并无明显差别③。

综合以往的研究我们可以发现，目前大约有超过一半的乡城移民群体表示自己将来愿意在城市定居并成为城市的新市民，而且相信这一比例会随着我国新型城镇化战略的推进和配套政策的逐步完善而继续提高。目前，影响他们城市定居意愿的因素主要来自于两个方面，一方面是自身特征或者能够通过自身努力而改变的因素，比如年龄、受教育水平、婚姻状况、收入水平、工作性质、居住条件等方面；另一方面是社会的制度性因素，包括户籍制度、城市文化、劳动力市场的准入、社会保障项目的享有及以其他保障性政策的推进等，而来自于制度层面的因素往往起到决定性的作用④。尽管目前大多数乡城移民群体在城市生活中遇到的各种主客观障碍性因素对他们在城市的定居意愿产生了一定影响，但是一个不可否认的社会现实是，随着我国城镇化水平的进一步提高，越来越多的农村人口会迁移到城市就业和居住，如何实现这一群体从农民到市民的转化将会成为一个历史性课题。

---

① 王玉君：《农民工城市定居意愿研究：基于十二个城市问卷调查的实证分析》，《人口研究》2013 年第 4 期，第 19—32 页。

② 夏怡然：《农民工定居地选择意愿及其影响因素分析：基于温州的调查》，《中国农村经济》2010 年第 3 期，第 35—44 页。

③ 夏显力、姚植夫、李瑶等：《新生代农民工定居城市意愿影响因素分析》，《人口学刊》2012 年第 4 期，第 73—80 页。

④ Zhu Y. & Chen W. The settlement intention of China's floating population in the cities：recent changes and multifaceted individual level determinants [J]. Population, Space and Place, 2010, 16 (4)：253 – 267.

（2）关于身份认同的研究

身份认同是人的社会化这一概念的延伸，是个体对特定社会结构中所属阶层的接纳和认可程度的描述。由于这一群体离开了祖辈父辈世代居住的农村地区，在他们身上已经难以找到传统农村生活形态所带来的烙印，然而他们却又没有真正意义上具备市民生活形态的种种特征，这种既脱离于农村和农民又独立于城市和市民的状况使他们遭受到了身份认同和自身定位的困境。

基于这种认识，学术界在各地展开大规模的经验性研究来探索这一群体的身份认同状况及其影响因素。其中，许传新的研究认为乡城移民群体目前对于自己的身份没有一个明确的界定，没有一种身份认同处于主导地位，对于身份的认同比较模糊。他们既不认同自己是农民身份，但同时又无法认同自己是城市人，其身份的认同陷入了矛盾困惑的境地①。因此，这一群体在城市文化的冲击与影响下，很难回答自己到底是农村人、农民工还是城市人，而且随着这种城乡身份的不断碰撞，乡城移民群体对自己的身份认知正在处于城市和农村的"双重社会认知"状态②。

造成这一现象的原因可能是多方面的，其中一种主流的观点认为相对剥夺感的产生是造成这一认同困境的主要原因。现代城市文明的影响和冲击使乡城移民群体处在边缘化状态，这种相对剥夺感的产生对他们在城市的生活产生了一定的影响，不利于其对城市生活方式的适应和城市主流文化的认同③④。这种相对剥夺感的产生本质上体现出了人们对于社会不公和阶层差距的不满但又无力改变现状时的心理状态，这一现象的出现应该引起我们的高度警惕，因为其积累到一定程度就可能爆发严重的社会冲突从而造成社会的断裂。此外，还有很多研究认为乡城移民群体本身在收入、职业、社会交往等方面的差异对其身份认同情况产生了显著的影响，

---

① 许传新：《新生代农民工的身份认同及影响因素分析》，《学术探索》2007 年第 3 期，第 58—62 页。

② 高法成：《新生代农民工社会认同困境解析——基于深圳个案的观察》，《湖南农业大学学报（社会科学版）》2015 年第 5 期，第 52—58 页。

③ Griffiths M. B. Lamb Buddha's migrant workers: Self – assertion on China's urban fringe [J]. Journal of Current Chinese Affairs, 2010, 39 (2): 3 –37.

④ 邹美萍：《边缘化：新生代农民工身份认同困境研究》，华中师范大学硕士学位论文，2012 年。

如殷娟和姚兆余的研究认为，乡城移民群体的身份认同之所以存在两种不同的倾向，与当今中国社会处于全面转型时期的时代背景密切相关，他们的经济地位越高、闲暇方式越现代、留城意愿和城市户口拥有意愿越强烈，期望职业越城市化，就越倾向于不认同农民身份；务农经历越丰富、与本地市民的交往越缺乏，就越倾向于认同农民身份[①]。

当然，乡城移民群体在迁入城市居住之前的心理期望、他们对于大众传媒的接触程度，以及迁入城市之后在城市所从事职业的状况、月收入的情况、来自于家庭的支持程度和在老家的务农时间等变量也会对乡城移民群体的身份认同产生影响[②]。相比于上述一些在社会经济地位等方面的显化因素之外，还有一些学者关注到城市文化、社会心理、支持网络等隐性因素所可能发挥的作用，因而有研究指出乡城移民的社会支持网络在形成他们城市认同方面也能够发挥巨大作用，其与他们对于市民身份的认同存在显著的相关关系。例如王毅杰和高燕发现乡城移民群体主观感知的收入水平在城市各个阶层中的位置、所感受到的来自于城市的社会歧视等心理方面的因素对他们的自我身份意识影响最为显著[③]。此外，来自于家庭成员的支持也能够对于乡城移民群体身份意识产生重要影响，因为家庭可以拓展他们在城市的社会支持网络，以便能够为他们在找工作、经济慰藉等方面提供帮助。

由此我们可以看出，乡城移民群体对自己身份的认同并不清晰并受到多种因素的影响。其中，个人的收入水平、教育状况、社会网络、职业地位、在城市定居的时间都是常见的影响因素。农村移民来到城市生活之后，陌生的社会环境打破了其原有的社会关系网络，他们开始面临原有乡土特质和现实城市特质之间不断冲撞的矛盾，从而产生不安与困惑，无法明确定位自身身份。与收入水平、职业特征等社会经济条件不同，这种模糊的身份认同在本质上反映出乡城移民群体在生活方式、人际交往和社会

---

① 殷娟、姚兆余：《新生代农民工身份认同及影响因素分析：基于长沙市农民工的抽样调查》，《湖南农业大学学报（社会科学版）》2009 年第 3 期，第 42—46 页。

② 彭远春：《论农民工身份认同及其影响因素》，《人口研究》2007 年第 2 期，第 81—90 页。

③ 王毅杰、高燕：《社会经济地位、社会支持与流动农民身份意识》，《市场与人口分析》2004 年第 2 期，第 1—5 页。

关系等方面的不适应，因此不利于这一群体进行正常的社会参与，阻碍了城市认同感与归属感的形成①。由于这种身份认同上的障碍，导致了乡城移民群体日渐缺乏主动介入城市生活的积极性，久而久之就会与城市生活产生隔离，他们与城市居民的社会距离也会变得越来越大②。当然，我们也必须认识到这一现象的产生实际上与社会结构的急剧调整密切相关，因为农村迁移人口处在一种介于回归农村与彻底城市化之间的状态，其具体表现为各系统之间的不衔接、社会生活和行动层面的不融合③。作为"半城市化"这一社会结构在乡城移民群体心理认同层面的反映，他们产生身份认同上的困境和障碍也就不足为奇了。

（3）关于就业排斥的研究

乡城移民来到城市生活面临的第一个问题常常是劳动就业问题，只有劳动就业才能获取其生存所必需的物质基础，他们的劳动就业状况与其在城市中劳动就业权利的保障密切相关。在现代社会中，劳动就业权是公民的最基本权利，是有劳动能力的公民享有获得参与社会劳动和获取相应报酬的权利。劳动者享有平等就业和选择职业的权利，内容包括公平的工作机会、自由择业和平等的就业条件等④。然而，由于户籍制度的限制，大部分外来迁入群体在城市的就业市场中往往处于边缘地位，属于没有取得正式的就业身份、工作不稳定的"非正规就业"。对于乡城移民群体来说，这种就业主要是指两种情况，一种情况是虽然其所在单位是正式单位，但是他们只是从事临时性的工作，与正式职工在收入、福利上均有明显差别；另一种情况是其所在单位本身就是非正式单位或非正规部门，如个体经营等⑤。这两种状况的存在表明城市的劳动力市场对乡城移民群体在城市的工作形成了一些制度性的排斥，这一排斥不仅仅表现为工作机会

---

① 关信平、刘建娥：《我国农民工社区融入的问题与政策研究》，《人口与经济》2009年第3期，第1—7页。

② 郭星华、储卉娟：《从乡村到都市：融入与隔离——关于民工与城市居民社会距离的实证研究》，《江海学刊》2008年第3期，第91—98页。

③ 王春光：《农村流动人口的"半城市化"问题研究》，《社会学研究》2006年第5期，第107—122页。

④ 张传慧：《新生代农民工社会融入问题研究》，北京林业大学博士学位论文，2013年。

⑤ 李强、唐壮：《城市农民工与城市中的非正规就业》，《社会学研究》2002年第6期，第13—25页。

的不平等，更会导致一连串的连锁反应致使他们面临着更多的融入困难。

　　与城市居民相比，乡城移民群体的劳动就业状况往往处于弱势地位，学术界以往的研究发现这种弱势地位体现在诸多方面。首先是工资水平的差异，根据国家统计局近年来公布的数据，乡城移民群体与城镇职工的月平均工资相差 1.6—1.9 倍，虽然近两年来乡城移民的工资水平上升明显，但是这种工资差距在整体上仍然处于一个较高的水平，见表 1—1 所示。此外，考虑到同工不同酬现象、缺失恶劣工作环境的补偿、工资克扣和拖欠等对乡城移民群体造成的隐性工资歧视之后，这种与城镇职工工资水平的差距将进一步扩大[1][2]。同时，乡城移民群体在从事的工作岗位大都集中于劳动密集型这一工作强度大、工资收入低的行业中，这一状况在迁移早期更为明显。如李路路的研究发现，进城务工的乡城移民群体所从事的行业范围较为狭窄，主要集中在建筑业、制造业和批发零售餐饮业等在职业阶梯中处于中低层的职业，这一群体的就业状况总体上呈现出社会地位低、收入水平低、劳动时间长、工作不稳定等特点[3]。然而，这种状况在现今依然没有太大的改观，在国家统计局发布的《2014 年全国农民工监测调查报告》中显示，从事制造业（占比 31.3%）、建筑业（占比 22.3%）、批发和零售业（占比 11.4%）的人依然占据了绝大多数，乡城移民群体就业层次偏低的状况仍然凸显[4]。不仅如此，高文书在北京、无锡、东莞等五城市的调研中发现，进城农民工就业表现出行业高度集中、劳动时间长、工资水平低、雇佣关系不规范和劳动关系紧张等特征，非正规就业的色彩浓厚，进城农民工与城市本地劳动力在劳动报酬、工作环境、权利保障等方面存在显著差距[5]。

---

　　① 姚先国、李莉、张海峰：《农民工工资歧视与职业隔离——来自浙江省的证据》，《管理学家（学术版）》2008 年第 3 期，第 227—238 页。

　　② 董熙：《我国劳动力市场中的农民工工资歧视状况与解决路径》，《经济体制改革》2014年第 6 期，第 77—81 页。

　　③ 李路路：《向城市移民：一个不可逆的过程》，李培林主编，《中国进城农民工的经济社会分析》，社会科学文献出版社 2003 年版。

　　④ 国家统计局：《2014 年全国农民工监测调查报告》，可于 http://www.stats.gov.cn/tjsj/zxfb/201504/ t20150429 _ 797821. html 检索，2015 - 04 - 29.

　　⑤ 高文书：《进城农民工就业状况及收入影响因素分析——以北京、石家庄、沈阳、无锡和东莞为例》，《中国农村经济》2006 年第 1 期，第 28—34、80 页。

表 1—1　　　　　　城镇职工与乡城移民的月平均工资差异情况

年份	城镇职工	乡城移民	倍差
2008	2408	1340	1.80
2009	2687	1417	1.90
2010	3045	1690	1.80
2011	3483	2049	1.70
2012	3897	2290	1.70
2013	4290	2609	1.64
2014	4695	2864	1.63

资料来源：笔者根据国家统计局公布的相关年份《中国统计年鉴》（http：//
data. stats. gov. cn/easyquery. htm？cn＝C01）和《2014 年全国农民工监测报告》（ht-
tp：//www. stats. gov. cn/tjsj/zxfb/）公布的数据整理而成。

　　当然，这种差距和弱势地位的形成是由多种因素造成的，除了与乡城移民群体的人力资本禀赋有关，更多的也与城市就业系统的制度性排斥有关。其中，城乡隔离的户籍制度和劳动用工制度造成了正规就业部门对乡城移民群体的就业排斥，歧视性的就业环境增加了这一群体的就业难度，农民工自身观念、文化和职业技能的局限性降低了其就业的机会，匮乏的就业信息获取渠道限制了其就业的范围①。除了户籍这一制度性因素外，也有学者从政治经济的视角分析我国城乡之间产业结构的差异对于乡城移民群体就业的影响。因而，新中国成立以后，我国政府实施的优先发展重工业和大城市的战略是造成乡城移民群体的就业排斥的制度性根源②。因为我国重工业的发展是建立在资本稀缺的基础之上的，政府为了降低重工业发展的成本便开始实行农产品统购统销的政策。由此，农产品的定价和分销权就被政府所垄断，政府可以以较低的价格把农产品分配给以农产品为原料的工业部门和城市职工，重工业的发展成本就被转嫁给农业生产部

① 吕学静、陈蕊：《农民工就业与就业促进问题实证研究：以北京市为例》，《人口与经济》2007 年第 4 期，第 36—39 页。

② Wang W. W. & Fan C. C. Migrant workers' integration in urban China：Experiences in employ-ment，social adaptation，and self－identity［J］. Eurasian Geography and Economics，2012，53（6）：731－749.

门及其生产者来承担。而当以资本和技术密集型为主而非以劳动密集型为主的重工业体系建立起之后，其较弱的劳动吸纳能力并不能接受大量的农村剩余劳动力。为了解决这一难题，以限制农村劳动力盲目流动为主要目的的户籍制度便应运而生，从而能够有效地把从农村迁移到城市的群体排除在城市的就业和福利体系之外①。这就意味着一个残酷的社会现实，我国工业化和城市化的快速发展在一定程度上是建立在农业生产者和农村迁移劳动力的低工资和低福利上的，这种就业体系的排斥剥夺了他们在城市公平就业的机会。

从以上的研究可以发现，乡城移民群体就业排斥的形成与多种因素有关，国家优先发展重工业的战略选择以及由此衍生而来的城乡二元户籍制度是最初导致这一群体就业歧视的直接制度原因。但是随着市场经济体制改革和全国范围内乡城移民劳动力市场的统一和完善，户籍制度对这一人群就业歧视的影响越来越被市场因素所消解，但是制度性因素导致了他们在城市的竞争中输在了起跑线上②。因此，这种消极作用并没有从根本上改变乡城移民群体就业的弱势地位，其在劳动力市场上遭受歧视的现象依然十分普遍，需要我们从更宽阔的视角对这一问题进行探索从而促进他们在城市就业质量的提升。

（4）关于社保状况的研究

目前我国现行社会保障制度存在着明显的城乡二元分割状态，城市和农村的社会保障水平存在的巨大差异③④。虽然近些年来我国政府致力于搭建城乡一体的社会保障制度体系平台，早在 2006 年，国务院就出台了《关于解决农民工问题的若干意见》，要求各地政府坚持分类指导和稳步推进的原则，优先解决农民工的工伤和大病保障问题，进而解决养老保障问题。在此背景中，一些地方政府也开始探索赋予乡城移民参与社会保障

---

① 程蹊、尹宁波：《农民工就业歧视的政治经济学分析》，《农村经济》2004 年第 2 期，第 20—23 页。

② 冯虹、杨桂宏：《户籍制度与农民工就业歧视辨析》，《人口与经济》2013 年第 2 期，第 86—91 页。

③ 杨翠迎：《中国社会保障制度的城乡差异及统筹改革思路》，《浙江大学学报（人文社会科学版）》2004 年第 3 期，第 12—20 页。

④ 杨菊华：《城乡差分与内外之别：流动人口社会保障研究》，《人口研究》2011 年第 5 期，第 8—25 页。

项目的多种渠道，如成都市出台的《关于全域成都城乡统一户籍实现居民自由迁徙的意见》指出城乡居民享有统一的政府公共服务和社会保障。这些政策文件的出台虽然标志着乡城移民群体获得了享有城市社会保障体系的制度保证，但是社会保障制度要真正破除城乡差别还有很多的路要走。

根据国家统计局发布的《2014年全国农民工监测调查报告》，外出农民工参加养老保险、工伤保险、医疗保险、失业保险、生育保险和住房公积金的比例分别为16.4%、29.7%、18.2%、9.8%、7.1%和5.6%，大大低于城市居民的平均水平[1]。此外，有学者在上海、广州等五大城市调查了3024位农民工后得出，有11.5%的受访者参加了城镇职工医疗保险，有9.1%的受访者参加了工伤保险，有8.5%的受访者参加了养老保险，有3.2%的受访者参加了失业保险，有2.5%的受访者参加了生育保险[2]；也有学者根据在上海调研发现，仅有10%和14%的受访乡城移民群体参加了养老保险和医疗保险[3]。这些数据表明，乡城移民群体虽然在理论上能够享有城市居民的社会保障体系，但是其实际参保比例和受惠程度都比较低，究其原因主要有以下几点：

首先面临的是制度设计的问题，农村劳动力迁入城市生活虽然可以不受户籍的限制而参加养老保险、医疗保险和失业保险等社会保险项目，但由于在以前的制度设计中没有考虑到农民工的问题，由此带来了不同社会保障制度之间的衔接难题，因此现有制度无法有效解决农民工社会保障的问题[4]。与此同时，社会保障制度的建立和实施在很大程度上是以正规就业为基础的，而如何解决那些大量非正规就业的乡城移民群体的社会保障也是一个很大的问题。其次是缴费负担过重降低了乡城移民和用人单位的参保积极性。根据国务院发展研究中心课题组的调查，用人单位为职工缴

---

① 国家统计局：《2014年全国农民工监测调查报告》，可于 http：//www. stats. gov. cn/tjsj/zxfb/201504/ t20150429_ 797821. html 检索，2015 – 04 – 29.

② Xu Q. W. , Guan X. P. & Yao F. F. Welfare program participation among rural to urban migrant workers in China［J］. International Journal of Social Welfare，2011，20（1）：10—21.

③ Feng W. , Zuo X. J. & Ruan D. C. Rural migrants in Shanghai：living under the shadow of socialism［J］. International Migration Review，2002，36：520 – 545.

④ 曲丽丽、徐嘉辉、马国巍：《农民工社会保障的路径选择与制度重构》，《苏州大学学报（哲学社会科学版）》2009 年第 6 期，第46—49 页。

纳社会保险费用占到了其工资支出的 30% 以上，而乡城移民自身的缴费比例也达到了其月平均工资的 12% 左右①。在双方都面临着较重缴费负担的情况下，用人单位很容易和其雇佣的乡城移民群体达成行动上的一致而选择逃避参与社会保障项目。最后是由于乡城移民群体自身的一些特点所造成的。从农村向城市迁移的群体主要是中青年劳动力，他们相对比较年轻，因此对养老、医疗等社会保障的客观需要相对说来不是很强，对未来可能面临风险的意识也未能有足够的认识，因此主观上比没有参与社会保障项目的意愿②。此外，一部分乡城移民群体主观上在城市定居的意愿不强，很可能频繁更换工作场所甚至迁移到其他城市工作，这种流动性较大状况也给他们参与社会保障项目带来了实际的困难。

　　基于这些经验调查和研究，一个基本的社会现实是，虽然乡城移民群体参与社会保障项目并不存在制度上的障碍，但是由于种种主客观原因导致其参保情况并不乐观，使得这一群体在融入城市社会过程中可能面临各种社会风险的挑战。对于如何解决这一问题，学术界的探讨中具有代表性的观点是从社会保障制度设计和优化的角度来讨论，认为乡城移民群体的社会保障问题要想从根本上予以解决，必须从调整国家、企业和农民工个人三者间利益关系的角度入手，通过体制设计和优化找到三者之间利益的平衡点③。乡城移民社会保障问题是我国社会经济发展过程中迟早都必须面对的问题，解决越早越有利于保障这一群体在城市的基本生活，也有利于城市社会的稳定和城镇化战略的顺利推进。而对于如何整合和优化现有的社会保障制度，郑秉文以养老保险制度为例分析了适合我国乡城移民规律的养老制度，提出要建立在目前"混合型"统账结合基础之上的、统一的养老保险制度，并认为该制度是城镇化和现代化进程中的最优选择，因为其可以跨越城乡鸿沟、户籍藩篱和农工之分，任何群体和个人可在全国统一制度内自由流动，从而有效解决了不同制度之间

　　①　贡森：《农民工难以享有社会保障及福利的原因》，贡森，苏杨等著，《民生为向：推进包容性增长的社会政策》，北京：社会科学文献出版社 2011 年版，第 141 页。

　　②　关信平：《农民工参与城镇社会保障问题：需要，制度及社会基础》，《教学与研究》2008 年第 1 期，第 12—17 页。

　　③　华迎放：《农民工社会保障：思考与政策选择——来自江苏，吉林，辽宁的调查》，《中国劳动》2004 年第 10 期，第 21—25 页。

的身份转换问题①。黄乾以医疗保障为例分析了乡城移民参加医疗保障及其模式选择的影响因素后认为，乡城移民群体在目前没有彻底转移到城市且收入偏低的情况下，应当依据他们的个人意愿、就业状况和未来发展规划的不同，进而采取新型农村合作医疗、城镇医疗保险或商业保险等多种模式相结合的方式解决其医疗保障问题②。因而，无论是养老保险还是医疗保险制度，都要避免采取"一刀切"的方式而要采取多种模式相结合的方式循序渐见地实施制度改革。

　　与对现有社会保障体系进行优化和改革的思路不同，一些学者认为针对乡城移民群体的需求和特点，探索出一套独特的、具有针对性的社会保障制度是符合实际的最优选择。例如一些学者认为应该从分类过渡的原则出发，建立一种分层化、分类化农民工社会保障制度的过渡性模式，包括优先建立针对高危行业农民工的工伤保险制度并逐步统一工伤保险的认定和赔付；在工伤保险制度的基础上建立医疗保障和大病保障机制，以此为基础着手建立针对农民工群体的社会救援制度，从而形成分层分类的社会保障制度等③④。当然也有学者提出应当在现有农村社会保障体系的框架内建立一个相对独立的、过渡性的、针对乡城移民群体的社会保障制度，内容涵盖现时这一群体所迫切需要的工伤保险、大病医疗保险、养老保险等方面的救助性保险制度⑤。这一思路虽然在现阶段具有很强的现实针对性和可行性，但其在本质上还是要进行制度的分割而非整合，从长远看也并不利于社会保障制度城乡统筹的基本原则。

　　（5）关于住房安排的研究

　　在我国，住房资源是与户口密切相关的城市设施和城市福利之一，

---

①　郑秉文：《改革开放 30 年中国流动人口社会保障的发展与挑战》，《中国人口科学》2008 年第 5 期，第 2—17 页。

②　黄乾：《农民工医疗保障模式选择影响因素的实证分析》，《人口与发展》2010 年第 6 期，第 23—30 页。

③　郑功成：《农民工的权益与社会保障》，《中国党政干部论坛》2008 年第 8 期，第 22—24 页。

④　Fitzgerald S., Chen X., Qu H. & Sheff M. G. Occupational injury among migrant workers in China: A systematic review [J]. Injury Prevention. 2013, 19 (5): 348-354.

⑤　许振明：《甘肃省城市农民工社会保障问题的现实思考》，《开发研究》2008 年第 6 期，第 101—104 页。

改革开放以来户籍制度和城市住房之间的联系在很大程度上仍未被触动[①]。城市的住房供给和住房保障大都是针对本地户籍居民设计的，如廉租房、经济适用房等，这种相对封闭的住房保障体系是乡城移民群体在城市安家落户的一大制度障碍。另一方面，相比之下价格昂贵的商品房超出了大多数乡城移民的购买能力，而申请条件极为苛刻的公租房排斥了大多数乡城移民的申请资格，因此大多数人只能依靠租住中低端的商品房或者暂居在单位提供的集体宿舍、寄居在城乡结合部等外来人口聚集区方式等来满足住房需求[②]。根据国家统计局发布的《2014 年全国农民工监测调查报告》，有 36.9% 的外出农民工选择自己租赁住房，居住在单位提供的宿舍公寓内的占比 28.3%，而居住在工棚或生产经营场所的占比 17.2%，这三者构成了乡城移民群体在城市居住的主要渠道[③]。

学术界的很多研究都认为，城市住房保障体系的排斥造成了乡城移民群体的居住环境和条件和城市居民相比具很大差距这一社会现实。如有研究都指出乡城移民群体所居住社区的环境总体情况较差，包括外来人口聚集、公共设施破损、卫生状况不佳、治安管理不完善等问题，而他们的居住条件普遍存在着面积狭小、通风采光不好、缺乏必要生活设施等问题[④]。因而与本地人口相比，这一弱势地位体现在多个方面，乡城移民群体不仅在住房获取方式上处于弱势，而且在住房类型、住房质量、住房内基本设施以及居住区环境质量等方面都处于不利的地位[⑤]。这一住房上的弱势地位，如居住社区的相对隔离、居住设施的不完善等因素也进一步影响了他们的身体健康状况，因此，住房条件的改善是增进外来人口的健康

---

① Chan K. W. & Zhang L. The Hukou system and rural – urban migration in China: processes and changes [J]. The China Quarterly, 1999, 160: 818 – 855.

② Wu W. P. Sources of migrant housing disadvantage in urban China [J]. Environment and Planning, 2004, 36: 1285 – 1304.

③ 国家统计局：《2014 年全国农民工监测调查报告》，可于 http://www.stats.gov.cn/tjsj/zxfb/201504/t20150429_797821.html 检索，2015 – 04 – 29.

④ 陈云凡：《新生代农民工住房状况影响因素分析：基于长沙市 25 个社区调查》，《南方人口》2012 年第 1 期，第 17—24 页。

⑤ 王桂新、苏晓馨、文鸣：《城市外来人口居住条件对其健康影响之考察：以上海为例》，《人口研究》2011 年第 2 期，第 61—72 页。

状况的重要手段①。如上所述，除了居住环境和条件不佳，居住形态上的排斥和居住地域上的集聚也是乡城移民群体在城市居住的一大特点。在城市向外扩张的过程中，大量市郊边缘地区的土地被纳入城市用地或被城建用地所包围，结果就在很多城市中出现了位于城乡结合区域、已经从农业生产转为以从事工商业为主的村落，也即"城中村"②。这一区域的形成是城市发展过程中出现的自然结果，原本是以城郊地带原住民为居住主体的农民社区，但由于其特殊的地理位置和相对便宜的房屋成本，目前已经演变成为以外来迁入人口的为主体的低收入群体的聚居区③。因此，这种与城市居民相对隔离的居住形态从空间上疏远了乡城移民群体与城市之间的距离，也会给地方政府的城市管理和社会治安状况带来一定的挑战。

和其他社会融入困境一样，乡城移民群体住房问题的形成原因有着极强的制度背景，丁富军和吕萍的研究从制度和政策上阐释了这一问题形成的深层次原因，其认为乡城移民的住房问题是一种现实性的隐性冲突，其根源在于乡城移民群体的居住权益得不到根本保障④。因此，这种住房权益的缺失从本质上说是农村与城市之间的冲突，是进城务工的农民与城市居民、城市政府之间的冲突，取消附加在户籍制度上的城乡二元体制结构，是解决乡城移民群体住房问题的政策逻辑起点和必然趋势。当然，这一群体的自身特征也是影响其居住条件的重要因素，如乡城移民群体在迁入地的收入水平、食品支出、子女教育支出、迁入地人口规模、迁入地住房价格等因素影响着他们对住房消费的水平⑤⑥。因此，提高乡城移民群体自身的住房消费能力是解决这一问题的关键所在，具体措施包括统筹城

---

① 易龙飞、朱浩：《流动人口居住质量与其健康的关系——基于中国 15 个大中城市的实证分析》，《城市问题》2015 年第 8 期，第 67—73 页。

② 李培林：《巨变：村落的终结——都市里的村庄研究》，《中国社会科学》2002 年第 1 期，第 168—179 页。

③ 魏立华、闫小培：《中国经济发达地区城市非正式移民聚居区"城中村"的形成与演进：以珠江三角洲诸城市为例》，《管理世界》2005 年第 8 期，第 48—57 页。

④ 丁富军、吕萍：《转型时期的农民工住房问题：一种政策过程的视角》，《公共管理学报》2010 年第 1 期，第 58—66、125—126 页。

⑤ 董昕、张翼：《农民工住房消费的影响因素分析》，《中国农村经济》2012 年第 10 期，第 37—48 页。

⑥ Tao L., Hui E. C. M., Wong F. K. W. & Chen T. Housing choices of migrant workers in China: Beyond the Hukou perspective [J]. Habitat International, 2015, 49 (6): 474 – 483.

乡的土地制度改革，建立一个宅基地和农村土地的自由交易市场等。此外，也有学者从心理学的视角认为，乡城移民群体的居住状态除了与户籍制度和城乡二元结构有关，这一群体自身的心理状态也是不能忽视的原因。因为他们在对未来的生活充满不确定性时，只能暂时把现在城市的居住场所视为临时场所，不愿意在住房上做更多的投资，这种自身所具有的循环流动特性和过客心理比户籍制度和个人特征对乡城移民群体在城市居住状态的影响更为显著，而且这种影响弱化了受教育程度、收入水平等个人的影响因素[1]。

　　无论出于哪种原因，乡城移民的住房保障问题都必须引起政府的高度重视。因为居住权是公民的基本权利，也是政府的基本责任。因此，政府要为乡城移民群体在城市居住问题上提供必要的帮助，也要逐步废除那些有违社会公正的社会政策，尽早将迁徙自由权归还给每一位公民[2]。但是不可否认，要真正解决好乡城移民的住房问题并非易事，其不仅仅是现阶段政策的调控和制度的改革，还需要从长远上发展出一条适合中国国情并且可持续的住房保障制度。此外，我们也需要借鉴国外解决低收入群体和外来移民群体住房问题方面的成熟经验，如新加坡和香港地区遵循政府主导与市场运作相结合、分层分类、循序渐进的原则发展公共房屋；美国和英国依靠国家在公共住房领域的立法来推动公共住房政策的实施等。这些经验无论是对于我国住房保障体系的顶层设计和法律规范，还是对于筹资模式、运作管理和准入规则等都具有一定的借鉴意义。

　　(6) 关于子女教育的研究

　　近些年来，由于乡—城人口迁移而导致的农村留守儿童和城市随迁儿童的教育问题日渐凸显，由于农村教育资源的匮乏和城市教育体系的排斥，导致了乡城移民群体子女基本受教育权受到侵害的社会现实，这种子女教育权利的缺失也衍生出了一系列社会问题，如乡城教育不公平与异地

---

①　Zhu Y. China's floating population and their settlement intention in the cities: Beyond the Hukou reform [J]. Habitat International, 2007, 31 (1): 65 – 76.

②　陈友华：《迁徙自由，城市化与贫民窟》，《江苏社会科学》2010 年第 3 期，第 93—98页。

高考问题、留守和随迁儿童的心理健康问题与犯罪问题等等①②。根据全国第六次人口普查的结果，全国农民工随迁子女（0—17 岁）的数量达到了 2877 万，占到全国儿童人口总数的 12.84%。如果考虑到城乡差异，城镇中流动儿童的比例更高，全国平均为 26.16%。而在浙江和上海的一些发达城镇地区，这一比例更是高达 47.68% 和 46.24%，北京和广东城镇中流动儿童的比例处于较高水平，分别为 36.28% 和 31.19%，这就意味着上述地区中有三分之一甚至一半的儿童都属于流动儿童③。

从理论上说，义务教育作为一种由政府提供的公共物品理应由全体社会成员共享，但由于现阶段户籍制度的因素造成了乡城移民子女的入学困难问题，其实质上是一个包括流动儿童的聚集地与城市教育资源分布的不平衡性、流动儿童学习过程的不连续性、农民工家庭对其子女教育功能的弱化在内的多元化社会问题④。而在另一方面，长期以来我国存在的城乡二元制结构及其所衍生的城乡隔离的户籍制度，不仅限制了农村人口的流动，也是导致农村留守儿童问题的主要政策性原因⑤。这些问题具体体现在以下几个方面。第一，乡城移民子女在城市受教育的情况不容乐观，包括乡城移民子女就学年龄普遍大于教育部规定的入学年龄，例如有 65.4% 的九年级学生入学年龄大于国家教育部规定的年龄，而且年龄跨度较大；以及乡城移民子女的学习过程不具有连续性，有超过五成的随迁子女经历过两次及以上的转学过程，这一次数明显高于本地学生⑥。第二，留守儿童的心理健康和犯罪问题日趋严重。根据学者的研究发现，他们在成长过程中容易形成孤独冷淡、自私任性、霸道蛮横、逆反冲动、抑郁压

---

① Montgomery J. L. The inheritance of inequality: hukou and related barriers to compulsory education for China's migrant children [J]. Pacific Rim Law & Policy Journal, 2012, 21 (3): 591—622.

② Donzuso N. N. "Equality of opportunities" in education for migrant children in China [J]. Global Social Welfare, 2014, 2 (1): 1–5.

③ 段成荣、吕利丹、王宗萍、郭静：《我国流动儿童生存和发展：问题与对策——基于2010年第六次全国人口普查数据的分析》，《南方人口》2013年第4期，第44—55、80页。

④ 黄祖辉、许昆鹏：《农民工及其子女的教育问题与对策》，《浙江大学学报（人文社科版）》2006年第4期，第108—114页。

⑤ 胡枫、李善同：《父母外出务工对农村留守儿童教育的影响——基于5城市农民工调查的实证分析》，《管理世界》2009年第2期，第67—74页。

⑥ 陶红、杨东平、李阳：《农民工子女义务教育状况分析：基于我国10个城市的调查》，《教育发展研究》2010年第9期，第6—9页。

抑等性格①②，而根据 2013 年最高人民法院的统计数据，留守儿童犯罪率约占我国各级法院判决生效的未成年人犯罪的 70%③。

上述问题的产生根本上源于乡城移民子女受教育权的缺失，对于这一问题的解决，学术界大都从制度保障入手探索了不同的解决途径。如有学者建议应当根据不同城市的实际状况逐步放开城市公办学校，随迁子女可以根据居住地就近入学；取消一切专门面向新市民子女的不合理收费，平等对待所有学生的受教育权利；调整和优化教育支出在中央财政与地方财政支出中的比例，合理分摊新市民子女的教育成本；降低民办学校的办学门槛，积极鼓励和支持民办学校发展；清理和修订涉及新市民子女教育问题的相关法规，制定专门法律确保这一群体受教育权的实现等④⑤⑥。这些解决思路或从社会政策的设计入手，或从教育资源的分配入手，或从财政资金的来源入手，或从法律规定的保障入手，其目的是为了把乡城移民子女的受教育权落到实处，进而促进这一群体能够更好地融入当地社会，免除其在城市生活的后顾之忧。

总的来看，在对乡城移民群体生活状况、主要需求和融入障碍等问题的研究中，无论是关于定居意愿、身份认同等主观性问题的探索，还是对于就业排斥、社会保障、住房保障和子女教育等客观性障碍的研究，都在不同的角度展示了目前乡城移民群体在城市生活的方方面面，反映出他们在城市生活和融入当地社会过程中的基本情况，从而为我们进一步探索针对这一群体的社会支持体系奠定了研究基础，也体现出学术界进一步探讨如何构建社会支持体系来解决这些障碍问题的理论和现实意义。

---

① 范方、桑标：《亲子教育缺失与留守儿童人格、学业及行为问题》，《心理科学》2005 年第 4 期，第 855—858 页。

② 卢利亚：《农村留守儿童的心理健康问题研究》，《求索》2007 年第 7 期，第 151—153 页。

③ 参见最高人民法院网站 http：//www. court. gov. cn/fabu‐xiangqing‐6585. html.

④ 项继权：《农民工子女教育：政策选择与制度保障——关于农民工子女教育问题的调查分析及政策建议》，《华中师范大学学报（人文社会科学版）》2005 年第 3 期，第 2—11 页。

⑤ Wong Daniel F. K., Li, C. Y. & Song H. X. Rural migrant workers in urban China: living a marginalised life ［J］. International Journal of Social Welfare, 2007, 16 (1): 32‐40.

⑥ 付晓丽：《农民工子女上学问题解决途径探讨》，《中国青年研究》2008 年第 7 期，第 41—44 页。

二　关于社会支持的研究回顾

社会支持作为一个普通的名词很容易被人们所理解，也很少会产生歧义。但是在学术研究中，社会支持这一概念在不同的学科背景和研究语境中却常常有着不同的含义，20世纪中期以来，国内外学术界关于社会支持的早期研究大都集中于社会心理学、精神病学、临床医学等领域，其是指在社会环境中能够改善人类生存的力量或因素的总和[1]。这一时期的研究着重对于个人或家庭在面临社会压力和精神失序等问题时的预防和诊治，因此大多属于微观的临床干预视角[2][3][4]。而随着社会支持这一议题的扩展，很多研究者基于不同的研究视角和研究层次丰富了社会支持这一概念的内涵，社会支持的概念开始更多地被用于解释社会问题，由此便进入了社会学、社会政策学等学科领域，而对社会弱势群体的福利供给和服务逐渐成为社会支持理论最新的应用领域[5][6]。这些应用研究多属于宏观的社会治理和社会干预的视角，认为社会支持这一概念是伴随着社会弱势群体问题的出现而出现的，它是指各种社会形态社会生活中陷入困境的弱势者所提供的无偿救助和服务，其不仅仅是单向度的服务供给和输送，而是强调受助者与整个社会生态的双向互动[7]。因而，社会学视野中的社会支

---

[1]　Leavy R L. Social support and psychological disorder: a review [J]. Journal of Community Psychology, 1983, 11 (1): 3 – 21.

[2]　Uchino B. N., Cacioppo J. T. & Kiecolt – Glaser J. K. The relationship between social support and physiological processes: A review with emphasis on underlying mechanisms and implications for health [J]. Psychological Bulletin, 1996, 119 (3): 488 – 531.

[3]　张明园、蔡国钧、翟光亚等：《精神疾患与社会支持》，《中华精神科杂志》1998年第4期，第227页。

[4]　Kim H. S., Sherman D. K. & Taylor S. E. Culture and social support [J]. American Psychologist, 2008, 63 (6): 518 – 526.

[5]　Aparajita C., Anita K. M. & Arundhati R. Assessing social – support network among the socio – culturally disadvantaged children in India. [J]. Early Child Development & Care, 1996, 121 (1): 37 – 47.

[6]　刘祖云：《弱势群体的社会支持》，社会科学文献出版社2011年版。

[7]　Uehara E. Dual exchange theory, social networks, and informal social Support [J]. American Journal of Sociology, 1990, 96 (3): 521 – 557.

持研究是从宏观社会系统的整体视野看待弱势个体或群体的发展。

　　谈到社会支持，就不得不讨论社会支持的具体实施者，也即社会支持的主体。与上述两种研究社会支持的视角一样，学术界目前对于社会支持主体的界定总体上也分为两类，一类是强调人与人之间互动关系的非正式支持主体，包括家人、朋友、同事、同乡和其他私人关系网络。如 Thoits 在研究社会隔离现象时曾经把社会支持的主体界定为和被支持者发生重要互动关系的个人，包括家人、邻居、朋友等。这些对于非正式社会支持的探讨常常集中于心理学和精神医学的临床诊治研究中[1]。另一类是强调社会宏观结构的正式支持主体，包括政府、市场力量、社会力量、组织团体等，这一趋向侧重从社会结构转型的宏观视野出发，分析不同社会主体和政府社会政策对社会弱势群体的社会支持状况[2]。以上两类对于社会支持主体的划分反映了不同学科对于社会支持适用领域的不同理解，无论是个体层面的心理诊治和精神治疗，还是宏观层面的社会干预和政策扶持，社会支持的客体也即对象群体都是陷入困境和处于社会边缘的人群，综合学术界以往研究，研究对象主要包括老年人群体、残疾人群体、新移民群体、贫困群体、精神疾病人群、艾滋病人群、问题青少年群体、少数族裔等，笔者将在后文中对上述不同人群的社会支持作专门讨论。

　　位于社会支持主体和客体之间则是社会支持的内容，也即社会支持主体对其客体实施了什么样的支持，其是连接社会支持主体与客体之间的桥梁。关于社会支持的内容，学术界也有很多不同的分类方式，这里笔者列举一些比较有代表性的观点，例如物质上的帮助、身体上的帮助、心理上的帮助、信息上的分享、思想上的启迪、社会交际的支持和社会关系的拓展等[3]；Lin 和 Dean 把社会支持的内容分为工具性的支持和表达性的支持两种类型，前者是指那些能够帮助你实现特定目标的显性的、能够被识别的支持（比如帮你找到工作、帮你实现更好的教育、帮你提升购买力

　　① Thoits P. A. Multiple identities and psychological well - being: a reformulation and test of the social isolation hypothesis [J]. American Sociological Review, 1983, 48 (2): 174 - 187.

　　② 郑杭生、李迎生：《社会分化、弱势群体与政策选择》，郑杭生主编，《中国人民大学社会发展研究报告——弱势群体与社会支持》，中国人民大学出版社 2003 年版。

　　③ Barrera M. & Ainlay S. L. The structure of social support: a conceptual and empirical analysis [J]. Journal of Community Psychology, 1983, 11: 133 - 143.

等），后者是指那些不能够被识别的隐性的支持（比如同理心、生活经历的分享、感情支持等）①。而国内对社会支持研究较早并设计出一套社会支持评定量表的肖水源就认为，社会支持的具体内容总体上可以分为两类，一类是客观的、实际的支持，包括物质上的直接援助、可以利用的社会关系网络等；另一类是主观的、感情上的支持，包括个体受到的来自于社会的尊重、获得理解的感情体验等②；王东在研究农民工等弱势群体时就认为社会支持的具体内容不能仅仅局限于基于地缘和血缘网络上的支持，政府、企业、社区和民间组织等社会主体也必须参与社会支持的提供，具体的内容可以是政府政策上的支持、就业上的支持、法律援助上的支持、文化娱乐和休闲上的支持等等③。因此，综合学术界已有的研究观点来看，社会支持主要分为经济物质上的支持、精神心理上的支持和信息思想上的支持三大类，社会支持的具体内容根据不同的研究对象而各有侧重。

（一）社会支持研究的一般对象

近些年来，随着我国社会转型的加速和社会分层的加剧，由于这些弱势群体所导致的各种社会问题层出不穷，学术界也针对不同的对象群体展开了大量研究并提出了具有针对性的对策。如针对老年人群体社会支持的研究中，张友琴的研究重点分析了老年人社会支持的现状，研究发现老年人的社会支持主体是家庭支持，其可以提供经济上的支持、生活上的支持和精神上的支持。在城市，家庭给予的支持更多是物质生活方面的支持，而在农村，精神支持则是家庭支持的最重要方面④。此外，老年人社会支持网络的平均规模与老年人对其生活质量的评价是有关系的。老年人社会支持网络的多元化有助于增进他们的生活品质，提高生活满意率。与

---

① Lin N. & Dean A. Social support and depression. A panel study ［J］. Social Psychiatry, 1984, 19 （2）: 83 – 91.

② 肖水源：《〈社会支持评定量表〉的理论基础与研究应用》，《临床精神医学杂志》1994年第2期，第98—100页。

③ 王东：《农民工社会支持系统的研究：一个社会工作理论研究的视角》，《西南民族大学学报（人文社科版）》2005年第1期，第77—79页。

④ 张友琴：《老年人社会支持网的城乡比较研究——厦门市个案研究》，《社会学研究》2001年第4期，第11—21页。

家庭对于老年人提供的支持相比，相对正式的社区支持状况则不容乐观，尤其老年人群体对于相关支持资源的利用程度并不高①。因此，在全社会建立并完善一套正式的、制度化的社会支持网络来帮助老年人提升晚年的生活质量将是社会进步的一大表现，特别是要对于生活困难的老年人提供必要的物质援助和医疗救助，同时要加强对老年人群体的精神层面的关怀。

在残疾人社会支持的研究中，对于其经济收入状况、社会交往状况、生活满意度、心理状况、社会保障状况、社会救助状况、医疗服务和康复照顾使用情况等是经常被讨论的议题，并据此提出正式社会支持以及非正式社会支持的政策建议。尤其是对于经济欠发达的农村地区的残疾人而言，如何提升他们在日常生活中的抗脆弱性就显得尤为关键。许琳等的研究发现，目前农村地区残疾人的社会支持体系十分脆弱，基于血缘关系的个体支持是其社会支持体系中最重要的力量，但是这一非正式的支持体系如果离开了政府和社会组织的正式支持就如同独木难支，并不能从根本上解决问题，因此作者认为在正式的社会支持体系中，应当建立针对于农村残疾人群体的社会保障制度来保障他们的基本生活②。同时，宋宝安的研究也发现农村残疾人的基本生活面临较大风险、就业率和抗风险的能力较低、对社会服务满意度不高，而农村社会服务设施和相关的社会支持的缺失是造成这种状况的重要原因，残疾人联合会、乡镇卫生院、康复机构等应该成为农村残疾人社会支持体系中的重要力量③。

在对于城市贫困人群社会支持的研究中，分析其现有生活的困难因素以及探讨如何帮助收入极其有限的贫困家庭维持基本生活是一个重要维度。唐钧等在上海市的研究发现，在政府提供的社会保障制度以外，贫困家庭还可以依靠一个由家庭、亲戚和社区组成的非正式社会支持系统，而且社区帮扶也能够发挥积极的作用，社区网络虽然是政府统一规划下有组

---

① 李磊、施帆帆、张强等：《城市社区老年人社会支持现状及影响因素分析》，《中国卫生事业管理》2014年第31（6）期，第412—415页。

② 许琳、王蓓、张晖：《关于农村残疾人的社会保障与社会支持现状研究》，《南京社会科学》2006年第5期，第97—105页。

③ 宋宝安：《农村残疾人社会保障与服务体系建设现状与对策——以东北农村残疾人调查为例》，《残疾人研究》2012年第1期，第6—11页。

织有目的的社会行动主体，但其工作方式和职责范围又往往具有一定的民间化和自主性的特点，所以社区网络在城市贫困救助中发挥了对于正式社会保障制度和私人社会支持网络之外的补充作用①。而韩芳和陈洪磊在北京的研究则认为，城市就业市场的排斥和社会保障网络的不健全造成了贫困家庭正式社会支持网络的缺失，而家庭网络和社会交往的缺失又弱化了贫困家庭的非正式社会支持，这两方面因素的叠加是导致城市贫困家庭陷入生活困境的主要原因，因而呼吁政府积极推进就业帮扶和社会保障制度，同时也要注重培育社会组织以进行社会工作的介入②。

在艾滋病和精神疾病群体社会支持的研究中，李光勇以凉山彝族自治州为例探讨了艾滋病患者各方面的社会支持情况，他指出针对这一群体的正式支持主要来自于政府部门（包括医药主管单位、民政部门、公办医疗机构等）和社会组织两个方面，而非正式支持主要来自于患者的家庭、邻居、病友、朋友、宗教人士和志愿者等③。然而，由于这一群体往往受到污名化的影响，他们能否被社会所接纳从而有效利用各种来自社会的支持就显得尤为重要。如谢年华等的研究就认为这一群体无论是接受到的客观支持、主观支持还是对社会支持的利用度都低于正常人群，造成这一现象的原因是多方面的，其中患者的婚姻状况、文化程度等是最重要的因素④。除了患有艾滋病的人群以外，对患有精神疾病的人群提供社会支持也是十分必要的，应该从家庭成员、医务人员入手加强对精神病患者的社会支持，特别是精神慰藉和人文关怀，帮助他们有效地利用社会支持网络。此外，政府和新闻媒体也分别应该从立法工作和舆论宣传两个方面在全社会营造有利于患者回归主流社会的良好氛围⑤。

---

① 唐钧等：《城市贫困家庭的社会保障和社会支持网络：上海市个案研究》，《社会学研究》1999 年第 5 期，第 107—120 页。

② 韩芳、陈洪磊：《北京城市贫困家庭生活状况及社会支持网络研究》，《社会保障研究》2009 年第 1 期，第 40—48 页。

③ 李光勇：《艾滋病患者社会支持体系研究——以凉山彝族自治州乡村艾滋病患者为例》，武汉大学博士论文，2010 年。

④ 谢年华、江洪波、许骏等：《武汉市 330 例 HIV 感染者及艾滋病患者治疗的社会支持现状及影响因素研究》，《中华流行病学杂志》2015 年第 7 期，第 677—681 页。

⑤ 周英、李亚洁、林建葵等：《406 名住院精神病患者社会支持状况及其对生存质量的影响》，《护理学报》2012 年第 9 期，第 1—5 页。

　　除此之外，问题青少年群体也是社会支持领域的关注对象，其中与乡城人口迁移密切关联的留守儿童群体是最为典型的群体，因为其在成长过程中会遇到学习上、生活上和心理上等方面的问题。在农村留守的经历造成了留守儿童在成长中普遍面临着家庭教育功能弱化、学校社会化功能不足和同辈群体补位过度等问题，要解决留守儿童各方面的问题必须依靠全社会力量的共同努力，构建一套包括家庭支持、学校支持、政府支持和社会支持在内的留守儿童社会支持系统①。此外，在青少年犯罪和矫正领域的研究中，李光勇以上海市为例讨论了青少年社区服刑人员的社会支持网络情况，发现这一群体社会支持网络的缺失主要体现在两个方面，一是他们在判刑前的社会支持资源就往往比较缺乏；二是他们在判刑后常常出现社会支持网络的断裂现象。因此作者提出要通过政府机构、非政府组织、专业社会工作者及志愿者等多种力量为他们提供物质上、情感上、信息上和家庭关系上的支持②。

　　总体来看，在当今中国经历着剧烈社会改革和社会转型的时期，由于各种原因而陷入弱势地位的群体有着逐步扩大的趋势，这些群体往往具有经济收入上的低水平性、政治生活上的边缘性、社会参与上的被排斥性、生活质量上的低层次性和精神心理上的高敏感性等特点，这些特点决定了这一群体在社会生活中具有极大的脆弱性，他们很难依靠自身的力量来摆脱自身的困境③。因此，为社会弱势群体构筑社会支持体系以帮助他们更好地融入社会，需要全社会的协调配合和共同行动，不仅需要政府部门的法律保障和政策支持，社区街道的积极介入和服务递送，还需要舆论媒体、社会民间组织的有效倡导和共同参与，这种多元主体的社会协同是为弱势社群搭建社会支持网络从而解决其社会排斥问题，化解社会矛盾和风险的根本方式。

---

　　①　左鹏、史金玲：《农村留守儿童的成长障碍与社会支持系统构建——来自四川 W 县的调查》，《北京科技大学学报（社会科学版）》2010 年第 1 期，第 32—36 页。

　　②　李光勇：《青少年社区服刑人员社会支持网络研究——基于上海的实地调查》，《中国青年研究》2012 年第 9 期，第 113—116 页。

　　③　钱再见：《中国社会弱势群体及其社会支持政策》，《江海学刊》2002 年第 3 期，第 97—103 页。

（二）乡城移民社会支持的研究

由于乡城移民通常被认为是一类典型的社会弱势群体，因而也常常成为社会支持研究的讨论对象。当这一群体刚刚从农村迁入城市工作和生活之时，基于血缘和亲缘的支持往往是最直接的。因为无论是他们外出迁移的动机、城市工作的选择，还是他们日常生活的安排，都会不可避免地带有乡土社会中所固有的血缘和地缘关系的印记，而这种先天型以血缘和地缘为基础的社会支持系统能够有效地缓解他们来到陌生城市环境之初的无助感和不适应感。正如有研究所称，基于亲属关系的家庭网络这一初级社会群体在人们的社会支持网中仍然发挥着重要的作用，这种重要性并没有随着家庭结构和社会结构的巨大变化而显著改变，尤其是在与人们的日常生活密切相关的工具性支持领域（如财务支持）尤为突出[1]。

而当他们进入劳动力市场参与城市社会分工，并渐渐地与城市社会进行更多的接触之后，政府部门、用人单位、居住社区和各类社会团体就开始成为与他们密切互动的各类主体[2]。当然，这些支持主体所能够发挥的作用各不相同，如果私人支持、社区支持离开了政府系统的支持，那么这种社会支持的作用也难以显现[3]。总体来说，学术界对于乡城移民社会支持的讨论就主要集中于先赋型社会支持（非正式社会支持）和后赋型社会支持（正式社会支持）两大类，见图1—1所示。

学术界对于乡城移民群体社会支持的实证研究也取得了丰硕的成果。如刘冬梅的研究认为，乡城移民群体的社会支持总量有增加的趋势，但主要以内聚型、先赋性的非正式社会支持系统为主，他们获取社会资源的能力还十分有限，并且在与外部社会支持系统的互动中常常处于弱势地位，行动的主体意识和主动意识缺乏[4]。这是因为乡城移民群

---

[1]　张文宏、阮丹青：《城乡居民的社会支持网》，《社会学研究》1999 年第 3 期，第 14—19 页。

[2]　张岳红：《新生代农民工融入城市的社会支持系统探析》，《经济研究导刊》2012 年第 6 期，第 121—123 页。

[3]　Palmer N. A.，Perkins D. D. & Xu Q. Social capital and community participation among migrant workers in China [J]. Journal of Community Psychology，2011，39（1）：89-105.

[4]　刘冬梅：《进城农民工社会支持体系研究》，武汉大学硕士学位论文，2005 年。

体日常生活的交际圈仍然主要依赖于乡土关系或亲属关系，政府、社会、社区层面对于乡城移民群体提供的制度性社会支持还十分欠缺，这种以私人为主的社会交际圈实际上会产生一种隔离效应，不利于他们与本地居民之间的融合①。此外，也有研究对于乡城移民获取支持的内容和途径进行了分类讨论，对于这一群体的情感支持主要来自亲属、朋友、同事和同乡；信息支持主要源自于原有的社会交际圈，通过互联网或其他媒体渠道获取的信息较少；物质支持则主要来源于亲人、朋友以及同事的帮助②。总之，学术界的研究都显示出乡城移民群体的社会支持大都源于以血缘、地缘、业缘建立起的初级社会交往网络，正式社会支持资源相对较少。

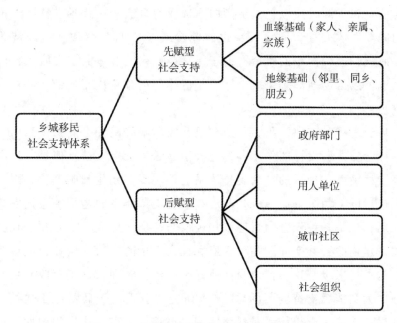

图 1—1　乡城移民社会支持体系的构成图③

①　杨绪松、靳小怡、肖群鹰等：《农民工社会支持与社会融合的现状及政策研究——以深圳市为例》，《中国软科学》2006 年第 12 期，第 22—30 页。

②　陈羿君、胡娜、张秋菊：《农民工社会支持来源现况研究——以苏州地区为例》，《经济研究导刊》2011 年第 25 期，第 146—149 页。

③　王东：《农民工社会支持系统的研究：一个社会工作理论研究的视角》，《西南民族大学学报（人文社科版）》2005 年第 1 期，第 77—79 页。

在乡城移民群体迁入城市的初期，获得一份工作对于他们在城市生活重要性不言而喻，因而有很多学者研究了他们在城市求职过程中所获取的社会支持。如闫菲的研究发现，有高达 68.8% 的人进入城市后寻找到的第一份工作是通过亲戚、朋友、同乡介绍的，自行寻找的仅占 24.7%，这抑或表明政府和其他社会主体为乡城移民群体提供的就业信息和就业支持是非常有限的，抑或说明乡城移民群体对正式社会支持的利用程度是非常有限的。同时，作者的研究还发现这一群体在异地打拼遇到经济拮据、重大疾病、意外事件等特殊情况时，这种先赋型的亲缘支持往往能够在第一时间给予帮助[1]。此外，同乡群体是社会支持中的一个不可忽视的群体。因为进城务工的迁移群体往往通过同乡网络获得外出迁移和工作的最初信息和资源，所以他们更倾向与选择与自己文化背景、社经地位相似的同乡群体交往，同乡关系也因此渗透了雇佣关系和其他经济关系中。而且，这种同乡的集聚有助于提高乡城移民群体的工资收入，同乡关系也可以帮助他们去争取个体或小群体的利益，从而帮助他们在城市中立足[2]。

基于这些研究中，我们看到在现有的乡城移民社会支持体系中，先赋型社会支持所发挥的作用要远远大于后赋型社会支持。但是，一个针对乡城移民群体理想的社会支持体系应该实现多元化和制度化，因而至少要包括以下两个方面：一是政府在社会支持体系的建构中应该发挥主导作用；二是各种社会力量应该积极参与，努力形成一个有益于社会支持体系建构的公共空间。除了政府和社会力量的支持，企业也应该履行相应的责任来缓解这一群体目前所面临的工作时间长、工资收入低、劳动强度大和情感支持弱等问题[3]。本研究将着重对于后赋型正式社会支持的讨论，这一支持体系是最终实现乡城移民的市民化进程中所不可或缺的部分。

---

① 闫菲：《城市流动人口社会支持状况研究》，济南大学硕士学位论文，2012 年。

② 张春泥、谢宇：《同乡的力量：同乡聚集对农民工工资收入的影响》，《社会》2013 年第 1 期，第 113—135 页。

③ 甄月桥、朱茹华、李益娟、刘雨：《新生代农民工身份转型过程中的社会支持问题研究：基于浙江杭州、宁波、嘉兴、温州四地的调查》，《发展研究》2011 年第 9 期，第 98—100 页。

三 研究述评与启示

对于乡城移民群体社会融入和社会支持的研究已经成为最近十多年来社会科学研究的经典议题，先后引起了社会学、人口学、政治学、行政管理学、社会政策学等学科的关注。尽管不同领域的研究者所采用的研究视角和研究方法各有不同，而且使用了诸如"农民工"、"流动人口"等不同的词汇来表达"乡城移民"一词的含义，但是一个基本的结论是明确的：也即乡城移民群体已经成为我国社会转型和城镇化深入推进时期的弱势群体，他们在融入城市社会中的过程中遇到了各种各样的障碍与问题，这些问题正在加剧整个社会的阶层分化和利益冲突，因此需要多元社会主体的支持和社会政策作用的发挥来帮助他们不再成为被社会排斥的对象，让他们与城市社会更好地融入以成为真正意义上的新市民。

综上讨论，笔者发现虽然学术界对该议题已经展开过大量卓有成效的研究，但是仍然具有一些局限性，主要有以下几个方面，一是偏向于客观指标的测量较多。虽然客观指标的好处在于为我们研究这一群体的主要需求以及遇到的障碍性因素提供了操作化的工具，也能够较为全面的评估这些群体的生活状况，但是当我们的研究对象是生活阅历不同、价值取向各异、情感世界丰富的不同个体时，大规模的问卷和量表很可能会缺少对这些需求和障碍性因素背后故事的探讨，也就不能够十分准确地把握他们内心世界中真实而且全面的想法。

二是过于注重对制度性因素的研究。学术界以往的很多研究都提到了户籍制度对于乡城移民社会融入等一系列问题产生的重要影响，我们当然不能够否认这种影响作用的广泛存在，但是如果我们过分夸大客观存在的作用，就难免会限制到我们研究思路的扩展，不利于我们从更多主观性的视角来探索上述问题。为什么户籍制度在很多地方已经不再成为他们参与社会保险的障碍条件的情况下，乡城移民群体的社会保险参与率仍然大大低于城市居民这一问题就是一个很好的印证，其说明了从主观性角度来深入探讨这些问题的形成原因具有重要意义。

三是较为缺乏系统性的思考。学术界以往的研究几乎覆盖到了乡城移民群体在城市生活的各个方面，但是这种过于分散的研究视野阻碍了我们从整体上对这一问题的把握，也缺乏对这一群体社会支持问题的统一认识。因为这些障碍性因素往往并不是孤立存在的，各种障碍因素之间如何关联，处于不同迁移阶段之间遇到的障碍性因素是否相同等问题仍有待于学术界进一步的探讨。而对于这些问题的回答必须从整体上系统思考研究设计，从而保证我们的研究更加具有系统性和针对性，而不是对上述众多需求要素和障碍因素的简单罗列。

四是对于社会支持体系的讨论缺乏针对性和层次性，忽略了乡城移民群体内部的异质性。不可否认，无论是先赋型的基于血缘和亲缘关系的支持体系，还是后赋型多元社会主体的支持体系，都能够在一定程度上缓解他们在经历传统乡土关系和现代城市文明之间的剧烈碰撞之后的心理和生活上的不适应。随着现代社会保障体系的健全、政府基本公共服务的完善和社会包容理念的普遍认同，可以预见在未来，基于政府、社区、社会组织和企业等多元社会主体所发挥的支持作用必定会占据主导地位，但是这些主体发挥协同作用具体模式有哪些，不同的社会支持模式又如何针对性地回应不同乡城移民群体的生活诉求等问题仍然需要进一步探索。因此，如何真正为乡城移民提供社会支持来促进其城市社会融入，仍将会是学术界今后必须面对的重大理论和现实课题。

诚然，这一问题的解决除了依靠迁移群体本身和家庭之外，更多地需要我们从社会政策和社会管理的角度去思考，包括破除城乡二元的社会管理体制、深化户籍制度改革、推进社会保障制度的全民覆盖等，同时也需要我们从公民权利和社会福祉的高度去审视，如建设以公民权利为基础的包容型社会、发展普惠型的福利制度来提升全社会的福祉等，从而能够建构出一套适合我国国情的、多层次的、有针对性的乡城移民社会支持体系，以期能够在我国新型城镇化的背景下推进农村剩余劳动力向城市平稳有序的转移，实现他们从农民向市民的转变。

当然，在对于具体问题的分析和讨论中，我们要更加紧贴社会现实。目前，我国约有 6000 多万留守儿童、5000 多万留守妇女和 5000 多万留守老人①。这种状况说明，在大量乡城移民难以融入城市社会的背景中，

---

① 任远：《大迁移时代的儿童留守和支持家庭的社会政策》，《南京社会科学》2015 年第 8 期，第 73—78 页。

城乡之间的分割、城市内部阶层分化现象日益加重的同时，也带来了移民家庭成员间的分离。这就要求我们在人口迁移日趋多样化和复杂化的时代背景下，再把乡城移民视为一个整体来讨论其社会支持问题就显得远远不够了。我们对于乡城移民问题的研究要更加精细化，要根据乡城移民群体迁入城市过程中所经历的不同阶段过程中呈现出的核心诉求和融入障碍为基础来分别讨论不同迁移阶段下社会支持体系应当如何构建，从而保证社会支持建构的差异化和科学化，避免一概而论和泛泛而谈。本研究中，笔者基于对西方移民迁移经典理论的假设，将会对于乡城移民从农村迁往城市过程中进行阶段化的划分，也即根据这一群体在城市居住时间的不同把其分为迁移初始期、迁移发展期和迁移稳定期三个组别，并辅之以数据检验的支持。进而，笔者将重点探讨处于不同迁移阶段下乡城移民群体的社会网络状况，试图从中窥视出这一群体在就业、居住、社交、子女入学等方面的困难和诉求，从而基于多元主体协同的视角分析社会支持的建构。

第二章 乡城移民管理政策的
历史演变与总结

　　新中国成立以后，户籍制度的建立、发展和改革不仅是解决中国许多社会问题的钥匙，同时也是造成中国许多社会问题的根源。以户籍基础为基础的人口政策、福利政策、就业政策等既是政府解决乡城移民问题最重要的出发点，也是我们探索乡城移民问题的基本政策和社会背景①②③。因此，有许多学者认为户籍制度和建立在户籍之上的城市各种制度构成了乡城移民融入城市社会的制度性障碍，乡城移民群体面对的是一系列有别于城市居民的制度，如就业制度、社会保障制度、医疗制度、教育制度等，这种制度性的屏障增加了乡城移民群体在城市生活、住房、子女入学、医疗等方面的成本支出，不利于社会阶层的团结和社会包容的提升④⑤⑥。这些障碍和限制就导致了学术界中经常讨论的"不平等城镇化"效应，也即近十几年来农业人口向城市转移迅速提高了城镇化率，但城镇化率的提升却在另一方面降低了社会整合的程度，乡城

---

①　Cheng T. & Selden M. The origins and social consequences of China's hukou system ［J］. The China Quarterly, 1994, 139: 644 – 668.

②　Fan C. C. China on the move: Migration, the state, and the household ［M］. New York: Routledge, Taylor & Francis Group, 2008.

③　李强：《影响中国城乡流动人口的推力与拉力因素分析》，《中国社会科学》2003 年第 1 期，第 125—136 页。

④　Watson A. Social security for China's migrant workers—providing for old age ［J］. Journal of Current Chinese Affairs, 2009, 38 （4）: 85 – 115.

⑤　任远、邬民乐：《城市流动人口的社会融合：文献述评》，《人口研究》2006 年第 30 （3） 期，第 87—94 页。

⑥　李培林、李炜：《近年来农民工的经济状况和社会态度》，《中国社会科学》2010 年第 1 期，第 119—131 页。

移民群体在经济、文化等多个维度上都不能够比城市人口更多地从城镇化过程受益，这些差异和隔阂正在进一步显化①。因此，如果制度隔离和政策理念仍旧不加以改变的话，传统粗放式的城镇化对于社会融合的提升只能起到消极作用。

具体说来，我国虽然自改革开放以来逐步取消了户籍制度对于人口流动的限制，使得农业人口获得了向城市自由迁移的机会，但是其并不意味着户籍制度对于乡城移民群体限制作用的消失。中央政府层面对于人口流动和管理的政策在这三十多年的时间里进行过很多调整和更改，其一方面是为了确保政策设计适应经济社会发展的巨大变迁；另一方面也反映出政策制定者和既得利益者之间不断博弈的过程。事实上，这些政策的演化也能够从一个侧面折射出我国社会政策发展导向的变化。在此，笔者在借鉴学术界以往研究的基础之上，并基于对以往政策文本侧重点和中心思想的分析，把我国中央政府层面有关于乡城移民群体的重要政策归纳梳理成为四个主要的发展阶段②③④。

一　控制为主逐步放松（1978—1989 年）

1978 年家庭联产承包责任制度的改革试点工作在安徽凤阳县启动，其标志着我国开始了探索理顺农村生产关系和推进农村改革的步伐，历史发展告诉我们这一探索对于我国农村社会形态的演变和整个社会宏观结构的变迁都带来了深远的影响。1980 年，中共中央印发了《关于进一步加强和完善农业生产责任制的几个问题》的通知，指出要坚持农业集体化的方向，加强和完善农业生产责任制。这一改革在极大地促进了农业生产的同时也逐渐地解放了农村剩余劳动力，为农村人口向城镇转移奠定了基

---

① 陈云松、张翼：《城镇化的不平等效应与社会融合》，《中国社会科学》2015 年第 6 期，第 78—95、206—207 页。

② 陈妍：《改革开放以来我国流动人口政策变迁研究》，陕西师范大学硕士学位论文，2013 年。

③ 李迎生、刘艳霞：《社会政策与农民工群体的社会保护》，《社会科学研究》2006 年第 6 期，第 100—105 页。

④ 宋洪远、黄华波、刘光明：《关于农村劳动力流动的政策问题分析》，《管理世界》2002 年第 5 期，第 55—65 页。

础。1980年，中共中央、国务院印发了《关于进一步做好城镇劳动就业工作的意见》，强调要对农业剩余劳动力采取发展社队企业和城乡联办企业等办法加以吸收，控制农业人口盲目流入大中城市，进一步压缩和清退来自农村的计划外用工。1984年，中共中央印发的《关于1984年农村工作的通知》中认为随着农村分工分业的发展，将有越来越多的人脱离耕地经营，并将有较大部分转入小工业和小集镇服务业，并指出这是一个必然的历史性进步，可为农业生产向深度广度进军，为改变人口和工业的布局创造条件。同年，国务院印发《关于农民进入集镇落户问题的通知》，要求各级人民政府积极支持有经营能力和有技术专长的农民进入集镇经营工商业，公安部门应准予其落常住户口，统计为非农业人口。1988年，劳动部和国务院贫困地区经济开发领导小组联合发布了《关于加强贫困地区劳动力资源开发工作的通知》，指出沿海经济发达地区、大中城市的劳动部门要有计划地从贫困地区吸收劳动力，各地劳动部门、劳动服务公司要认真执行国务院有关农村剩余劳动力转移的政策，对农民进城自谋职业给予指导，维护其合法权益。1989年，国务院办公厅发出《关于严格控制民工外出的紧急通知》、民政部和公安部联合发出《关于进一步做好控制民工盲目外流的通知》，要求各地人民政府采取有效措施，严格控制当地民工盲目外流。

这一时期的政策文件关键词是控制。由于家庭承包联产责任制度的施行，我国农村地区的生产资料所有制形式，农民在生产中的地位和相互关系以及产品的分配形式等都发生了巨大变化，农村生产力水平得到了显著提升。在这一背景中，越来越多的农业人口能够摆脱传统生产关系的束缚，并开始寻求向城市第二产业和第三产业部门的转移。虽然中央政府层面已经逐步意识到农业剩余劳动力向城市转移是一个不可逆转的历史潮流，也是一个国家通往工业化和现代化的必由之路，但这种巨大的社会变迁和人口迁移趋势曾经给国家一些主管部门造成了巨大的管理压力。因此，国家在这一时期对于这种人口迁移的潮流基本上秉持了一种小心谨慎的应对态度，对于农业剩余劳动力向城镇的转移和落户有着严格的条件限定，避免由于农业人口的盲目流动对于城市社会秩序带来负面影响。

二　规范流动加强管理（1990—2000 年）

1990 年，国务院印发了《关于做好劳动就业工作的通知》，强调农村富余劳动力的就地转移和消化，防止出现大量农村劳动力盲目进城务工的局面。同时，对农村劳动力进城务工，要运用法律、行政、经济的手段并搞好宣传教育，实行有效控制，严格管理。这表明政府就业部门开始运用一些政策工具和手段为已经迁入城市工作的农业人口进行一些就业上的引导措施，一方面减少其对于城市本地劳动力市场的冲击；另一方面也最大限度的提高他们与工作岗位之间的匹配度，避免流动的盲目性。之后，国家又出台了一系列政策来保证乡城移民群体在城市的规范就业，如 1993 年，中共十四届三中全会通过了《关于建立社会主义市场经济体制若干问题的决定》，其中提出要鼓励和引导农村剩余劳动力逐步向非农产业转移和地区间有序流动。1994 年，劳动部制定了《关于农村劳动力跨省流动就业管理的暂行规定》，明确了被用人单位跨省招收的农村劳动者在外出之前，必须在户口所在地的劳动就业服务机构进行登记并领取外出人员就业登记卡，到达用人单位后，须凭出省就业登记卡领取当地劳动部门颁发的外来人员就业证，凭此享受劳动就业服务机构提供的就业服务以及其他社会服务。1995 年，中央社会治安综合治理委员会发布了《关于加强流动人口管理工作的意见》，认为当前的农村剩余劳动力的流动，在很大程度上仍然处于盲目无序状态，要实行统一的流动人口就业证和暂住证制度来加强流动人口管理工作。1997 年，公安部出台的《关于小城镇户籍管理制度改革试点和完善农村户籍管理制度有关问题的解答》指出，允许已经在小城镇就业、居住并符合一定条件的农村人口在小城镇办理城镇常住户口，以促进农村剩余劳动力就近、有序地向小城镇转移，经批准在小城镇落户的人员与当地原有居民享有同等待遇。同年，劳动部、国家经贸委、公安部等七部委发布了《关于进一步做好组织民工有序流动工作的意见》，要求各地加强劳动力市场建设，把民工流动的管理服务工作纳入经常化、制度化轨道。1998 年，中共十五届三中全会通过了《关于农业和农村工作若干重大问题的决定》，这一纲领性文件明确要通过积极发展小城镇的方式带动农村经济和社会发展，从而吸纳一部分农业富余劳动力在城镇就业，避免向大中城市盲目流动。因此，要制定和完善促进小城镇健康发展的政策措施，进一步改革小城镇户籍管理制度，引导农业人口有序向城镇户口转移。

这一时期政策文件的中心思想和上一个时期的控制和限制已经发生了明显的转变，国家开始注重对于乡城移民群体在城市就业的引导和管理，强调有序转移，防止农业人口的盲目流动对于流入地经济发展和社会稳定造成的负面影响。这一时期的主要特点是逐步加大规范和管理力度，如中央要求在各地探索实施就业证和暂住证制度，通过这种注册登记的方式及时掌握人口流动的趋势和信息，从而把对于乡城移民群体的管理和服务与地方政府的社会管理和公共服务进行有机结合。同时，我们也看到把合理引导农村劳动力在一些中小城镇落户开始被提上了政府的工作议程。

三　公平流动强化服务（2001—2010 年）

2001 年，全国人大批准了《中华人民共和国国民经济和社会发展第十个五年计划纲要》，其中第二篇第九章专门提出要改革城镇户籍制度，形成城乡人口有序流动的机制，取消对农村劳动力进入城镇就业的不合理限制，引导农村富余劳动力在城乡、地区间的有序流动。这一表述开启了在户籍制度改革的基础上推进农业人口转移的新时代。同年，国家计划委员会会同公安部、民政部、劳动保障部等九部门印发了《国民经济和社会发展第十个五年计划城镇化发展重点专项规划》，其中更加明确了既要促进人口向城镇有序转移，又要防止人口过度聚集的"城市病"，要形成人口和生产要素在城乡间有序流动的机制。同时，各地要在就业、住房、子女教育、医疗等方面加强对进城务工农民的服务。2003 年，国务院办公厅下发了《关于做好农民进城务工就业管理和服务工作的通知》，提出要取消对农民进城务工就业的不合理限制，解决拖欠和克扣农民工工资问题，改善农民工的生产生活条件，多渠道安排农民工子女就学等，其标志着中央政府的乡城移民群体政策由管理开始向服务转变。2004 年，国务院办公厅下发了《关于进一步做好改善农民进城就业环境工作的通知》，进一步在做好促进农民进城就业的管理和服务工作，维护农民进城就业的合法权益等方面做出了具体部署。2006 年，国务院出台了《关于解决农民工问题的若干意见》，确定了公平对待、一视同仁；强化服务、完善管理；统筹规划、合理引导；因地制宜、分类指导；立足当前、着眼长远五大关于做好农民工工作的基本原则，并提出要积极稳妥地解决农民工社会保障问题，切实为农民工提供相关公共服务等。2007 年，中央综治委下发了《关于进一步加强流动人口服务和管理工作的意见》，首次把对流动群体的服务工作提升到新高度，并提出以社区为依托构建流动人口服务和管理的平台。2008 年，国务院办公厅下发了《关于切实做好当前农民工工作的通知》，提出要采取多种方式促进农民工就业，确保农民工工资按时足额发放，同时要认真做好返乡农民工的社会保障、公共服务和管理工作。2010 年，中共中央、国务院印发了《加大统筹城乡发展力度进一步夯实农业农村发展基础的若干意见》，强调要加大对外出农民务工的就业指导和服务力度，促进农村劳动力平稳有序转移，健全农民工社会保障制度，落实以公办学校为主、以输入地为主解决好农民工子女入学问题的政策，关心农村留守儿童。

这一时期的政策文件在强调对于乡城移民进行日常管理的同时更加开始强化对其输送政府的基本公共服务，旨在确保这一群体的合法权益，保障其城市拥有公平自由的就业权利，通过就业服务的开展减少城市劳动力市场对外来迁移人口的排斥效应。同时，政府也提出了要加大针对这一群体的基本公共服务投入，并考虑逐步建立把非本地城市户口的人群纳入到社会保障和住房保障体系中，努力实现政府基本公共服务对于城市常住人口的全覆盖。因此，这一阶段的政策调整标志着政府工作理念和职能的转变，其开始把更多的精力投入到对乡城移民群体的服务和权利保障中去，确保社会公平发展。

四 转变身份促进融入（2011 年以后）

2011 年，全国人大批准的《国民经济和社会发展第十二个五年规划纲要》中明确提出要引导农村富余劳动力平稳有序外出务工，促进城乡劳动者平等就业，努力实现农民工与城镇就业人员同工同酬，提高农民工工资水平。2012 年，中共十八大《坚定不移沿着中国特色社会主义道路前进，为全面建成小康社会而奋斗》的报告中明确指出要加紧建设对保障社会公平正义具有重大作用的制度，逐步建立以权利公平、机会公平、规则公平为主要内容的覆盖城乡居民的社会公平保障体系。同时要加快改革户籍制度，有序推进农业转移人口市民化，努力实现城镇基本公共服务常住人口全覆盖。同年，中央经济工作会议提出了新型城镇化战略，认为城镇化是我国现代化建设的历史任务，同时也是扩大内需的最大潜力所在，要围绕提高城镇化质量，因势利导、趋利避害，积极引导城镇化健康发展，要把有序推进农业转移人口市民化作为重要任务抓实抓好。年底，中共中央、国务院颁布了《关于加快发展现代农业进一步增强农村发展活力的若干意见》，强调把推进人口城镇化特别是农民工在城镇落户作为城镇化的重要任务。加快改革户籍制度，落实放宽中小城市和小城镇落户条件的政策。加强农民工职业培训、社会保障、权益保护，推动农民工平等享有劳动报酬、子女教育、公共卫生、计划生育、住房租购、文化服务等基本权益，努力实现城镇基本公共服务常住人口全覆盖。2013 年，中共十八届三中全会通过了《中共中央关于全面深化改革若干重大问题的决定》，认为城乡二元结构是制约城乡发展一体化的主要障碍。必须健全体制机制，形成以工促农、以城带乡、工农互惠、城乡一体的新型工农城乡关系，让广大农民平等参与现代化进程、共同分享现代化成果。推进农业转移人口市民化，逐步把符合条件的农业转移人口转为城镇居民。2014年，中共中央、国务院印发了《国家新型城镇化规划（2014—2020年)》，其中用整整一章的篇幅阐述了有序推进农业转移人口市民化的工作要求，包括在推进符合条件农业转移人口落户城镇、推进农业转移人口享有城镇基本公共服务、建立健全农业转移人口市民化推进机制等方面都做出了具体的工作部署。同年，国务院印发了《关于进一步推进户籍制度改革的意见》，提出要取消农业与非农户口界限，建立统一的城乡户口登记制度，破题城乡二元壁垒。国家要逐步推进基本养老服务、基本医疗卫生服务、就业服务、住房保障和义务教育等城镇基本公共服务覆盖到城市所有常住人口。此外要进一步调整户籍迁移政策，全面放开建制镇和小城市落户限制，有序放开中等城市落户限制，到 2020 年努力实现 1 亿左右农业转移人口和其他常住人口在城镇落户。2015 年底，中央经济工作会议上指出要按照加快提高户籍人口城镇化率和深化住房制度改革的要求，允许农业转移人口等非户籍人口在就业地落户，使他们形成在就业地买房或长期租房的预期和需求，形成以满足新市民住房需求为主要出发点，以建立购租并举的住房制度为主要方向，把公租房扩大到非户籍人口，同时要为外来人口在城市买房提供优惠条件。

五　政策总结与述评

综合以上四个历史时期乡城移民政策的不断转化和发展，我们不难看出中央政府历来十分重视农业剩余劳动力向城市的转移问题，其不仅仅关乎着我国城镇化和现代化过程能否顺利实现，也关乎着我国社会经济发展的进一步改革和发展能否顺利进行。因此，如何继续促进乡城移民群体的社会融入和市民化是深化改革和推动中国发展面临的更重要任务[①]。鉴于这一问题在当前国情下的重要性和特殊性，我国政府在不同的历史阶段采取了不同的政策予以应对，其侧重点和指导思想各有不同，具体见图2—1所示。

20世纪80年代初期，随着家庭承包联产责任制的深入推进，越来越多的劳动力从农村解放出来，开启了我国大规模乡—城人口迁移的序幕，通过流动和暂住城市增强了经济发展的活力。中央政府的主要政策在于控制人口的有序流动，逐步放宽对人口流动的限制，并给予流动群体的合法地位。90年代起，政府政策的重心开始转向对于人口流动的引导和管理，防止盲目的人口流动对社会稳定造成的影响。21世纪以来，政府开始转变施政理念和工作职能，从对流动群体的管理转变为管理与服务并重，并更加强调对这一群体基本公共服务的提供，保障流动群体的合法权益。因此总体来看，我国乡城移民群体政策经历了从开放到管制再到融合的演变，这不仅体现了我国政府乡城移民群体管理理念的转变，而且反映了改革开放以来我国政府在乡城移民群体管理上的丰富经验和巨大成就[②]。最近几年来，我国政府对于乡城移民群体的政策选择更加趋向于开放和包容，从以往强化管理和服务的理念转变为更加注重公民权利的平等。一个

[①]　任远、乔楠：《城市流动人口社会融合的过程、测量及影响因素》，《人口研究》2010年第2期，第11—20页。

[②]　尹德挺、黄匡时：《改革开放30年我国流动人口政策变迁与展望》，《新疆社会科学》2008年第5期，第106—110页。

1978—1989 年：控制为主逐步放松
代表性文件：《关于进一步做好城镇劳动就业工作的意见（1980）》、《关于严格控制民工外出的紧急通知（1989）》、《关于进一步做好控制民工盲目外流的通知（1989）》等

1990—2000 年：规范流动加强管理
代表性文件：《关于做好劳动就业工作的通知（1990）》、《关于加强流动人口管理工作的意见（1995）》、《关于进一步做好组织民工有序流动工作的意见（1997）》、《关于农业和农村工作若干重大问题的决定（1998）》等

2001—2010 年：公平流动强化服务
代表性文件：《国民经济和社会发展第十个五年计划城镇化发展重点专项规划（2001）》、《关于做好农民进城务工就业管理和服务工作的通知（2003）》、《关于解决农民工问题的若干意见（2006）》、《关于进一步加强流动人口服务和管理工作的意见（2007）》

2011 年至今：转变身份促进融入
代表性文件：《国民经济和社会发展第十二个五年规划纲要（2011）》、《中共中央关于全面深化改革若干重大问题的决定（2013）》、《国家新型城镇化规划（2014—2020 年）（2014）》、《关于进一步推进户籍制度改革的意见（2014）》

图 2—1　改革开放后我国乡城移民政策的演变

资料来源：笔者根据公开资料整理。

明显的政策信号就是政府推进的以人为核心的新型城镇化战略，全面实施居住证制度的同时深化户籍制度改革，打破原有体制对移民群体的不平等身份限制，并积极促进农业人口的市民化，帮助乡城移民群体更加全面地融入当地社会的生活。这些政策发展的方向是追求一个更加公平更加包容的社会，以真正实现乡城移民群体由农民向市民的转变。

在以人为核心的城镇化战略的推动下，政府未来对于乡城移民政策改革和优化的基本方向是要破除城乡居民之间的不平等身份，逐步有序地放开大—中—小城市的落户限制，逐步做好农业转移人口的市民化工作，出台优惠政策鼓励他们在城镇购房安家，促进乡城移民在迁入地社会更好地融入。同时，政府提出要在户籍制度改革的同时配套出台农村土地制度的改革措施，其将会对于真正破除农村和城市之间相互对立与隔阂的社会结构，实现城乡全面协调发展具有深远意义。因此，对于这些政策的回顾是我们研究和探讨乡城移民社会支持建构问题的重要政策背景和现实土壤，其能够帮助我们从更加宏观的视角去审视多元社会主体在乡城移民社会支持的建构过程中应当发挥的作用，并在全社会倡导多元共享的社会发展理念去引领社会环境和社会风气的变化，从而为这一社会支持体系的建构提供良好的外部环境支持。

第三章 乡城移民迁移阶段的划分与数理检验

在上文中，笔者讨论了西方学术界对于移民研究领域中的经典理论流派，也探讨了国内移民研究学界对于乡城迁移群体融入城市社会的障碍和社会支持如何建构的研究，同时也梳理了我国改革开放以来乡城移民管理与服务政策的演变轨迹。这些理论探讨、经验研究以及政策回顾能够为笔者接下来基于微观资料的进一步剖析奠定研究和政策基础。从本章开始，本研究就进入了主体部分，笔者将沿着这一阶段化和差异化的思路来展开对于乡城移民社会支持建构的研究，其将具体探讨乡城移民的迁移阶段在我国现有的制度设计下如何划分，不同迁移阶段下乡城移民的社会互动和生活诉求有何不同，多元社会主体之间如何协同来回应这些阶段化的差异以及这一基于阶段划分的社会支持体系所具有的理论功用等问题。

一般来说，乡城移民群体从背井离乡外出打工到扎根城市往往需要一个较为漫长的时间过程，根据移民过程学说的阐释，这一迁移过程往往需要经历三到五个阶段。在不同的迁移阶段中，移民群体所呈现出来的阶段性特征也各有不同，可能表现在社会经济地位与职业稳定性、日常生活中的所遇到的困难、社会交往状况、居住条件状况以及对于政府公共服务的需求状况等等。这些阶段化的差异特征在对于其社会支持建构的讨论过程中是不能够被忽视的，对于这些阶段差异的分类讨论是社会支持体系能够发挥最大功效的前提。在本章中，笔者从以往的理论和经验研究出发，将进一步探讨在我国现有的政策文件和制度设计对乡城移民完成由农村到城市的迁移过程产生了哪些影响，迁移过程的时间阶段应当如何划分，以及在这种划分方式下，不同迁移阶段中的乡城移民群体的生活困难和诉求是否具有显著的差异等问题。

一　"制度阀"效应与阶段划分的依据

要讨论乡城移民群体在城市定居的阶段性特征，首先要明确其迁移阶段的划分。目前，国务院于 2014 年底颁布的《居住证管理办法（征求意见稿）》中规定："公民离开常住户口所在地，到其他设区的市级以上城市居住半年以上，符合有稳定就业、稳定住所、连续就读条件之一的，可以依照本办法的规定申领居住证。"各地方政府出台的居住证管理办法或流动人口管理条例中也大都以在迁入地居住满半年作为申领居住证的基本条件。这些制度设置表明，半年的时间往往是外来人口迁入城市之后的过渡期，居住满半年且有继续在城市居住意愿并符合条件的群体均可以按照规定办理居住证。因此，笔者以在城市居住半年作为划分乡城移民迁移初始期与发展期的标准。而对于迁移发展期和迁移稳定期的划分，笔者在梳理了我国若干个具有代表性城市在办理入户手续过程中关于居住时间的限定条件后发现，中小城市需要连续居住满 3—5 年、大中城市需要连续居住满 5—7 年是迁入地政府受理外来移民落户申请的基本条件（见表 3—1 所示）。这里，笔者考虑到不同城市不同地域之间的巨大差异性，因此取平均值五年为标准作为划分乡城移民迁移发展期和迁移稳定期的依据。

表 3—1　　部分城市受理入户（籍）申请中对于居住/社保缴纳时间的规定

地区	文件名	相关规定摘编
全国	《居住证管理办法（征求意见稿）》（2014 年）	中等城市（城区人口 50 万—100 万），对参加社保年限的要求不得超过 3 年；大城市（城区人口 100 万—500 万），对参加社保年限的要求不得超过 5 年；特大城市（城区人口 500 万以上）应根据综合承载能力和经济社会发展需要合理设置年限
北京	《北京市积分落户管理办法（征求意见稿）》（2015 年）	在京连续缴纳社会保险 7 年及以上的申请人可以参加积分落户

续表

地区	文件名	相关规定摘编
上海	《持有〈上海市居住证〉人员申办本市常住户口办法》（2012 年）	持有《上海市居住证》累计满 7 年可以申请转为本市常住户口
香港	《中华人民共和国香港特别行政区入境条例》（1997 年）	居于香港连续 7 年或以上的中国公民可以申请香港永久居留权
天津	《天津市居住证积分管理实施细则》（2015 年）	申请人在本市缴纳五项社会保险满 6 年，可以按规定计算入户积分
广州	《广东省流动人口服务管理条例》（2010 年）	居住证持证人在同一居住地连续居住并依法缴纳社会保险费满 7 年，可以申请常住户口
重庆	《重庆市人民政府办公厅关于进一步明确户籍制度改革有关规定的通知》（2011 年）	市外户籍人员在渝务工经商，主城区满 5 年，其他区县（自治县）满 3 年，购买成套商品住宅房且实际居住的，可申请入户
杭州	《杭州市流动人口服务管理条例》（2012 年）	持有《浙江省临时居住证》，连续居住满 3 年并且已在本市市区缴纳社会保险费 3 年以上的，可以申领有效期为 9 年的《浙江省居住证》
太原	《太原市公安局居住证管理工作规范》（2009 年）	申请人连续居住 5 年以上并申领居住证的，可按照户籍管理规定排队轮候申办本市常住户口
长沙	《长沙市流动人口居住登记管理办法（试行）》（2011 年）	在本市连续工作并按规定缴纳养老保险 3 年以上的，可以将本人户口迁入本市

资料来源：笔者根据网上公开资料整理。另外，深圳市、南京市等地的户籍管理部门正在研究居住证落户的具体细则，预计将于 2016 年年内正式出台。

　　因此，在对于乡城移民群体的分析中，城乡二元制度必然是不可回避的重要制度安排，其也是导致我国人口城镇化的进程长期滞后于土地和空间城市化的进程，造成农村到城市转移人口的市民化程度不高等一系列问题的制度性根源。在这一制度设置中，农村居民要想迁移到城市并最终转变为城市居民需要跨越两个主要的制度性障碍，因而有学者采用了"制度阀"这一概念，其是指具有限制性功能的制度安排，来对乡城移民的迁移过程加以分析，从而系统阐释乡城移民市民化进程中所遭受的制度性排斥效应①。从新制度主义学派的观点来看，制度的设置是不同主体之间利益相互博弈与妥协的结果而并非出于社会成员间简单的理性选择，制度的存在一定具有某种维护现有政治与社会秩序的功能。因而，在我们探索和阐释城镇化背景中乡城移民社会融入与社会支持问题的过程中，制度的设置以及所产生的一系列制度效应是不能够被忽视的，基于这种制度安排，从农村居民成为乡城移民仅仅实现了区域间人口的流动，而要实现从乡城移民到城市市民的转变则意味着社会资源配置规则的转变以及社会阶层的重构。在此基础上，笔者试图建构一个乡城移民融入城市社会过程中的三阶段进阶式分析框架，并阐释不同迁移阶段下乡城移民群体的生活诉求与面临挑战，见图 3—1 所示。

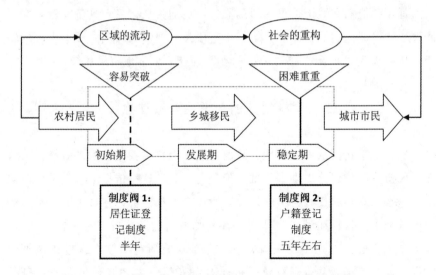

图 3—1　双重制度阀束缚与乡城移民迁移阶段的示意图

具体来说，当农村人口打算迁入城市工作和生活就会面临着第一个制度阀，也即我国目前现行的居住证登记制度，只要符合相关条件并在迁入地居住满 6 个月即可向迁入地户籍管理部门申领居住证，从而获得了在城

────────────

① 林聚任、马光川：《"城市新居民"市民化与"制度阀"效应——一个制度分析的视角》，《人文杂志》2015 年第 1 期，第 97—104 页。

市居住的合法身份并能够享有一定的权益。居住证制度的设置是在我国目前地域发展和资源分配不均衡以及城市公共服务容纳能力有限的现实条件下所采取的制度选择，但从长远看，这一制度改革的方向应该是与户籍制度相统一。随着迁移群体在城市居住时间的逐渐延长和生活日趋稳定，他们便会产生和具备在迁入地城市定居的意愿和能力，并渴望最终能够成为迁入地城市的市民。但是在这一过程中，第二个制度阀效应便开始显现，也即城乡二元的户籍制度限制了他们成为城市市民的资格。相比于前者，第二个制度阀（户籍制度）的突破较为艰难，尤其是对于那些外来人口密集的特大城市来说，地方政府对于户籍制度准入所持的态度极为审慎。这两个制度阀同时起作用便把农村人口向城市的转移过程人为地割裂为三个阶段，第一个阶段是农村居民刚刚迁入城市，初来乍到的他们在各方面都需要一定的适应和转换；第二个阶段是随着乡城移民群体在城市居住时间的延长，他们在城市追求安居的愿望会更加强烈，只有具备安营扎寨的能力才能保证他们心安此处；第三个阶段是实现乡城移民向城市市民的转变，从而实现"户籍"和"公民权利"与迁入地本地市民相统一。

二　阶段划分的合理性与数理检验

上文对于我国从中央到地方政府的制度设置为我们理解乡城移民群体迁入城市的阶段划分提供了基础，但是若要验证这一依据现有政策的阶段划分是否合理，就要洞察不同迁移阶段中乡城移民群体在城市的生活困难和利益诉求是否存在显著差异，这就需要采用数量分析工具来得以实现。这里，笔者借助于"流动人口管理与服务对策研究"联合课题组的调查数据，经过筛选后共得到有效分析样本 2320 个，样本群体的基本特征见表 3—2 所示。在所有样本群体中，笔者根据其在城市的居住时间把其分为三大类，第一类是居住在城市半年之内者（笔者把其称为处于迁移初始期或第一迁移阶段的乡城移民群体），共计 319 人，占比 13.8%；第二类是居住在城市半年到五年之间者（笔者把其称为处于迁移发展期或第二迁移阶段的乡城移民群体），共计 990 人，占比 42.7%；第三类是居住在城市五年以上者（笔者把其称为处于迁移稳定期或第三迁移阶段的乡城移民群体），共计 1011 人，占比 43.6%。

表 3—2　　　　乡城移民样本群体的基本特征描述（N = 2320）

变量名	统计量	占比	变量名	统计量	占比
性别			婚姻状况		
男	1378	59.4	未婚	1007	43.4
女	942	40.6	已婚	1275	54.9
年龄（岁）			离异	24	1.1
平均年龄	31.6	/	丧偶	14	0.6
最大年龄	73	/	子女数量		
最小年龄	15	/	无子女	1111	47.9
政治面貌			1 个	616	26.6
中共党员	159	6.9	2 个	481	20.7
共青团员	516	22.2	3 个以及上	112	4.8
普通群众	1640	70.7	就业状况		
民主党派及缺失	5	0.2	全职工作	2103	90.6
最高学历			非全职工作	161	7.0
没上过学	50	2.2	正在找工作	25	1.1
小学	313	13.5	不用工作	8	0.3
初中	928	40.0	其他	23	1.0
高中	333	14.3	职业资格或职称		
中专/职高	189	8.1	有	626	27.0
大专	252	10.9	没有	1694	73.0
本科	231	10.0	2012 年全年家庭总收入平均值	71921.5 元	
研究生以及上	24	1.0			

　　数据显示，样本群体中男性占比约六成，平均年龄为 31.6 岁。政治面貌方面，有三成为中共党员或共青团员；受教育程度方面，拥有初中学历的人数最多，占比四成，其次为高中学历和小学学历，分别占比 14.3% 和 13.5%，拥有本科及以上学历的占比为 11%；婚姻状况方面，未婚人数占比 43.4%，已婚人数占比 54.9%；子女数量方面，无子女者占大多数，占比将近一半，有 1 个孩子和 2 个孩子的占比分别为 26.6% 和 20.7%；就业和职称状况方面，有超过九成的受访者拥有全职工作，

拥有职业资格或技术职称的占比接近三成。2012年全年，受访者家庭总收入的平均值为71921.5元。上述结果表明，乡城移民群体在城市大多拥有稳定的工作和收入，有近一半的人接受过高中及以上教育，其中约三成的人已拥有相关职业资质和技能，能够从事一些专业性、技术性较强的工作。此外，有一半以上的人在城市结婚，有两个及以上孩子的人约占总数的四分之一，显示乡城移民群体的子女教育将会给迁入地政府的公共教育资源带来一定的压力。

接下来，笔者将会进行卡方检验和回归分析，力图对于处于不同迁移阶段上的乡城移民群体的生活诉求差异进行甄别。根据笔者在第二章中的文献回顾，目前学术界对于乡城移民在融入社会过程中所遇到的困难因素主要体现在劳动力市场的排斥、社会保障和住房保障权利的获得、子女受教育权的保障、与本地人的社会交往和互动等方面，其中既有涉及基本社会经济保障的问题，也有社会交往和社会参与的问题，还有社会权利和公民身份的问题。基于学术界的以往研究并考虑到二手数据问卷的限制，本书选取了十个分析指标（为方便比较，笔者均已将其转化为二分类变量，具体的问卷内容见附录所示）来评估乡城移民群体融入城市社会过程中遇到的主要困难和利益诉求在不同迁移阶段下会呈现出怎样的不同，从而为下文讨论针对不同迁移阶段乡城移民群体的社会支持提供实证依据。正如笔者在研究设计中所述，这十个指标分别是：乡城移民群体在城市找工作过程中是否遇到困难（存在困难，不存在困难）、社会保障的异地转接是否遇到困难（存在困难，不存在困难）、子女在城市入学是否存在困难（存在困难，不存在困难）、在城市的居住条件是否较差（存在居住条件差的情况，不存在居住条件差的情况）、在城市与邻里交往是否存在困难情况（存在困难，不存在困难）、在城市是否存在生活单调的情况（存在生活单调的情况，不存在生活单调的情况）、在城市是否存在权利受到侵害的情况（存在侵权的情况，不存在侵权的情况）、在城市是否存在维权困难情况（存在困难，不存在困难）、在城市中认识本地朋友数量的情况（没有和很少，很多）、是否支持政府加强对于外来人口的公共服务（无所谓和不支持、支持）。

在这十个指标中，有的指标反映了乡城移民群体在城市工作和生活的基本情况，有的反映了他们在城市的社会互动情况，有的反映了他们社会权利的享有和保障情况，还有的则反映了他们对于政府公共服务的认知等。这些指标从不同的方面展示了乡城移民群体在城市工作和生活，以及社会融入过程中所可能遇到的多种问题，因而具有较为广阔的覆盖面。这里，笔者将会依次对在城市的居住时间与上述十个指标做交叉分析和卡方检验，试图分析在城市中处于不同的迁移阶段的乡城移民群体在这些指标上的差异情况是否显著，从而能够间接证明笔者以半年和五年为标准的分组是否具有一定的区分度。

（1）找工作情况

在现阶段，我国乡城移民迁入城市的最主要动机就是务工或者经商，因而工作机会的获取对于这一群体来说是他们在城市安身立命的根本前提，他们在城市找工作过程中是否遭遇到更多的阻碍和困难对于他们在城市定居和融入社会十分关键，其也是一个评判城市劳动力市场对于外来移民群体排斥程度的重要指标。这里，笔者把三组迁移群体与他们是否存在找工作困难之间做交叉分析和卡方检验，以分析这一指标在处于三个不同迁移阶段的群体之间是否存在显著差异，并通过 Bonferroni 校正法来具体探寻三阶段中两两之间的差异，结果如下：

表 3—3　　　　　　　　找工作困难与迁移阶段的交叉分析表

			迁移阶段			总计
			初始期	发展期	稳定期	
是否认为存在找工作困难	是	计数	180a，b	556b	503a	1239
		占该列总数比	56.4%	56.2%	49.8%	53.4%
	否	计数	139a，b	434b	508a	1081
		占该列总数比	43.6%	43.8%	52.2%	46.6%
总计		计数	319	990	1011	2320
		占该列总数比	100.0%	100.0%	100.0%	100.0%

Pearson Chi – Square：9.613** （Sig. = 0.008）

注：[1] ** 和 *** 分别表示 χ^2 检验双侧渐进 Sig 值小于 0.05 和 0.001。

[2] 计数值后的每个字母（a/b/c）都表示迁移阶段类别的子集，在 0.05 的显著水平下，同一子集下的列比例相互之间无显著差异。

数据显示，在全部 2320 个样本中，有 1239 名受访者表示在城市找工作面临困难，占比 53.4%。其中，在城市居住半年以内的群体遭遇找工作困难的比例占到该组别总人数的 56.4%，居住时间在半年到五年之间的群体遭遇找工作困难的比例占到该组别总人数的 56.2%，居住时间在五年以上的群体遭遇找工作困难的比例占到该组别总人数的 49.8%。同时，卡方检验结果显示，在城市居住半年以内、居住半年到五年之间以及居住满五年以上这三个组别在对于他们在城市找工作过程中是否遭遇过困难这一问题的回答存在显著的差异（Sig 值为 0.008，小于 0.05）。为了进一步分析处于三个迁移阶段中的乡城移民群体对于找工作困难情况回答的两两差异，笔者采用 Bonferroni 校正法来探索在三阶段整体呈现显著差异的情况下，初始期与发展期、初始期与稳定期以及发展期与稳定期之间的差异是否也保持显著。经 Bonferroni 校正对检验水准进行调整后，上表中初始期计数后面带有字母 ab、发展期计数后带有字母 b，而稳定期计数后带有下标字母 a，这就表明在 α=0.05 的水准下，初始期与发展期两组群体对于认为找工作存在困难的比率之间的差异不具有统计学上的意义，初始期与稳定期两组群体对于认为找工作存在困难的比率之间的差异也不具有统计学上的意义，而发展期与稳定期两组群体对于认为找工作存在困难的比率之间的差异则具有统计学上的意义。因而，处于迁移稳定期的乡城移民群体与处于迁移发展期的乡城移民群体相比，他们认为存在找工作存在困难的比例更低，这一比例上的差异是显著的。

（2）社保转接情况

各种社会保险项目的获得是乡城移民群体社会福利权利的基本体现。国家劳动法规定社会保险的缴纳与户籍身份无关，有正式工作单位的乡城移民群体可以通过单位参加社会保险项目，自雇或无正式工作单位的群体可以自行购买社会保险项目。但是由于目前我国社会保险设计的制度限制，跨地区之间社会保险项目的转移接续仍存在一些障碍，特别是对于乡城移民群体来说，他们在工作单位和工作地点上的高流动性使得社会保障项目的转移续接问题就成为了一个值得关注的问题，社会保险转接上的困难对于他们生活的影响可能就显得更为突出。这里，笔者把三组迁移群体与他们是否面社保转接困难之间做交叉分析和卡方检验，以分析这一指标在处于三个不同迁移阶段的群体之间是否存在显著差异，并通过 Bonferroni 校正法来具体探寻三阶段中两两之间的差异，结果如下：

表 3—4　　　　　　　　**社保转接与迁移阶段的交叉分析表**

			迁移阶段			总计
			初始期	发展期	稳定期	
是否认为存在社保转接困难	是	计数	109a	357a	375a	841
		占该列总数比	34.2%	36.1%	37.1%	36.2%
	否	计数	210a	633a	636a	1479
		占该列总数比	65.8%	63.9%	62.9%	63.8%
总计		计数	319	990	1011	2320
		占该列总数比	100.0%	100.0%	100.0%	100.0%

Pearson Chi – Square：0.923　　（Sig. = 0.630）

注：[1] ** 和 *** 分别表示 χ^2 检验双侧渐进 Sig 值小于 0.05 和 0.001。

[2] 计数值后的每个字母 (a/b/c) 都表示迁移阶段类别的子集，在 0.05 的显著水平下，同一子集下的列比例相互之间无显著差异。

数据显示，在全部 2320 个样本中，有 841 名受访者表示面临着社保转接的困难，占比 36.3%，这表明绝大部分的乡城移民群体在城市并没有面临着社保转接的困难。其中，在城市居住半年以内的群体遭遇社保转接困难的比例占到该组别总人数的 34.2%，居住时间在半年到五年之间的群体遭遇社保转接困难的比例占到该组别总人数的 36.1%，居住时间在五年以上的群体遭遇社保转接困难的比例占到该组别总人数的 37.1%。但是，卡方检验结果显示，在城市居住半年以内、居住半年到五年之间以及居住满五年以上这三个组别在对于他们在城市是否存在社保转接困难这一问题回答的差异并不存在统计学意义上的显著（Sig 值为 0.630，大于 0.05）。此外，经过 Bonferroni 校正对检验水准进行调整后发现，三个迁移阶段中的两两差异均不显著。

（3）子女入学情况

目前，我国优质教育资源的分配在城乡和地域之间存在着巨大的差异，因此越来越多的乡城移民群体选择把子女带到身边以让他们享受城市中较好的公共服务和基础教育设施。这里，笔者把三组迁移群体与他们是否面临着子女在城市入学困难的情况之间做交叉分析和卡方检验，以分析这一指标在处于三个不同迁移阶段的群体之间对于该问题的回答是否存在显著差异，并通过 Bonferroni 校正法来具体探寻三阶段中两两之间的差异，结果如下：

表 3—5　　　　　　　　子女入学困难与迁移阶段的交叉分析表

			迁移阶段			总计
			初始期	发展期	稳定期	
是否认为存在子女入学困难	是	计数	44a	188a	306b	538
		占该列总数比	13.8%	19.0%	30.3%	23.2%
	否	计数	275a	802a	705b	1782
		占该列总数比	86.2%	81.0%	69.7%	76.8%
总计		计数	319	990	1011	2320
		占该列总数比	100.0%	100.0%	100.0%	100.0%

Pearson Chi – Square：54.047 *** （Sig. = 0.000）

注：[1]** 和 *** 分别表示 χ^2 检验双侧渐进 Sig 值小于 0.05 和 0.001。

[2] 计数值后的每个字母（a/b/c）都表示迁移阶段类别的子集，在 0.05 的显著水平下，同一子集下的列比例相互之间无显著差异。

数据显示，在全部 2320 个样本中，有 538 名受访者表示面临着子女入学困难的情况，仅占 23.2%，这表明只有四分之一左右的乡城移民群体的子女在城市接受教育存在困难的情况。其中，在城市居住半年以内的群体遭遇子女入学困难的比例占到该组别总人数的 13.8%，居住时间在半年到五年之间的群体遭遇子女入学困难的比例占到该组别总人数的 19.0%，居住时间在五年以上的群体遭遇子女入学困难的比例占到该组别总人数的 30.3%。从这一数据可以看出，随着乡城移民群体在城市居住时间的延长，他们遭遇到子女入学困难的比例也在同步上升。同时，卡方检验结果显示，在城市居住半年以内、居住半年到五年之间以及居住满五年以上这三个组别在对于他们在城市是否存在子女入学困难这一问题回答呈现出极其显著的差异（Sig 值为 0.000，小于 0.001）。在三阶段的回答整体上呈现显著差异的情况下，为了进一步分析其中的两两差异，笔者采用 Bonferroni 校正法来探索在初始期与发展期、初始期与稳定期以及发展期与稳定期之间对于是否面临子女入学困难这一问题的回答是否也保持显著差异。经 Bonferroni 校正对检验水准进行调整后，上表中初始期和发展

期计数后面带有字母 a，而稳定期计数后带有下标字母 b，这就表明在
$\alpha = 0.05$的水准下，初始期与发展期两组群体对于认为子女入学存在困难
的比率之间的差异不具有统计学上的意义，而初始期与稳定期、发展期与
稳定期这两组群体对于认为子女入学存在困难的比率之间的差异则分别都
具有统计学上的意义。因而，处于迁移稳定期的乡城移民群体与处于迁移
初始期和发展期的乡城移民群体相比，他们认为存在子女入学困难的比例
更高，这一比例上的差异是显著的。

（4）居住条件情况

过往的研究经验表明，大部分乡城移民群体在迁入城市初期都居住在
用人单位提供的集体宿舍，其能够有效减少他们在城市的住房支出，居住
条件也因单位性质和工作地域的不同会有所不同。随着在城市居住时间的
增加，他们对于在城市的居住质量的要求会逐步提升。这里，笔者把三组
迁移群体与他们是否认为目前的居住条件较差这一情况之间做交叉分析和
卡方检验，以分析这一指标在处于三个不同迁移阶段的群体之间是否存在
显著差异，并通过 Bonferroni 校正法来具体探寻三阶段中两两之间的差
异。结果如下：

表 3—6　　　　　　　居住条件与迁移阶段的交叉分析表

			迁移阶段			总计
			初始期	发展期	稳定期	
是否认为居住条件差	是	计数	181a	515a	517a	1213
		占该列总数比	56.7%	52.0%	51.1%	52.3%
	否	计数	138a	475a	494a	1107
		占该列总数比	43.3%	48.0%	48.9%	47.7%
总计		计数	319	990	1011	2320
		占该列总数比	100.0%	100.0%	100.0%	100.0%

Pearson Chi – Square：3.099（Sig. = 0.212）

注：[1] ** 和 *** 分别表示 χ^2 检验双侧渐进 Sig 值小于 0.05 和 0.001。

[2] 计数值后的每个字母（a/b/c）都表示迁移阶段类别的子集，在 0.05 的显著
水平下，同一子集下的列比例相互之间无显著差异。

数据显示，在全部 2320 个样本中，有 1213 名受访者表示存在着居住

条件差的情况，占比 52.3%，这表明有超过一半的乡城移民群体在城市面临着居住条件较差的困难。其中，在城市居住半年以内的群体认为居住条件较差的比例占到该组别总人数的 56.7%，居住时间在半年到五年之间的群体认为居住条件较差的比例占到该组别总人数的 52.0%，居住时间在五年以上的群体认为居住条件较差的比例占到该组别总人数的51.1%。但是，卡方检验结果显示，在城市居住半年以内、居住半年到五年之间以及居住满五年以上这三个组别在对于他们在城市生活是否认为居住条件较差这一问题回答的差异并不存在统计学意义上的显著（Sig 值为0.212，大于 0.05）。此外，经过 Bonferroni 校正对检验水准进行调整后发现，三个迁移阶段中的两两差异均不显著。

（5）生活单调情况

乡城移民群体从农村迁入城市的过程中丧失了原有乡土社会网络对其进行社会支持的作用，尤其是对于那些刚刚迁入城市不久的迁移群体来说，有可能会存在社会参与不足和生活单调的情况。这里，笔者把三组迁移群体与他们是否存在生活单调情况之间做交叉分析和卡方检验，以分析这一指标在处于三个不同迁移阶段的群体之间是否存在显著差异，并通过Bonferroni 校正法来具体探寻三阶段中两两之间的差异，结果如下：

表 3—7 　　　　　　生活单调情况与迁移阶段的交叉分析表

			迁移阶段			总计
			初始期	发展期	稳定期	
是否认为存在生活单调情况	是	计数	188a，b	586b	534a	1308
		占该列总数比	58.9%	59.2%	52.8%	56.4%
	否	计数	131a，b	404b	477a	1012
		占该列总数比	41.1%	40.8%	47.2%	43.6%
总计		计数	319	990	1011	2320
		占该列总数比	100.0%	100.0%	100.0%	100.0%

Pearson Chi - Square：9.242 ** （Sig. = 0.010）

注：[1] ** 和 *** 分别表示 χ^2 检验双侧渐进 Sig 值小于 0.05 和 0.001。

[2] 计数值后的每个字母（a/b/c）都表示迁移阶段类别的子集，在 0.05 的显著水平下，同一子集下的列比例相互之间无显著差异。

数据显示，在全部 2320 个样本中，有 1308 名受访者表示在城市面临着生活单调的困难，占比 56.4%，这表明大多数乡城移民群体在城市生活面临着生活单调的困境。其中，在城市居住半年以内的群体认为存在着生活单调情况的比例占到该组别总人数的 58.9%，居住时间在半年到五年之间的群体认为存在着生活单调情况的比例占到该组别总人数的 59.2%，居住时间在五年以上的群体认为存在着生活单调情况的比例占到该组别总人数的 52.8%，在城市居住超过五年的群体认为存在生活单调的比例比另外两个组别要低 6% 左右。同时，卡方检验结果显示，在城市居住半年以内、居住半年到五年之间以及居住满五年以上这三个组别在对于他们在城市是否面临生活单调这一情况的回答存在显著的差异（Sig 值为 0.010，小于 0.05）。由此，笔者将继续采用 Bonferroni 校正法来探索在三阶段的回答整体上呈现显著差异的情况下来进一步分析其中的两两差异，也即在初始期与发展期、初始期与稳定期以及发展期与稳定期之间对于是否面临生活单调这一问题的回答是否也保持显著差异。经 Bonferroni 校正对检验水准进行调整后发现，上表中初始期计数后面带有字母 ab、发展期计数后带有字母 b，而稳定期计数后带有下标字母 a，这就表明在 α = 0.05 的水准下，初始期与发展期两组群体对于认为面临生活单调情况的比率之间的差异不具有统计学上的意义，初始期与稳定期两组群体对于认为面临生活单调情况的比率之间的差异也不具有统计学上的意义，而发展期与稳定期两组群体对于认为面临生活单调情况的比率之间的差异则具有统计学上的意义。因而，处于迁移稳定期的乡城移民群体与处于迁移发展期的乡城移民群体相比，他们认为目前面临生活单调情况的比例更低，这一比例上的差异是显著的。

（6）邻里交往情况

与邻里的交往互动情况可以折射出乡城移民群体对于当地社会的融入程度，也可以从整体上反映出迁入地社会对于外来移民群体的友好程度。一种良性的邻里互动有助于缓解外来迁移群体与本地人群之间的利益冲突，从而减少移民迁入对于本地居民生活所带来的冲击，有助于提升迁入地社会的社会和谐程度。这里，笔者把三组迁移群体与他们是否面临着邻里交往困难之间做交叉分析和卡方检验，以分析这一指标在处于三个不同迁移阶段的群体之间是否存在显著差异，同时结合 Bonferroni 校正法来具体探寻迁移三阶段中两两之间的差异，结果如下：

表 3—8　　　　　　　邻里交往困难与迁移阶段的交叉分析表

			迁移阶段			总计
			初始期	发展期	稳定期	
是否认为存在邻里交往困难	是	计数	61a, b	242b	194a	497
		占该列总数比	19.1%	24.4%	19.2%	21.4%
	否	计数	258a, b	748b	817a	1823
		占该列总数比	80.9%	75.6%	80.8%	78.6%
总计		计数	319	990	1011	2320
		占该列总数比	100.0%	100.0%	100.0%	100.0%

Pearson Chi – Square: 9.370** （Sig. = 0.009）

注：[1]** 和*** 分别表示 χ^2 检验双侧渐进 Sig 值小于 0.05 和 0.001。

[2] 计数值后的每个字母（a/b/c）都表示迁移阶段类别的子集，在 0.05 的显著水平下，同一子集下的列比例相互之间无显著差异。

数据显示，在全部 2320 个样本中，有 497 名受访者表示在城市与邻里交往过程中存在困难，仅占 21.4%，这表明有八成左右的乡城移民群体在城市生活过程中都能够与邻里之间保持良性的互动关系。在认为存在着邻里交往困难的群体中，在城市居住半年以内的群体占到该组别总人数的 19.1%，居住时间在半年到五年之间的群体占到该组别总人数的 24.4%，居住时间在五年以上的群体占到该组别总人数的 19.2%。这一结果显示在城市居住不足半年和超过五年这两类群体认为存在邻里交往困难的比例相对较低，居住时间在半年和五年之间这一群体认为邻里交往存在困难的比较相对较高。同时，卡方检验结果显示，在城市居住半年以内、居住半年到五年之间以及居住满五年以上这三个组别在对于他们在城市是否面临邻里交往困难这一情况的回答存在显著的差异（Sig 值为 0.009，小于 0.05）。为了进一步分析在上述三阶段的回答整体上呈现显著差异的情况下的两两差异，笔者继续采用 Bonferroni 校正法来探索初始期与发展期、初始期与稳定期以及发展期与稳定期之间对于是否面临邻里交往困难这一问题的回答是否也保持显著差异。经 Bonferroni 校正对检验水准进行调整后发现，上表中初始期计数后面带有字母 ab、发展期计数后带有字母 b，而稳定期计数后带有下标字母 a，这就表明在 $\alpha = 0.05$ 的水准下，初始期与发展期两组群体对于认为存在邻里交往困难的比率之间的差异不具有统计学上的意义，初始期与稳定期两组群体对于认为存在邻里交往困难的比率之间的差异也不具有统计学上的意义，而发展期与稳定期两组群体对于认为存在邻里交往困难的比率之间的差异则具有统计学上的意义。因而，处于迁移稳定期的乡城移民群体与处于迁移发展期的乡城移民群体相比，他们认为目前存在邻里交往困难的比例更低，这一比例上的差异是显著的。

（7）本地朋友情况

对于乡城移民群体来说，基于血缘、业缘和地缘关系的社交网络往往是他们进行社会交往的主要群体。随着他们在城市居住时间的延长以及融入城市生活程度的加深，他们必然会更多地与本地社会发生互动，本地朋友数量的多少是他们在迁入地社会中社交网络大小的基本指标，也可以展现出这一群体进行社会参与的情况。这里，笔者把三组迁移群体与他们本地朋友数量多少与否之间做交叉分析和卡方检验，以分析这一指标在处于三个不同迁移阶段的群体之间是否存在显著差异，同时结合 Bonferroni 校正法来具体探寻三阶段中两两之间的差异，结果如下：

表 3—9　　　　　**本地朋友数量与迁移阶段的交叉分析表**

			迁移阶段			总计
			初始期	发展期	稳定期	
是否拥有很多本地朋友	是	计数	24a	131b	222c	377
		占该列总数比	7.5%	13.2%	22.0%	16.2%
	否	计数	295a	859b	789c	1943
		占该列总数比	92.5%	86.8%	78.0%	83.8%
总计		计数	319	990	1011	2320
		占该列总数比	100.0%	100.0%	100.0%	100.0%

Pearson Chi – Square：48.682*** （Sig. ＝0.000）

注：[1] ** 和 *** 分别表示 χ^2 检验双侧渐进 Sig 值小于 0.05 和 0.001。

[2] 计数值后的每个字母（a/b/c）都表示迁移阶段类别的子集，在 0.05 的显著水平下，同一子集下的列比例相互之间无显著差异。

　　数据显示，在全部 2320 个样本中，有 377 名受访者表示在城市中有很多本地朋友，仅占 16.2%，这表明绝大多数的乡城移民群体在城市中并没有很多的本地朋友，他们与本地人之间的距离感较强，社会隔阂情况较为严重。具体来看，在回答自己朋友中本地人数量很多的群体中，在城市居住半年以内的群体占到该组别总人数的 7.5%，居住时间在半年到五年之间的群体占到该组别总人数的 13.2%，居住时间在五年以上的群体占到该组别总人数的 22.0%。这一结果显示随着乡城移民群体在城市居住时间的延长，他们朋友中本地人数量的占比也逐步增多。同时，卡方检验结果显示，在城市居住半年以内、居住半年到五年之间以及居住满五年以上这三个组别在对于他们在城市朋友中本地人数量是否很多这一情况的回答存在极其显著的差异（Sig 值为 0.000，小于 0.001）。在三阶段的回答整体上呈现显著差异的情况下，为了进一步分析其中的两两差异，笔者采用 Bonferroni 校正法来探索在初始期与发展期、初始期与稳定期以及发展期与稳定期之间对于是否拥有更多本地朋友这一问题的回答是否也保持显著差异。经 Bonferroni 校正对检验水准进行调整后，上表中初始期计数后面带有字母 a，发展期计数后面带有字母 b，而稳定期计数后带有下标字母 c，这就表明在 $\alpha = 0.05$ 的水准下，初始期与发展期、初始期与稳定期、发展期与稳定期三组群体对于拥有更多本地朋友数量的比率之间的差异全部都具有统计学上的意义。因而，处于迁移稳定期的乡城移民群体与处于迁移初始期和发展期的乡城移民群体相比，他们拥有更多本地朋友数量的比例更高，而处于迁移发展期的乡城移民群体与处于初始期的乡城移民群体相比，他们拥有更多本地朋友数量的比例也会更高，这些比例上的差异均为显著。

　　（8）权利侵害情况

　　乡城移民群体权利受到侵害的事件屡见报端，如用人单位拖欠工资、不按时按规定缴纳社会保险金、无法保证安全的工作环境等，其一方面体现出这一群体自身的法律意识淡薄，在劳资双方的博弈中处于弱势地位；另一方面也反映出政府监管部门出现了监管不力的情况。这里，笔者把三组迁移群体与他们是否存在权利受到侵害的情况之间做交叉分析和卡方检验，以分析这一指标在处于三个不同迁移阶段的群体之间是否存在显著差异，同时结合 Bonferroni 校正法来具体探寻三阶段中两两之间的差异，结果如下：

表 3—10　　　　　　　　权利侵害情况与迁移阶段的交叉分析表

			迁移阶段			总计
			初始期	发展期	稳定期	
是否认为存在权利被侵害的情况	是	计数	33a	163b	170b	366
		占该列总数比	10.3%	16.5%	16.8%	15.8%
	否	计数	286a	827b	841b	1954
		占该列总数比	89.7%	83.5%	83.2%	84.2%
总计		计数	319	990	1011	2320
		占该列总数比	100.0%	100.0%	100.0%	100.0%

Pearson Chi – Square：8.257** （Sig. = 0.016）

注：[1]** 和 *** 分别表示 χ^2 检验双侧渐进 Sig 值小于 0.05 和 0.001。

[2] 计数值后的每个字母（a/b/c）都表示迁移阶段类别的子集，在 0.05 的显著水平下，同一子集下的列比例相互之间无显著差异。

数据显示，在全部 2320 个样本中，有 366 名受访者表示存在着权利受到侵害的情况，仅占 15.8%，这表明绝大部分的受访者都表示在城市生活不存在权利受到侵害的情况。其中，在城市居住半年以内的群体认为存在权利受到侵害的情况的比例占到该组别总人数的 10.3%，居住时间在半年到五年之间的群体认为存在权利受到侵害的情况的比例占到该组别总人数的 16.5%，居住时间在五年以上的群体认为存在权利受到侵害的情况的比例占到该组别总人数的 16.8%。同时，卡方检验结果显示，在城市居住半年以内、居住半年到五年之间以及居住满五年以上这三个组别在对于他们在城市是否面临权利受到侵害这一情况的回答存在显著的差异（Sig 值为 0.016，小于 0.05）。由此，在三阶段的回答整体上呈现显著差异的情况下，为了进一步分析其中的两两差异，笔者采用 Bonferroni 校正法来探索在初始期与发展期、初始期与稳定期以及发展期与稳定期之间对于是否存在权利受到侵害这一问题的回答是否也保持显著差异。经 Bonferroni 校正对检验水准进行调整后，上表中初始期计数后面带有字母 a，而发展期和稳定期计数后带有下标字母 b，这就表明在 α = 0.05 的水准下，初始期与发展期、初始期与稳定期这两组群体对于认为存在自身权利受到侵害的比率之间的差异都具有统计学上的意义，而发展期与稳定期这一组群体对于认为存在自身权利受到侵害的比率之间的差异则不具有统计学上的意义。因此可知，处于迁移发展期和稳定期的乡城移民群体与处于迁移初始期的乡城移民群体相比，他们认为存在自身权利受到侵害的比例都会更高，这一比例上的差异是显著的。

（9）维权困难情况

近些年来，乡城移民群体的维权意识总体上已有了一定的提高，但是在信息严重不对称和维权成本较高的情况下，他们维护自身合法权利的过程仍然面临着不小的障碍因素。这里，笔者把三组迁移群体与他们是否存在维权困难的情况之间做交叉分析和卡方检验，以分析这一指标在处于三个不同迁移阶段的群体之间是否存在显著差异，同时结合 Bonferroni 校正法来具体探寻三阶段中两两之间的差异，结果如下：

表 3—11　　　　　　　　维权情况与迁移阶段的交叉分析表

			迁移阶段			总计
			初始期	发展期	稳定期	
是否认为存在维权困难的情况	是	计数	53a	253b	287b	593
		占该列总数比	16.6%	25.6%	28.4%	25.6%
	否	计数	266a	737b	724b	1727
		占该列总数比	83.4%	74.4%	71.6%	74.4%
总计		计数	319	990	1011	2320
		占该列总数比	100.0%	100.0%	100.0%	100.0%

Pearson Chi – Square：17.665*** （Sig. = 0.000）

注：[1]** 和 *** 分别表示 χ^2 检验双侧渐进 Sig 值小于 0.05 和 0.001。

[2] 计数值后的每个字母（a/b/c）都表示迁移阶段类别的子集，在 0.05 的显著水平下，同一子集下的列比例相互之间无显著差异。

数据显示，在全部 2320 个样本中，有 593 名受访者表示在城市生活存在着维权困难的情况，占比 25.6%，这表明约有四分之一的乡城移民群体在维权过程中遇到了一定的障碍。其中，在城市居住半年以内的群体认为存在维权困难情况的比例占到该组别总人数的 16.6%，居住时间在半年到五年之间的群体认为存在维权困难情况的比例占到该组别总人数的

25.6%，居住时间在五年以上的群体认为存在维权困难情况的比例占到该组别总人数的28.4%。这些数据显示，在城市居住时间的延长也导致他们出现维权困难的比例随之升高。同时，卡方检验结果显示，在城市居住半年以内、居住半年到五年之间以及居住满五年以上这三个组别在对于他们在城市是否面临权利受到侵害这一情况的回答存在极其显著的差异（Sig值为0.000，小于0.001）。由此，在三阶段的回答整体上呈现显著差异的情况下，为了进一步分析其中的两两差异，笔者采用Bonferroni校正法来探索在初始期与发展期、初始期与稳定期以及发展期与稳定期之间对于是否存在维权困难这一问题的回答是否也保持显著差异。经Bonferroni校正对检验水准进行调整后，上表中初始期计数后面带有字母a，而发展期和稳定期计数后带有下标字母b，这就表明在α=0.05的水准下，初始期与发展期、初始期与稳定期这两组群体对于认为存在维权困难的比率之间的差异都具有统计学上的意义，而发展期与稳定期这一组群体对于认为存在维权困难的比率之间的差异则不具有统计学上的意义。因此可知，处于迁移发展期以及稳定期的乡城移民群体与处于迁移初始期的乡城移民群体相比，他们认为存在维权困难的比例都会更高，这一比例上的差异是显著的。这一情况也表明，维权困难情况与上述权利是否受到侵害情况是一致的。

（10）对政府提供公共服务的态度

公民享有政府提供的基本公共服务是一项基本的公民权利，乡城移民群体亦不例外。他们对于政府公共服务的态度一方面可以体现出现有政府基本公共服务提供的现状，另一方面也可以体现出他们对于政府未来工作的期待。这里，笔者把三组迁移群体与他们是否支持政府应该加强对于外来人口的公共服务之间做交叉分析和卡方检验，以分析这一指标在处于三个不同迁移阶段的群体之间是否存在显著差异，同时结合Bonferroni校正法来具体探寻三阶段中两两之间的差异结果如下：

数据显示，在全部2320个样本中，有2163名受访者认为政府应该加强对于外来人口的公共服务，占比93.2%。其中，在城市居住半年以内的群体认为政府应该强化公共服务的比例占到该组别总人数的91.2%，居住时间在半年到五年之间的群体认为政府应该强化公共服务的比例占到该组别总人数的91.7%，居住时间在五年以上的群体认为政府应该强化

表 3—12　　　　　　　　　政府公共服务认知与迁移阶段的交叉分析表

			迁移阶段			总计
			初始期	发展期	稳定期	
是否认为政府应该加强对流动人口的公共服务	是	计数	291a	908a	964b	2163
		占该列总数比	91.2%	91.7%	95.4%	93.2%
	否	计数	28a	82a	47b	157
		占该列总数比	8.8%	8.3%	4.6%	6.8%
总计		计数	319	990	1011	2320
		占该列总数比	100.0%	100.0%	100.0%	100.0%

Pearson Chi - Square：12.838** （Sig. = 0.002）

注：[1] ** 和 *** 分别表示 χ^2 检验双侧渐进 Sig 值小于 0.05 和 0.001。

　　[2] 计数值后的每个字母（a/b/c）都表示迁移阶段类别的子集，在 0.05 的显著水平下，同一子集下的列比例相互之间无显著差异。

公共服务的比例占到该组别总人数的 95.4%。同时，卡方检验结果显示，在城市居住半年以内、居住半年到五年之间以及居住满五年以上这三个组别在对于他们是否支持政府应该强化针对外来人口的公共服务这一问题的回答存在极其显著的差异（Sig 值为 0.000，小于 0.001）。在三阶段的回答整体上呈现显著差异的情况下，为了进一步分析其中的两两差异，笔者采用 Bonferroni 校正法来探索在初始期与发展期、初始期与稳定期以及发展期与稳定期之间对于是否支持政府应该强化对于流动人口的公共服务这一问题的回答是否也保持显著差异。经 Bonferroni 校正对检验水准进行调整后，上表中初始期和发展期计数后面带有字母 a，而稳定期计数后带有下标字母 b，这就表明在 α = 0.05 的水准下，初始期与发展期两组群体认为政府应该强化公共服务的比率之间的差异不具有统计学上的意义，而初始期与稳定期、发展期与稳定期这两组群体认为政府应该强化公共服务的比率之间的差异则分别具有统计学上的意义。因而，处于迁移稳定期的乡城移民群体与处于迁移初始期和发展期的乡城移民群体相比，他们认为政府应该强化公共服务的比例更高，这一比例上的差异是显著的。

　　总体来说，上述十个维度上卡方检验显示除了社保转接和居住条件这两个维度上的差异在三个组别之间的差异不显著之外，其他八个维度上的差异均具有统计学上的意义。同时，经过 Bonferroni 校正法检验后发现，在三个迁移阶段总体差异呈现显著的情况下，两两之间的差异情况在 α = 0.05 的水准下则各不相同。其中，在拥有本地朋友数量这一维度上，三个迁移阶段中的两两差异分别也呈现显著，而在子女入学困难、权利受到侵害、维权困难、对政府公共服务的认知等四个维度上的两两差异均有两组呈现显著差异，而在找工作困难、生活单调情况和邻里交往困难这三个维度上的两两差异则分别只有一组呈现显著差异。

本章小结

　　本章首先基于我国部分城市的居住证制度和入籍制度中对于居住年限的规定，分别以在城市居住半年和五年为限，把乡城移民群体划分为迁移初始期、迁移发展期和迁移稳定期三个迁移阶段。随后，笔者利用大样本数据的分析并结合学术界以往对于乡城移民问题的研究，依次检验了上述三个阶段中乡城移民群体在找工作、社保转接、子女入学、居住条件、生活单调、邻里互动、社会交往、侵权事件、维权困难以及对待政府公共服务的态度十个维度上所呈现出的差异。结果发现，随着乡城移民群体在城市居住时间的延长，他们在生活中遇到的困难因素会变得更多，尤其是在子女入学、维护自身合法权益方面的困难较为突出。但同时，他们与本地社会的互动频率会更加频繁，基于本地的社会网络会更为庞大，也更有能力来追求自身的生活质量，同时对于政府提供的公共服务需求更为迫切。具体而言，刚迁移到城市不足半年的群体与处于迁移发展期的群体来说，他们拥有很多本地朋友的比例更低，出现权利受到侵害和维权困难的比例更低；而在城市居住半年到五年的群体比处于迁移稳定期的群体相比，他们存在找工作困难、存在生活单调情况和存在邻里交往困难的比例更高，而存在子女入学困难和的拥有很多本地朋友比例更低，认为政府应该强化公共服务的比例更低；而在城市居住超过五年的群体与处于迁移初始期的群体来说，他们当中存在子女入学困难、拥有更多本地朋友、存在权利受到侵害和维权困难的比例更高，同时认为政府应该强化公共服务的比例也更高。因而，从这十个维度上的困难因素评估上看，三个不同的迁移阶段之间的差异在整体上较为明显，这也为笔者的访谈分析提供了指引，也即对于那些初来乍到的乡城移民群体而言，要愈加关注其社会交际网络缺失与本地社会资本的提升等因素，而随着乡城移民群体居住时间的延长，要愈加关注于他们对于公民权利的诉求，尤其是在子女入学和政府公共服务准入等方面。

　　总之，本章通过对于政策制度的回顾和数据的检验发现了迁移到城市尚不足半年、在城市生活在半年到五年之间和在城市生活超过五年这三组群体在城市生活遇到的困难因素和利益诉求呈现出了较为显著的差异，处于不同迁移阶段的群体面临的困境和问题也各不相同，因而其能够在一定程度上说明本研究对于乡城移民的迁移阶段划分较为合理。在以下的章节中，笔者将基于这一阶段划分来重点探讨不同迁移阶段中乡城移民在城市的社会网络状况，从而识别出哪些社会主体在这一群体不同阶段的日常生活中更为重要，哪些困难和诉求在他们融入城市过程中更为突出，并基于这些分析具体讨论不同社会支持模式的建构。

第四章 乡城移民迁移三阶段
的社会网络分析

在上一章中，笔者已经通过现有的制度设计把乡城移民迁入城市并最终实现社会融入的过程分为了三个阶段，并依据大样本的数据检验在整体上分析了处于不同迁移阶段上的乡城移民群体在日常生活中所遇到的困难因素的差异性。但是，这些分析仅仅停留在对于现象的描述上，若要进一步探索到这一群体在迁入地日常生活中的一般状况，从而深入地探索这些困难与诉求背后产生的机理和对他们生活所产生的影响，仅靠定量数据的分析还是难以实现的，这就需要进行社会网络关系的深层次分析。社会网络分析是一种展示人与人之间相互交织的社会关系的有效工具，其实质上是以社会资本理论为基础来重点阐释个体获取附属于社会网络之中各种资源的能力。通过这一分析，我们也自然能够识别个体社会交往的主要场域和对象群体，从而获知个体在社会生活中的一些基本情况。对于乡城移民群体而言，采用社会网络的分析工具就是要从一个微观的视角来探索每一位移民个体在城市生活中的社会交往群体、本地社会资本状况以及生活诉求，这些因素也会随着他们所处的迁移阶段的不同而有所区别。

因此，为了对于上述量化分析进行补充，笔者在杭州市西湖区、江干区、拱墅区、下城区和滨江区一共选取了四十多名乡城移民群体进行个人深度访谈。从本章开始，笔者将会采用社会网络的分析工具对于一手的访谈资料进行剖析，试图从中窥探出乡城移民群体的社会网络特征在不同迁移阶段中所具有的差别，并据此进一步讨论不同的社会网络特征背后主要社会交往主体的转变以及生活诉求的变化，以及他们在迁入城市过程中遇到的阶段性困难和障碍。这些分析和讨论意在为下文探讨多元社会主体在其社会支持模式建构中所能够发挥的不同作用奠定逻辑基础。在本章，笔者试图从对于受访者的访谈中总结和归纳出不同阶段中乡城移民群体社会网络的基本特征，具体见下文的分析。

一　初入城市期：业缘驱动型的被动链条式社会网络分析

在迁移群体从农村迁往城市过程中，一个最基本的变化就是物理居住场域的改变。这一改变不仅仅是意味着栖身之地的改变，还意味着迁移者要对包括居住环境、生产关系、交往对象和生活方式等在内的诸多方面进行适应和重构。在迁移初始期，这一群体生存空间由乡到城的转变必然对其在城市的工作和生活带来一系列的困难和挑战，基于社会网络的分析，我们可以探究出他们城市生活的社会交往情况以及主要的生活诉求，具体的受访者信息如表4—1所示。

表4—1　　　　　　在杭州居住半年左右的受访者基本情况表

编号	性别	居住区域	职业	日常生活中主要的交往对象
YM01	男	江干区	家电厂员工	同乡、招聘者、同事、室友、网友
YM02	男	江干区	电子厂员工	同乡、同事、社区人员、本地朋友
YM03	女	下城区	服装厂员工	家人、同事、同学、本地朋友
YM04	男	江干区	家电厂员工	社区人员、同事、室友
YM05	男	江干区	中介公司员工	同事
YM08	女	江干区	餐馆服务员	同事、同乡
YM09	男	江干区	快递员	同事、房东
YM25	男	西湖区	物业公司员工	同乡、招聘者、同事、室友、领导
YM26	男	西湖区	物业公司员工	同事、室友、棋友
YM39	男	拱墅区	出租车司机	家人、同事、同乡

当乡城移民群体刚刚经历生活场域由乡到城的转换后，其社交网络也开始发生变化，最为明显的特征便是基于工作单位形成的同乡、同事为核心的向外发散式社会网络，而基于居住场所形成的次级社会网络也嵌套于以业缘为主干的社会网络中。因而，这一类型社会网络向外辐射的强度和半径都因工作单位场域的不同而有所差异。这里，笔者将以几位典型受访

者为例进一步分析处于迁移初始期乡城移民群体的社会网络和社会互动情况。

目前在西湖区一家物业公司工作的 YM25，他年纪将近 40 岁，独自一人来到杭州。他在江西老家的时候学过一些做装修的手艺，算是有一技之长。他来到杭州打工之前，曾经在自己老家的乡镇企业和小工厂里工作过很长一段时间，积累了一定的工作经验之后决定到大城市找一份更加稳定并且收入相对更高的工作。目前，在城市生活的巨大压力迫使他只能和其他四位同事共同居住在单位提供的集体宿舍中，尽管居住的条件不尽如人意但能节省一些生活支出。由于过着与妻子和孩子异地分居的生活，刚来到城市的他也没有更多的本地朋友，每天面对的基本上都是单位同事，循规蹈矩的上下班几乎就是他目前在城市生活的全部。在他看来，找工作的压力是城市生活中最辛苦的，因为在这之前他已经连续换过两次工作，有的是在同乡的帮助下找到工作，有的则是靠自己去应聘。随着年龄的增长，像 YM25 这样缺乏必要求职技能的乡城移民群体在城市劳动力市场中找到合适的工作岗位越来越不容易，他现在只希望找一份不用太辛苦的工作稳定下来。他在访谈中说道：

> 在这三个多月里，我已经换过好几次工作了。刚开始想着做装修工和搬运工，后来也做过一段时间送外卖的，太辛苦。像我这样年纪偏大的去应聘的时候都很难的，很多公司都不要。总的来讲，现在的这个工作我还算比较满意吧，公司包吃包住的，只是条件不大好……我也没有精力再去折腾了，所以先干着吧，稳定下来再说。【访谈对象 YM25】

除了日常与同事和同乡的交往之外，YM25 为了社保的缴纳和报销问题与单位的人力资源部门的负责人也有过一些交往。他提道：

> 公司说是会为我们缴纳社保，每个人都有自己的社保账户，里面有养老和医疗。我们每个月必须从工资中扣除一部分充入到自己的社保账户，好像是 100 多块钱吧……我刚来基本上没用过社保，平时若是有个小病我想就直接去药店买点药还方便些……听说那个社保好像

报销手续挺麻烦的，有时候还要看人家脸色，感觉划不来。就比如有一次我一个同事生病住院好几天，花了差不多900块钱。那按照我们公司规定的标准，他应该是可以报销一部分医疗费的，大概是30%。但是呢，我这个同事跟领导的关系比较好，听他说最后好像是全额报销了。那我们就肯定感觉到心理不平衡了，我们去报销的时候没有关系肯定是不大顺利。不过也没办法，中国社会出来做事都是靠关系吧。【访谈对象 YM25】

基于上述的分析，YM25 的社会网络交往情况可以用图 4—1 所示。

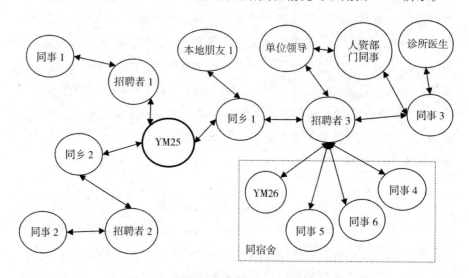

图 4—1　受访者 YM25 的社会网络分析图

由此来看，YM25 在杭州目前的社会网络主要集中于基于传统乡土网络中的同乡、基于现代经济生产场域中的同事以及与自身利益密切相关的若干人员。他独自一人来到城市，经过同乡的介绍找到了工作机会，其中也数次更换工作，结识了一些工作上的同事。此外，由于一次就医的经历使他了解到了单位主管社保缴纳和报销事务的人力资源部门的具体业务流程，烦琐的手续和人情的障碍使他对于社保的缴纳以及使用较为抵触。

与 YM25 在同一家物业公司上班的 YM26 也具有类似的情况。由于该物业公司的岗位性质对于求职者的工作技能和年龄没有太多的要求，很多外地来杭州求职的乡城移民群体往往把这一工作当为跳板，因而员工的流动性较大，员工中也不乏一些像 YM26 这样年纪偏大的受访者。YM26 已经 55 岁了，儿子和女儿在成家之后纷纷在外地生活。他老家就在杭州附近，家中的田地出租给别人来种庄稼，所以农活自然不算重，因此就决定来到城市试图找一份工作来增加一些家庭收入。然而对于老一辈的乡城迁移群体来说，他们往往受教育程度不高，而且缺乏现代城市工作所必备的一些素质和技能，加之年龄原因也不适合从事高强度的体力劳动，因而在城市找工作对他们来说显得极为艰难。他在受访时表示：

　　我小的时候没读过什么书，另外也不懂电脑。所以像我这样的，年纪大又没有技能的人很难找到工作……我这个工作是家里一个老乡给我说的，说是工作不算累，比较合适。其实我对工作也没什么过高的期望和要求，做做保安、打扫打扫卫生什么的还是可以的，每个月能有将近 2000 块的工资，已经知足了……孩子们都在外地工作嘛，我以后也不大可能在杭州生活，出来也主要是想着多挣一些钱，在家靠种地是挣不了几个钱的。在这干个几年我还是打算回老家来养老，还是老家生活舒服，这边生活不自在。【访谈对象 YM26】

　　我平时下班也没什么事情，他们年轻人喜欢玩手机上网，我就经常会在门口看别人下棋，偶尔也会和几个认识的棋友下一下，娱乐一下嘛。有时候就去报亭买个报纸杂志拿回来看看，其实也就这些，每天的生活都很简单。【访谈对象 YM26】

　　经过访谈得知，YM26 选择从农村老家来城市工作的主要动力是为了在农闲时节多挣些钱来补贴家用，基本上属于候鸟式的迁移而并没有在城市定居的意愿。他平时生活十分简朴，社会交往除了与自身兴趣爱好相关人员之外，也仅仅限于和几个同事之间，如图 4—2 所示。

　　当然，在这些刚刚来到杭州工作和生活不久的受访者中，大多还是一些年轻人。如 YM02 今年还不到 25 岁，目前独自一人在杭州下沙的一家中外合资的电子厂工作，住在单位提供的集体宿舍中。但是，他表示未来如果找到女朋友之后就肯定会搬出去租房住，并表示将来条件允许的时候想在杭州定居和买房。谈到他平时的业余生活，他说道：

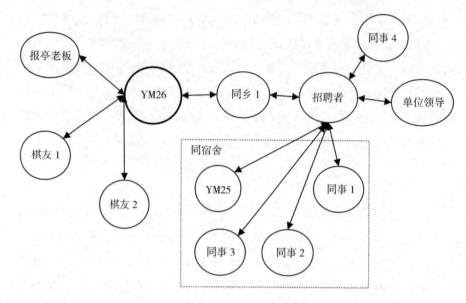

图 4—2　受访者 YM26 的社会网络分析图

　　我们公司平时也没组织过什么活动，就是你自己愿意的话可以下班的时候去阅览室看看书，书不是很多，主要是一些报纸和杂志。好像还有一个可以打乒乓球的地方，但是我从来没去过……杭州的朋友不多，和我关系好一点的有 1 个，也是上次和老乡出去玩的时候认识的。但每次去他家玩感觉还是有一点隔阂，就是觉得放不开。我们平时和老乡一起吃饭喝酒的时候都玩得很尽兴，大家没什么顾忌的……我觉得和本地人相处感觉上还是会不一样，和老乡在一起就比较随便自由，没有拘束会玩得很尽兴。【访谈对象 YM02】

　　YM02 在城市的社会交际网络可以用图 4—3 展示出来。

　　和 YM02 住在同一社区的 YM01 来自于陕西，今年 21 岁，在杭州工作将近半年，他在本地结交的朋友并不多，平时主要和同事在一起。下班的时候喜欢在宿舍里睡觉、玩手机，也会去附近的网吧上网，日常的生活基本都是如此。此外，YM01 偶尔会参加单位或社区所举办的一些文娱活动，他说道：

　　这工作是老乡叫我来的，开始想着离家太远不想过来，他说这边

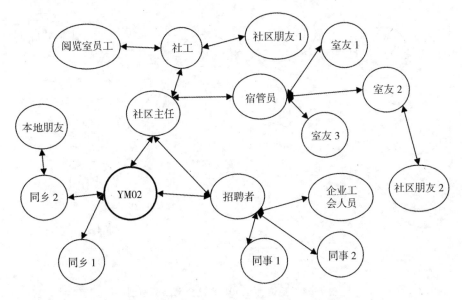

图4—3　受访者 YM02 的社会网络分析图

工资挺高的，可以让我来试试。过来之后发现这边老乡很多的，这样挺好，大家相互之间也能有个照应。……其实我也没来多久，这边工作还可以就是感觉消费太高了。住在这边虽然便宜但很不方便，还是管得太严，晚上11点以后楼下的大门就锁掉了，总要麻烦宿管开门也不好，所以打算过段时间搬出去租房子住吧。【访谈对象 YM01】

我又不是这里人，所以也不关心那些社区活动，和我关系不大……我下班的时候主要就是在宿舍看看书啊、玩玩手机、上上网。宿舍有个哥们和我关系挺好的，周末的时候经常跟他去网吧，也会和几个老乡朋友一起吃吃饭、喝喝酒，这样也挺好的，一个人生活自在。【访谈对象 YM01】

公司的活动比较少，我就今年元旦的时候参加过一次公司年会，就是作为新员工的代表来演个节目。这是公司规定的，必须要参加的，我觉得没什么意思……社区的活动我倒是参加过两次，能拿一些小奖品。【访谈对象 YM01】

YM01 在城市的社会交际网络可以用图4—4 表示。在杭州下城区一家服装厂工作的 YM03 来自于江西农村，在一所纺织服装类学校取得了大

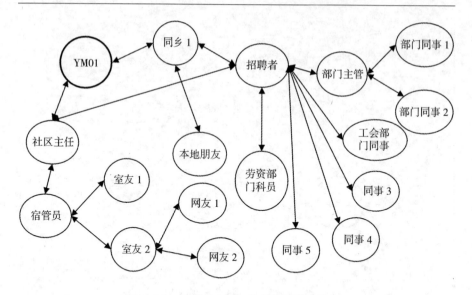

图 4—4　受访者 YM01 的社会网络分析图

专的文凭。由于自己具备一些专业技能，因此寻找和自身专业技能对口的工作相对较为容易。但是，得到学校推荐就业的她在劳动力市场中的议价能力还稍显不足，工资过低而工作强度过大，工作稳定但缺乏企业文化。企业中人文关怀的缺失会影响到他们在城市工作和生活的归属感。她在访谈中提道：

　　　　我之前是在服装学校念的，学过一些基本的剪裁和操作技能，毕业之后就直接来这边工作了。总体上感觉找工作还好，都是学校推荐的，只是干我们这一行会比较辛苦，每天工作估计要 10 个小时吧，老板平时也没什么加班补助，就是吃饭会有点补助，工作压力还是蛮大的。如果不是跟着我男朋友过来，我早就不想在这边工作了，我觉得在老家那边找一份普通的工作应该也不算非常困难 。【访谈对象 YM03】

　　　　现在我是和男朋友一起租房的，周末的时候就出去逛逛街什么的。我在这边也有一个亲戚，平时有空的时候也经常过亲戚那边吃个饭……其他的朋友也就是之前的大学同学，有几个现在也在杭州工作，不过我们也聚的不多。【访谈对象 YM03】

由此，YM03 的社会交际网络可用图 4—5 表示。

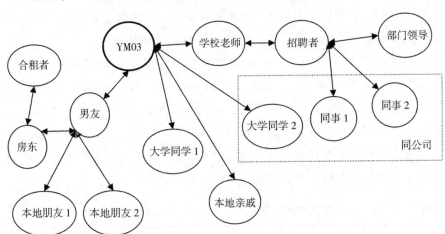

图 4—5　受访者 YM03 的社会网络分析图

综合对于上述受访者的分析可以看到，在城市初来乍到的乡城移民群体在城市的社会交际网络大都局限于同乡、同事、同学、社区工作人员以及共同居住的宿舍室友和租客，本地朋友并不多见。由此可见，他们虽然是在城市里居住和生活，但是由于在城市安顿下来需要一定的适应时间，因而他们很少与本地居民有更多的互动，更是很少参与本地社区举办的各类活动。他们虽然在生活形态上改变了原有在农村居住的生活环境，但是在社会交往和生活方式上仍然没有与现代城市生活相接轨，带有浓厚的基于乡土亲缘和地缘的特征，尤其是对于他们在城市工作的获得和日常生活的互动上，亲戚和同乡是最重要的支持群体。这种社会交往的特点反映出社区和工作单位这两类社会主体对于那些处于迁移初始期的乡城移民群体来说是最为重要的互动对象，其本质上折射出他们渴望尽快找到工作并在城市安顿下来的心理。

二　迁移发展期：居所驱动型的内生扩展式社会网络分析

经过了迁移初始阶段的调整和适应，他们往往都能够获得在城市合法居住的权利，并开始被纳入迁入地政府人口管理部门的日常管理范围，同时也可以享有一定的公共服务。在这一阶段，他们开始寻求在城市站稳脚跟的可能性，从而使自身摆脱在城市客居的心态而增加在城市定居的可能。因而，他们在城市生活所遇到的困难不再是生活的变迁所带给他们的冲击，而是追求在城市获得稳定生活和居所过程中所遇到的阻力与障碍。与此同时，与处于迁移初始期的迁移群体相比，那些在城市居住时间更长的群体往往在年龄、受教育程度、城市消费水平、消费结构、居住方式、社会参与等多个方面具有明显不同，而且会呈现出家庭式迁移的趋势[1][2]。因此，这些变化本身也表明处于这一阶段的乡城移民群体在生活诉求上的表现会与那些初来乍到的群体有着明显的区别。这里，笔者把处于迁移发展期受访者的基本信息罗列如表4—2所示。

表4—2　　　　在杭州居住半年到五年内的受访者基本情况表

编号	性别	居住区域	职业	日常生活中主要的交往对象
YM07	女	江干区	电子厂员工	家人、房东、邻居、同事、社区人员、舞伴、本地朋友
YM10	男	江干区	电子厂员工	房东、同事
YM11	女	下城区	打零工	房东、同乡、邻居、工友
YM13	女	拱墅区	超市打工	工友、邻居
YM14	女	拱墅区	超市打工	亲戚、同乡
YM16	男	拱墅区	自雇	亲戚、邻居、本地客户
YM17	男	江干区	公交车司机	家人、同事、公司领导
YM19	男	江干区	运输车队司机	房东、邻居、同事
YM20	女	江干区	电子厂员工	邻居、亲戚、工友
YM21	男	江干区	出租车司机	房东、工友、同乡、自组织成员、本地朋友
YM23	女	下城区	家庭主妇	家人、亲戚
YM24	男	江干区	食品厂员工	同事、本地朋友

---

① 商春荣、王曾惠：《农民工家庭式迁移的特征及其效应》，《南方农村》2014年第1期，第55—60页。

② 廖直东：《进城时长、示范效应与乡城移民家庭消费结构》，《财经理论研究》2014年第1期，第21—28页。

编号	性别	居住区域	职业	日常生活中主要的交往对象
YM28	女	下城区	超市打工	房东、工友、邻居、社区人员、学校老师
YM33	女	江干区	餐馆服务员	招聘者、同事
YM35	女	西湖区	家庭主妇	亲戚、学校老师、社区人员
YM38	男	滨江区	出租车司机	房东、同乡
YM40	男	拱墅区	建筑公司员工	同乡、工友、室友

　　与那些初来乍到的移民群体相比，这些在杭州居住生活有一段时间的受访者的社会交往场域也发生了一些明显的变化。除了原有的基于业缘的社会网络继续发挥作用以外，笔者看到基于居住场所而产生的社会互动网络开始占据重要地位，具体表现在受访者与房东、居住社区工作人员之间互动日渐频繁。此外，在这一阶段中，受访者与本地人之间的互动明显增多，并可能形成一些自组织群体，从而拓展与本地社会的互动。这些变化可以从对于以下几位典型受访者的社会网络分析中得以体现。

　　YM07来杭州工作两年多了，目前在江干区的一家电子厂工作的她每月工资收入还算可观。为了追求生活质量，夫妻二人决定在离工作单位稍近的地段租住一套一居室，每月的房租支出就占到了他们两人月收入总和的四分之一左右。他们所居住的区域是拆迁回购房小区，里面的租客基本都是在附近上班的外来人口，交通虽然便利但周边的居住环境一般。在他们日常的生活中，除了与单位的同事交往频繁之外，也经常因为一些琐事与当地社区工作人员和房东打交道。

　　　这个住的地方是同事介绍过来的，之前我们住在和睦那边的，住的条件和现在差不多但是面积小一些……那边主要是价格涨得太快了，所以就想着换一个地方嘛。现在我们单位有不少人都住在这边，上班也近，每天骑电动车最多十五分钟吧。【访谈对象 YM07】

　　　这边的房价还是太贵了，买房子都不敢想，今后可能还是考虑回老家发展吧，至少住房你不用担心了……而且我感觉杭州的物价也偏贵，尤其是房租很贵，所以我知道很多同事都住很远的，每天上下班

很辛苦。【访谈对象 YM07】

我们这个社区基本上住的都是外地人，天南地北哪里的都有，大家相互之间基本都不认识，也不会有什么社区活动。我和我们单位的几个同事每周六晚上都去跳舞的，是隔壁那个蓝桥名苑小区里面组织的，他们那个小区绿化啊环境啊明显感觉要好很多……社区的话我们有事才会过去，比如去办理居住证、开个什么证明，平时基本上也不会有什么联系，他们偶尔会和房东一起过来检查消防安全……这边住的几个邻居和我们关系都不错，平时拿个快递啊、借个东西啊还是很平常……本地朋友不多的，有那么两三个吧，都是我老公认识的。我老公喜欢交朋友，他们那个单位本地人多一些，周末的时候他经常去别人家喝酒。【访谈对象 YM07】

基于这些访谈资料，笔者大致勾画出了 YM07 在日常生活中的社会交往图，如图 4—6 所示。

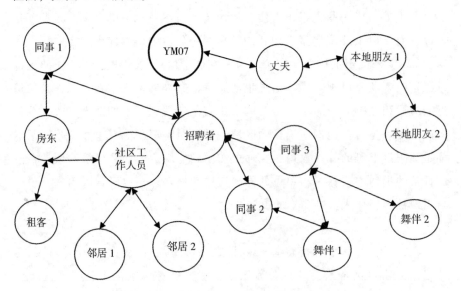

图 4—6　受访者 YM07 的社会网络分析图

但是，在访谈过程中笔者发现，更多的人和 YM11 的情况类似，他们的居住条件相对较差，大都集中在城中村或者城市远郊，如杭州城北的半山街道、石桥街道和城东的九堡街道等，这些区域均为杭州市规模较大的外来人口聚居区。由于位置距离主城区较远，这里的房屋租金相对较为便宜，但生活条件一般，社会治安状况和社区日常管理也不尽如人意。这些地段的房屋大都是建成于 20 世纪末期的排屋，本地房主常常会把房子分割成若干房间对外出租，每个房间的总面积往往不到 30 平方米，客厅、卧室与厨房等的区分并不明显，有些房间的采光与通风条件一般，甚至没有独立的卫生间，房租（包括水电网费等）每月在 1500 元以下的居多。经过笔者访谈得知，在这里居住的大部分群体都是外地来杭州打工的人群，他们抑或是在附近上班，抑或是因为市区城中村改造而被迫搬到此处居住。

YM11 来杭州工作已经将近四年，目前租住的房子位于杭州下城区的华丰村，这里是杭州典型的外来人口聚居区，人员流动十分频繁，租金相对便宜很多，但居住条件和生活环境明显一般，且社会治安状况不容乐观。由于她和丈夫所从事的工作并不属于正式单位的工作，因此几乎没有来自于单位提供的福利保障，两个人的生活显得较为拮据。在日常生活交往上，他们的交际圈主要集中于房东、社区工作人员、邻居和同事之间。她在访谈中提道：

> 我来杭州也蛮久了，快四年了，开始的时候是和老乡一起过来的，就是给人家厂子里面做临时工，我老公在外面开车，每个月挣个六七千块钱吧……老家还有孩子跟老人，每个月都要寄钱回去，所以我们俩在杭州生活也很辛苦。就为了能找到便宜的房子住我们也搬过几次家了，我们现在住的地方也就一个房间加一个厨房十几平米，卫生间都是和别人共用的，房租今年大概 800 块钱（每月）的样子，比之前的便宜一些……我们之前住的那个地方比这里面积要小，不过那边要搞拆迁了，人家过来检查了房子之后通知房东让我们搬走的，所以没办法又出去找房子。那边的房租确实要便宜些，公交车也方便。【访谈对象 YM11】

> 我们这边除了电费比较贵之外，其他还可以吧，买菜都很方便的……这里每度电大概比他们（指本地居民）贵了一倍哦！我们问房东嘛，她说是政府公布的价格，统一涨价的，说是让我们看什么文件。我也问了周围的几个邻居说都是这个价，我们也没有办法。哎！

我们就感觉很不公平……我们自己找政府反映没用的，要我们这边团结起来向政府反映才会有效果！【访谈对象 YM11】

基于这些资料，笔者描绘了 YM11 日常生活中的社会网络分析图，如图 4—7 所示。

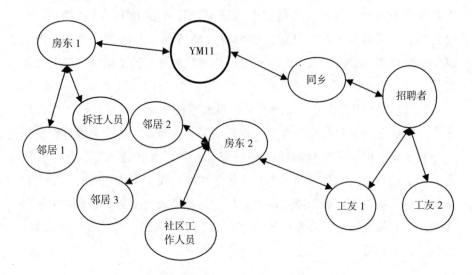

图 4—7 受访者 YM11 的社会网络分析图

同样选择在华丰村租房的 YM28 一家来杭州已经将四年半了，他们夫妻二人刚刚决定把两个孩子中年纪较大的一个从河南老家接到杭州来读小学，目前的居住环境勉强能够支持三个人在杭州的日常生活。她自己身体不是很好也没什么工作技能，目前在华丰村附近的超市打零工挣些钱，还要负责接送孩子上下学。她丈夫是在一家私人的运输公司上班，工作辛苦但是收入还算稳定。尽管如此，他们还是希望把更多的钱省下来，一是因为孩子在城里上学的费用比在老家高出不少，二是还要每月往老家寄一部分钱。除了房租之外，水费、电费、网费、煤气费等也是一笔不少的居住开销。在谈到平时的生活时，她说道：

我们现在是主要靠我老公在外面开车挣钱，我自己身体也不是很好，就在这边的联华超市打工，之前也是在一些小餐馆、小超市干个临时工打打杂或者送个外卖，挣不到多少钱。现在孩子来这边上学，

每天还要接送，每天也就是上个半天的班吧。【访谈对象 YM28】

我们在这边的亲戚朋友不多的，平时嘛我就和我们超市的几个工友交流比较多，大家的生活背景都差不多嘛，在一起也挺有话说的。还有就是和我们楼下的邻居关系不错，他们家做生意的，生意忙的时候小孩经常来我们家玩的……我们小孩今年来上学的时候很多事情都是问他们的，他们家小孩是去年来杭州的，比我们大一岁。现在他们就在同一个学校，所以有时候也会顺道帮他们接孩子回家，大家都很熟悉了……这边社区的话没听说有什么活动，这边外地人口很多社区也很难管理的，我去社区一般都是去那个医疗站，看个病开点药什么的。【访谈对象 YM28】

我们家现在的这个房租已经涨过两次了，去年每个月还是 950 块，今年年初开始涨到 1100 了，我们上个月一次性地缴了半年的房费，房东给我们按 1000 算的……没办法啊，附近的房租都在涨，不是一家两家的问题，住房的问题是个大问题。我们出来打工不容易，肯定是想多挣点钱，房租太贵的话我们也承受不起，这边孩子要上小学，家里还有一个小的需要老人帮忙照看，每个月我们都要给家里寄个千把块钱。【访谈对象 YM28】

公租房我知道的，上次去社区办事的时候看到过一些资料，我知道城北那边好像蛮多的，位置不是很好，不过租金肯定要相对便宜些。我拖一个朋友问过政府工作人员的，我们不够资格，人家需要有社保、有职称的才能申请，我们哪里能达到这些要求……【访谈对象 YM28】

由此可知，YM28 的社会网络交际情况可用图 4—8 基本勾勒出来。

然而，也有一些受访者迫于城中村改造和城市拆迁而不得不多次更换租住场所，如在杭州生活才两年多的 YM21 已经更换过三次住房了，30 多岁的他目前在杭州开出租车，妻子和孩子都在湖南老家生活，每月收入都有几千元钱，但有一定的波动，他说道：

我现在一个人在这边生活比较自由，收入比在老家会好很多，过两年条件再好一点的话打算让老婆孩子也过来住……这边老乡很多

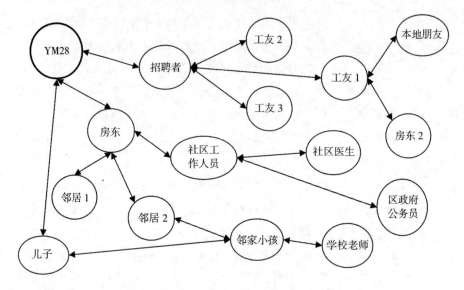

图4—8 受访者 YM28 的社会网络分析图

的，都在一个公司开出租车，大家都蛮熟悉了。我们干这行的收入还算可以，但就是不稳定太累，要跑夜车，好的时候能挣到 7000 到 8000 吧，差的时候 4000 不到，主要看市场的，节假日啊，下雨天啊生意好一点。【访谈对象 YM21】

这边最不满意的就是要经常搬家，我来杭州已经换过 3 次房子了，主要是杭州这边拆迁太多了，他们越拆迁搞得我们的房租费越贵，现在我住的九堡那边一个单间都要将近 1000 块了。原来住的那边周围生活还挺方便的，出来就有超市和餐馆，现在搬过来之后生活没那么方便了。【访谈对象 YM21】

他们要拆迁的话会提前通知房东，上次搬家的时候就是房东提前两个月告诉我的，说是不给租了，要清理一下房子准备拆迁了……我们只管走人就好了，哪有什么补偿，有补偿也是给房东的……上次搬家是因为房东家里过年要来人，临时通知我不能住了，给我搞得措手不及，只能赶紧到处打听找房子，最后是一个同事帮忙找到这边租房的。不过我还好，有个车子嘛搬家也算方便。我知道有个老乡来这边也搬过好多次了，费事不说还耽误功夫……现在要想在市区找一个租金不算太贵的房子越来越难了。有些时候说搬走就要搬走，给你找房子的时间很有限……不过也能理解，我们住的这些地方环境实在是太差了，确实应该整治一下，只是对我们外地人来说，每次搬家的成本都很高，你要是想找一个租金便宜的地方那也只能越跑越远，像余杭、萧山这些地方。【访谈对象 YM21】

我在这边朋友还算多吧，基本上都是一起开车的时候认识的。我们私下有个出租车队的，我们四五个关系比较好的老乡朋友会经常用车上的那个无线电台联系，有什么事的话可以相互叫一下。生意不忙的时候也可以聚一起吃个饭。【访谈对象 YM21】

因此，YM21 的社会网络多集中于房东和同事的小圈子中，如图 4—9 所示。

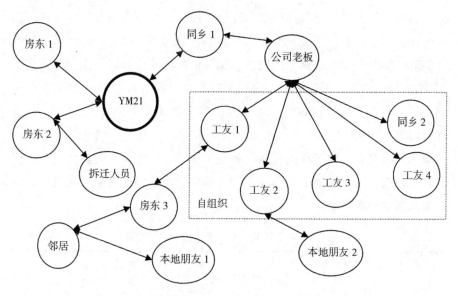

图 4—9 受访者 YM21 的社会网络分析图

综上分析我们发现，随着乡城移民群体在城市居住时间的延长，他们的社会交往场域已经开始发生变化，除了以往基于业缘形成的社会网络之外，与房东、邻里、社区和政府住房保障部门的互动开始增多。从深层次的分析来看，中国传统观念中的安居乐业思想迫使他们追求在城市居住和生活的稳定性，在这种观念和对于城市生活的预期作用下，他们与本地房东、社区、政府住房部门的互动开始增多，这种以居所为中心的社会交际网络是处于迁移发展期乡城移民群体社会网络的主要特征。

三　迁移稳定期:权利驱动型的主动发散式社会网络分析

随着我国城镇化战略的进一步推进、户籍制度的进一步放开以及政府公共服务均等化水平进一步提高，乡城移民群体在城市的定居意愿会更加强烈，他们与本地社会的融入程度也将进一步提升。正如上文的卡方检验分析显示，相比于处于迁移前两个阶段的乡城移民群体来说，在城市居住超过五年的群体在城市中拥有更加稳定的收入、更加舒适的居住条件和更多本地社会支持网络的可能性会更大。相比而言，他们在城市生活的条件更为优越，但是在城市生活中可能遇到的困难也会更多，对于政府公共服务的诉求也会比处于迁移初始期和迁移发展期的乡城移民群体要更多。例如随迁子女在城市的受教育问题对于他们来说就是一个非常突出的问题，他们遇到子女入学困难这一问题的比例和前两组迁移群体相比明显提高了不少。根据 2005 年 1% 的人口抽样调查数据估算，我国 0—14 周岁的流动儿童规模约为 1834 万人，也即约有 27% 的流动儿童跟随父母一同迁移；而根据 2010 年全国第六次人口普查数据的估算，全国 0—14 周岁的流动儿童随父母一同迁移的比例增长到了 32%。[1] 这里，笔者将以访谈资料为基础进一步探讨处于迁移稳定期乡城移民群体的社会交往状况，访谈对象的基本信息如表 4—3 所示。

表 4—3　　　　　　　　在杭州居住五年以上的受访者基本情况表

编号	性别	居住区域	职业	日常生活中主要的交往对象
YM06	女	西湖区	财务公司员工	房东、同事
YM12	男	西湖区	自雇	生意伙伴、邻居
YM15	男	拱墅区	公交车司机	同事、房东、社区人员、学校老师、学生家长、本地朋友、单位工会人员、志愿者组织成员
YM18	女	滨江区	电子厂员工	亲戚、本地朋友

---

[1]　吕利丹、王宗萍、段成荣:《流动人口家庭化过程中子女随迁的阻碍因素分析——以重庆市为例》，《人口与经济》2013 年第 5 期，第 33—40 页。

编号	性别	居住区域	职业	日常生活中主要的交往对象
YM22	男	江干区	物流公司员工	亲戚、学校老师、地产中介、工友、本地客户
YM27	女	拱墅区	餐馆服务员	同乡、学校老师、志愿者、学生家长
YM29	女	江干区	家庭主妇	家人、邻居、社区人员
YM30	男	拱墅区	电信公司员工	同事、房东、学校老师
YM31	女	拱墅区	家庭主妇	邻居、学校老师、社会组织义工、学生家长、本地朋友
YM32	男	西湖区	物业公司员工	亲戚、同事、本地朋友、学校老师、教育局工作人员
YM34	女	江干区	自雇	邻居、本地朋友
YM36	男	下城区	公交车司机	同事、社区人员、学校老师
YM37	女	下城区	外贸公司员工	同事、房东
YM41	女	滨江区	制药公司员工	本地亲戚、同乡、邻居

与处于前两个阶段的乡城移民群体相比，逐步进入迁移稳定期的群体所面临的生活困难和诉求，本质上体现的是他们对于公民权利的追求与现有制度的刚性约束之间的矛盾。在此过程中，他们与本地社会多元主体之间的交往互动更为频繁，参与当地社区活动与公共事务的热情也日渐提高，其社会网络呈现出一种主动向外发散式的结构。这里，笔者将以下列几位典型受访者的访谈资料为基础进行进一步的分析。

YM15 是六年前由安徽老家来到杭州生活的，他的职业是杭州公交公司的一名公交车司机，目前在单位附近租住了一套两居室。不过，他于一年前通过了职称晋升的考核，因而符合了杭州市目前的公共租赁房申请条件，正在办理公租房的申请手续。他和妻子都有正式的工作单位和社会保障，儿子刚刚在一家公办学校读小学一年级，他们一家人在杭州的整体生活条件在乡城移民群体中尚属优越，而唯一令他们感到担心的是孩子将来能否在杭州参加高考的问题。在谈到他们的日常生活时，他表示：

我觉得我们一家人目前在杭州生活挺好的，城市比较文明，城市环境也很好，没有感觉明显受到歧视的地方。我们现在有市民卡，也办了公园卡，很多公园都是可以免费去的，周末有时间的话会和单位同事一起带孩子们去逛逛……主要不满意的还是有些政策我们外地户口的人没法享受，比如孩子在这边上学读公办学校很难，现在我们家孩子是符合条件的可以在公办学校读书。但是，我知道有些同事家孩子在私立学校读，要么学费比较贵，要么就是教学质量不好，希望政府能够重视一下这个问题。【访谈对象 YM15】

他（指儿子）入学的时候要提交很多材料咯，什么户口本、身份证肯定是要的，父母单位的社保证明和劳动合同、你租房子的租赁合同，还有孩子的出生证明、体检证明一大堆材料。还要参加面试的，你说这么小的孩子他能回答个什么问题啊，而且当时面试之前还要在网上提前预约的……所以啊，申请公办学校很麻烦的，为了这个事情我们也是往老家来回跑了两趟……还是想让孩子读个好一点的学校嘛，现在社会竞争这么激烈，所以你也没办法。【访谈对象 YM15】

还有住房这块可能是个问题吧，房价太贵，贷款买房也比较困难。现在我们住在这个房子一个月房租都要 2000 多，主要是想着离孩子上学的地方近一点，他们有几个同学家里也住这个小区，平时一起上下学，我们家长之间也都比较熟悉了。这个小区里住的本地人居多，小区里搞的活动也很多，平时和周末都有，主要是一些兴趣活动小组……我很少去，但老婆经常去，她们有一个跳舞队的，没事的时候经常一起跳舞……我们单位每年都会组织大家去做义工，比如去西湖景区那边清扫垃圾，我都会参加的……西湖那边像我们这种志愿组织很多的，我都碰到过好多次，大家在一起相互交流蛮好的，能认识更多的朋友，有一次我还参加了他们组织的西湖毅行……【访谈对象 YM15】

我们已经在申请公租房了，顺利的话两年之内应该可以搬过去住了。那边肯定要比市场上租房子要便宜一些的，但就是位置比较偏，交通还不是很方便，到时候小孩上学比较远了……公租房是通过我们单位申请的，这个应该是属于单位和政府房管局那边的专项合作项目，只能我们单位内部的职工才能申请。所以我就希望政府能有更多

的保障住房来解决我们外地人的住房压力，住房没有解决的话还是很难真正融入到城市。【访谈对象 YM15】

从这些访谈资料中我们可以看到，YM15 在本地的社会交际网络十分多元，除了传统的社交网络之外，基于本地志愿者网络所形成的社交圈成为了一大亮点，表明他们社会融入感的增加和公民权利意识的增强。具体如图 4—10 所示。

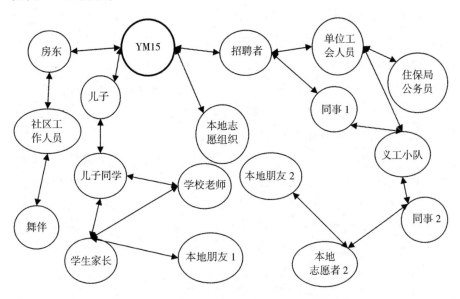

图 4—10　受访者 YM15 的社会网络分析图

然而，大多数受访者就没有 YM15 那么幸运了，他们无法达到政府公租房的申请条件，只能依靠自己租房的方式来解决居住问题。如老家在河南农村的 YM22，早些年前他自己一个人来到杭州打工，从事物流运输的工作。几年下来家里有了一定的积蓄，这才有条件让妻子把两个孩子带到杭州从而实现全家四口人在城市的团聚。目前，他们家的大女儿已经上小学五年级了，就读于一所农民工子弟学校，每天要乘公交车大约 20 分钟才能到达学校。小儿子现在还不到上小学的年龄，目前在住所附近的一所私人幼儿园就读，每天由母亲负责接送孩子上下学。他现在最担心的是自己目前所从事的工作虽然有着不错的收入，但是属于一家私人公司，社会保障和劳动合同都不规范，因此不符合杭州市目前随迁子女入读公办学校的政策规定，将来孩子参加高考也可能是一个很大的障碍。他表示：

> 感觉杭州这边生活环境蛮好的，很多公园都可以免费去。而且这边外地人也多，老乡也很多，不会感觉到有什么歧视……比较担心的就是户口问题，现在不是每年两会都会有代表提出户籍制度的问题嘛，但总感觉雷声大雨点小，我们感受不到有什么变化。我们几个在一起开车的基本都把孩子带到这边，孩子在杭州读书是个问题。我们家大女儿是二年级的时候从老家转过来念的，当时去跑了很多学校咨询，人家都说要符合条件才接受，我们不符合主要是当时没有买社保，现在她是在一个外来工子弟小学读的，学校老师说以后可能成为公办学校，升公办初中问题不大，但是高中的话就不好说了，走一步说一步吧。【访谈对象 YM22】
>
> 今年过完年我把小儿子也接过来了，主要是因为老家爷爷奶奶的岁数都比较大了，孩子小他们给你看着我们也不放心，这边的话起码他妈妈能照顾一下。他们那个幼儿园离这儿就隔条马路，私人开的，学费一个学期要 3000 多，还要缴纳伙食费 700。中午在学校吃一顿，下午放学接回来吃饭。【访谈对象 YM22】
>
> 我们老家有很多亲戚也都是在这边打工的，平时在一块聚的比较多。我们出来也有六七年了，认识几个本地朋友，都是给人家干活的时候认识的，现在基本上都是老客户了，平时的业务往来也很多。【访谈对象 YM22】
>
> 将来肯定留在杭州了，去年我们贷款在临平那边买了一套房子，过两年才能交付，有个自己的房子才算是个家嘛……当时也找中介看了不少楼盘，大概一平米 7000 多一点吧，现在涨到快一万了。主要是觉得离地铁口近，以后孩子大了可以自己坐地铁上学了，我们也不用操心。【访谈对象 YM22】

基于上述分析，YM22 的社会网络基本情况如图 4—11 所示。

还有目前在一家物业公司上班的 YM32，妻子在一家宾馆做服务员，女儿目前在拱墅区的一家公办学校读初中。夫妻二人的工作虽然收入不高

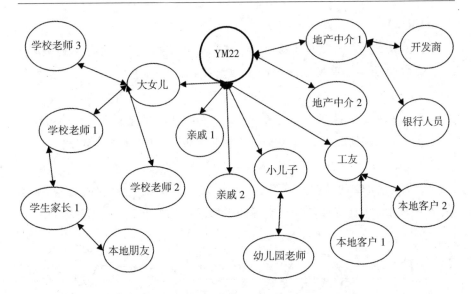

图4—11　受访者 YM22 的社会网络分析图

但也还算稳定，足以支撑一家三口人在杭州的生活。为了孩子上学方便，他们目前在学校附近租了一套二居室，租金不菲。他们的想法是，让孩子接受好的教育是个头等大事，自己过着节衣缩食的生活倒无所谓，此外，复杂烦琐的入学申请和登记程序让他们花费了很多时间和精力去应付。他说道：

　　　　我们最早来这边也是家里亲戚带过来的，开始挺辛苦的，换过很多工作，这么多年下来生活也基本稳定了……后来我们把孩子从老家接出来读书，为了给她办学籍我们前前后后也折腾了不少回，那不就是想给她创造一个好的教育环境嘛，肯定希望她以后能比我们生活得好。【访谈对象 YM32】
　　　　刚过来的时候读的是民办私立学校，那时候主要是我们也过来没多久，学校要求的很多手续我们都不符合。后来在这边也转过两次学了，主要还是想着找一个好一点的学校嘛……去年开始才转到公办学校的，不同的学校老师讲的内容都不一样的，这么转来转去的对孩子学习影响也很大……读高中还不清楚，到时候看看我们能不能落户吧，也许政策也会有一些变化，实在不行的话还得让孩子回老家去读高中，因为以后还牵扯到高考的问题，应该比较麻烦。【访谈对象

YM32】

　　孩子学习成绩还不错吧，是班里的学习委员，每次去学校开家长会的时候我们也挺自豪的……和她们一个班的学生大部分都是本地人，不过我觉得也没什么隔阂，她们几个平时玩得好的学生我们家长之间关系也不错，周末大家有空的时候就叫上一起出去玩玩……除了住房有点压力之外，这边生活总体还不错。【访谈对象 YM32】

　　因而，YM32 的社会网络除了集中于亲缘和业缘关系之外，大都基于孩子上学过程中而形成的社会交际圈，如图 4—12 所示。

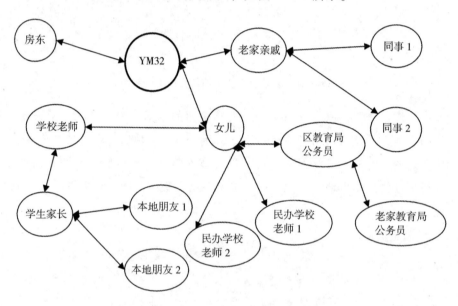

图 4—12　受访者 YM32 的社会网络分析图

　　笔者在调研中发现，尽管孩子在杭州读公办学校存在很多困难，但是决定把孩子一同带到杭州读书的乡城移民群体却并不在少数。和 YM32 情况类似，YM31 是一家四口在杭州生活。她早年跟随丈夫从安徽农村老家来杭州打工，如今已经是第八个年头了，大女儿今年读小学三年级，小儿子目前还不满两周岁。她丈夫在一家物流公司上班，她自己之前在一家食品厂打工，目前把工作辞掉在家照顾孩子。在谈起孩子上学的问题时候，她说道：

我们没有城市户口，女儿上的是那种专门给外地子女上学的那种学校，和老家比起来条件还算是好的了。要是在老家上学的话离家很远，要走个七八里地才能到镇上的一个小学，要是赶上下雨下雪天，那个泥巴路根本走不了的。所以你把孩子接到杭州这边来上学还是能少吃不少苦……这里教育质量的话我想肯定和人家本地学校不能比，但是我们没有正式工作也没有买社保，不能去本地学校读书的，为了这个事情区里面教育局我都跑了不知多少次了……学费的话现在基本上没有了，我们这个是公办的学校，也是就每个学期六七百块钱的伙食费吧，中午吃一顿饭，下午有一些水果和零食。以前读的那个私立学校是要交学费的，那时候每个学期要一千多块钱吧。【访谈对象YM31】

升初中的问题我也不大清楚，老师现在也没说过这个事情，我想到时候应该是要考的吧，成绩好的话应该能进好一点的初中，但是好像你在拱墅区的学校就只能继续留在拱墅区的，不能转的。【访谈对象YM31】

由于她们家女儿就读的是一所外来务工人员子弟学校，所以入学手续并不复杂。她提到的这家学校隶属于杭州天成教育集团，这是全国第一家由流入地政府主办的九年一贯制进城务工人员子女专门学校，学校的性质原本是民办的，在2010年才转为公办专门学校。这家教育集团目前共设有两个校区，有学生3700余人，教师210余人，因而在杭州市属于一家办学条件和师资力量都较为优越的外来务工人员子弟学校。

平时我老公工作也忙，有时候也要上夜班的。我嘛现在没有工作，就在家看看孩子……本地朋友联系比较多的也就是几个学生家长，还有就是我老公他们上班认识的……每周六下午都会带女儿来这边跳舞，这边上课都是免费的，老师也很好……这个项目（下文案例分析中将做具体介绍）最早是她们学校老师给我们说的，说是有一个专门针对外来子女的免费课外辅导班，我们就报名了，要经过家访和面试之后才能正式录取。这边来参加课程辅导的学生的家庭背景都和我们差不多的，她们上课的时候我们几个家长就在外面聊天，哪里人都有……我觉得这个辅导班挺好的，像我们外地人在这边打工挣钱也不容易，平时孩子除了上学之外，哪有条件给她们报这种兴趣班啊，上不起的。【访谈对象 YM31】

　　YM31 在访谈中提到的是杭网义工分会是专门针对外来工子女开展的一项免费的素质拓展项目，笔者将在下文对该项目的运作进行具体介绍。根据受访者的描述，笔者把 YM31 的社会网络图绘制如图 4—13 所示。

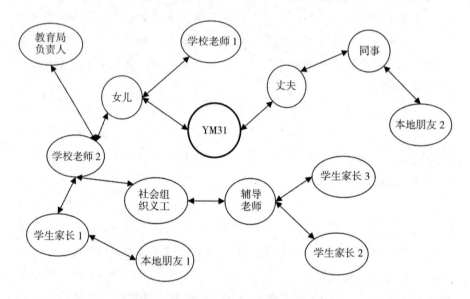

图 4—13　受访者 YM31 的社会网络分析图

　　通过这一社会组织举办的素质拓展课程，笔者接触到了更多和 YM31 家庭背景相似的乡城移民群体，他们的经济条件总体来看并不乐观，YM27 也是他们当中的一员。YM27 来杭州生活五年多了，她在一家餐馆当服务员，老公在外面工地干活，工作并不算稳定。迫于经济压力，她只能选择在租金低廉的城郊租房。她们家女儿目前就读于一家民办私立学校，每天需要乘坐公交车上学，像 YM27 这样在杭州入读民办学校的孩子并不在少数。由于他们的父母在杭州并没有正式稳定的职业，加之经济条件有限，大都也没有连续缴纳社会保险，不符合杭州市教育部门对于外来人口子女申请公办学校的相关规定，只能选择让孩子入读学费便宜但教育质量和教学设施一般的民办学校。她表示：

　　孩子现在大了，每天坐公交车上下学，路上要花个几十分钟吧……她们学校同学也都是外地过来杭州打工家庭的子弟，每个班大概二十几个人吧，条件不是很好，有时候下雨天听我女儿说窗户都会漏雨的……她读这个学校也是没有办法，她爸爸和我在这边挣钱也不多，我们也问过一些条件好的私立学校学费都很贵，每个学期都要几千块钱，我们哪里付得起啊。【访谈对象 YM27】

　　我们平时在这边没什么亲戚朋友的，就是有几个老乡联系的多一点，还有就是楼下的几个邻居有事情的话，会照应一下……现在小孩报了这个舞蹈班，人家工作人员会定期来家访了解我们的情况，所以跟这个组织的志愿者联系会很多，他们对孩子也都很好，我们这些家长都很支持这个活动。【访谈对象 YM27】

　　YM27 在本城市的社会交际网络可以用图 4—14 表示。

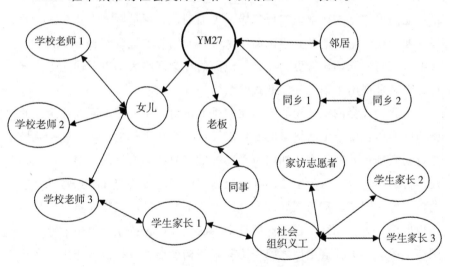

图4—14　受访者 YM27 的社会网络分析图

　　从上述五位典型受访者的社会网络分析图谱来看，处于迁移稳定期的他们与本地主体产生了更多的互动，尤其是在孩子读书、住房等问题上与政府、学校以及一些社会组织之间建立起了频繁的联系，因而在我们对其社会支持模式建构的讨论中需要重点关注上述几类社会主体之间作用的发挥。

本章小结

在本章中，笔者从 40 多位访谈对象中分别选取了三个迁移阶段中具有代表性的受访者，进行了较为深入的社会网络分析，从而展现不同迁移阶段中乡城移民群体在城市的人际交往和社会互动情况。从分析结果来看，针对处于迁移初始期的移民群体来说，刚刚经历生活场域由乡到城的他们在城市的社会交际网络主要集中于乡土关系中的同乡、工作场所中的同事和居住场所中的室友和社区工作人员，他们的社会网络在过渡适应期中基本呈现出以业缘为中心的被动式链条状发散结构；针对处于迁移发展期的移民群体来说，基于居所而产生的社会交往能够为其社会网络的内生式发散提供基础，他们与本地房东、本地社区、本地朋友之间互动的加强表明这一阶段中乡城移民的社会网络与前一阶段相比已经发生了根本性变化，他们更加需要在本地实现安居，更加期待更深地融入本地社区。而对那些处于迁移稳定期乡城移民群体来说，他们与本地政府、学校和一些社会组织之间的互动显得更为频繁，他们的社会网络大都以上述几个关键节点为中心呈现出主动向外发散式的结构。

由此，社会网络结构的不同在实质上折射出了处于不同迁移阶段的乡城移民群体在城市生活场域的变化以及社会交往主体的差异，这一差异正是我们甄别多元社会主体如何协同以提供有效社会支持的重要依据。如在迁移初始期，以业缘为中心的社会交际网络中的重要交往节点常常是单位的招聘者、同事、部门领导以及社区中的室友、社区工作人员等，其背后体现出用人单位和社区在他们的日常生活交往中占据主导地位，社会支持围绕上述两大类社会主体之间的协同来建构就能够发挥有效作用；在迁移发展期，以居所为中心的社会交际网络中的重要交往节点增加了房东、邻居、社区工作人员甚至是政府部门，其背后体现出这一群体在城市的居住问题是一个重要的显性诉求，与其日常生活联系紧密的社区（城中村）和政府住房部门理应成为社会支持建构的协同主体；在迁移稳定期，以追求公民权利而产生的社会交际网络中的重要交往节点增加了学校老师、教育部门工作人员、本地志愿团体等，体现出学校、政府、社会组织等是他们日常生活中的交往主体，要提高社会支持建构的针对性和有效性就势必要着重围绕这些社会主体来讨论。因此，乡城移民三个迁移阶段中的社会网络各具特点，其直接反映出他们与多元社会主体互动方式以及频率的不同。当然，这些社会网络的不同也能够映射出他们生活诉求的不同，在下一章中，笔者将基于访谈资料着重讨论不同迁移阶段中乡城移民群体的主要生活诉求与面临的困难。

第五章 社会网络特征的阐发与
乡城移民多元社会支持

　　社会网络分析作为一种有效的分析工具，能够为我们了解受访者的社会交往主体及其网络扩散特征提供帮助，其所指向的是受访者的社会资本及其生活诉求状况。在上一章中，以访谈资料为基础的社会网络分析为我们展示了处于不同迁移阶段中的若干具有典型特征的乡城移民群体的社会交往状况，从中我们能够窥探出这一群体的生活场域在不断地发生着变化。这一变化在更深的层次上反映出了他们在融入城市生活过程中遭遇的困境和障碍以及他们对于社会支持体系的诉求也会随着在城市居住时间的延长而发生改变。因此，以差异化和阶段化的视角来审视乡城移民群体在迁入城市过程中所呈现出来的异质性是我们讨论社会支持建构的必要基础。在本章，笔者将会接着上文对于乡城移民群体社会网络特征的分析并结合访谈资料进一步讨论不同迁移阶段下，这一群体在城市生活的困境因素以及对于社会支持的诉求呈现出哪些不同。

一　初来乍到：场域的转换与生活的重构

　　从上文卡方检验的结果来看，处于迁移初始期的乡城移民群体与发展期和稳定期的乡城移民群体相比，他们在本地的社会交际网络明显处于弱势地位，但同时出现公民权利受到侵害和维权困难的比例也显著较低。而社会网络分析的结果显示，这一阶段中他们的社会交往主要集中于原有乡土关系中的同乡，以及和用人单位和居住场所密切相关的群体之中。这是因为，对于那些刚刚从农村迁往城市工作和生活不久的迁移群体来说，初来乍到的他们需要快速找到一份工作从而获得在城市生存的经济保障，同时也希望找到栖身之地使自己的生活尽快安顿下来。因此在这一阶段中，他们不仅仅要努力适应居住场域由乡到城的转变所带来的陌生感，而且由此所产生的一系列变迁如经济生产场域的转变、社会交往空间的重构和社会保障体系的转接等问题都会给他们的日常生活带来不小的挑战。如果他们无法很好地应对各方面转变带给他们生活的冲击，一种客居他乡的心态就容易在这一群体中蔓延。再者，这些刚刚迁移到城市的乡城移民群体正处于原有社会网络被打破而新的社会网络尚未建立之时，因而很难与本地社会产生更多的互动。而单一的社会交际网络也使得他们的日常生活较为单调，与城市社会的隔阂较为严重，对城市的认同感非常脆弱。

（一）工作场所转换与求职艰辛

在一个国家经济发展和实现工业化的过程中，传统农业部门和现代工业部门两大主要经济生产场域之间在工作性质、预期收入、工作技能、人际关系等方面都存在着根本的不同。尤其是传统农业部门在工资报酬和工作机会上都大大少于城市中的现代工业部门，这就为农村剩余劳动力向城市涌入提供了源动力。在他们迁入城市寻找就业机会的过程中，具有基本劳动保障的正式就业体系往往对劳动者素质的要求较高，而这一较高的门槛准入在很大程度上限制了他们在城市的就业机会，因而他们往往选择进入门槛较低的非正式就业体系。但这些工作往往是以体力劳动为主，虽然对劳动者的技能水平要求不高，但具有工作时间长，工作强度大，工作稳定性差，工资报酬偏低，劳动保障不完善等特点。① 对于那些刚刚从农村老家迁移到城市的人来说，他们不仅仅经历了居住空间由乡到城的转换，更重要的是经历了生产关系和职业环境的重构，而后者对于他们在城市的生存和发展所带来的挑战更大。由于缺少足够社会网络的支持，对于那些初来乍到的新进迁移者来说，拥有一份相对稳定且收入合理的工作是他们来到城市之后所要追求的最主要目标。然而，经济生产场域从传统农业向现代工业的转变使得他们中的一些人在短期内难以适应这一转变对其自身所带来的冲击，其典型表现就是这一群体由于自身人力资本禀赋与工作岗

---

① 李强：《关于进城农民的"非正规就业"问题》，《新视野》2002 年第 6 期，第 53—56 页。

位的不相适应而频繁更换工作，这种求职历程的艰辛恰恰是经济生产场域转换带给他们的直接影响。如一些受访者提道：

> 是啊，最近十多年我走过很多地方，像江西、浙江、福建我都去过，但每次出去打工的时间都不算长，最多也就一年多的时间吧。现在各个地方的工资水平相差不是很大了，所以我打算找一个安稳一点的、离老家近一点的地方安顿下来，不能像以前总是在外面过着漂泊的生活……来这边快半年了，感觉对这边的工作比较满意，也不用整天出去跑着找工作了……现在的工资也基本够用了，保证一个月的基本生活开销问题不大，但你要追求生活质量的话基本不现实，我们涨工资的速度还是太慢。【访谈对象 YM04】

> 我中学毕业就出来打工了，感觉自己天生就不是读书的料还不如早点出来工作积累社会经验……我在杭州这边没什么亲戚朋友的，也没啥工作经验和社会阅历，刚来的头两个月工作非常难找。我来这家店之前是在八堡那边的一个餐馆当服务员，头一个月试用期的工资只有 1500 块，实在是太低了但也没有办法，好一点的工作都要求有学历或者是工作经验了。【访谈对象 YM08】

此外，在访谈中笔者也发现，企业于那些新进的员工来说是一个十分重要的社会互动对象。企业是他们在城市里生活最重要的身份象征和活动场所，如果失去了企业的依托，他们往往就会陷入一个自我封闭的世界里，久而久之非常不利于他们社会网络的拓展和本地社会资本的积累。

（二）社交空间重构与交往危机

符号互动理论的奠基人、美国社会学家及社会心理学家米德曾经提出人们自我认同的形成是主体选择性和社会关系之间两者互动的过程，只有当主体融入到社会团体并持续与该团体成员进行社会交往时，才能形成个人的认同。① 这一思想启示我们对于乡城移民群体社会交往的探索，将有

---

① Mead G. H. Mind, Self and Society [M]. Chicago: University of Chicago Press, 1972: 256.

助于我们理解这一群体在迁移初始期对于城市生活的融入和认同情况。显而易见的是，乡城移民迁入城市之后已经脱离了以往基于血缘、亲缘、地缘等为纽带的社交网络，处于在城市生活过渡适应期的他们需要重新建构自己的社会交际圈，并通过与其他人的交往互动过程来获得精神的慰藉和对于社会的认同。正如笔者在上述分析中提到的，由于他们来到城市工作的时间不长，而且有相当一部分人是独自一人或者是在老乡的介绍下来到现有的工作岗位上的，所以平时的交际圈基本集中于工作上的同事、老乡或者是共同居住的室友等。所以说，他们在城市的生活几乎全部集中于工作场所和居住场所，极少参与当地举办的各种社会文体活动，社会交往不多，生活较为单调。因此，正如与上文社会网络特征分析中所反映出的问题相同，社交贫乏生活单调是大多数处于初始期的乡城移民群体所面临的普遍性问题，由于缺乏社会互动和社会参与所形成的孤岛效应会增加这一群体的社会排斥感。

这一问题的形成很大程度上源于他们对于陌生城市环境和社交网络的适应需要更多的时间，当然也会与个人意愿选择的生活方式有一定关系。但是如果从社会文化和社会资本的角度来看，这一问题的长期存在会影响到他们对于城市生活的融入。乡城移民群体虽然生活在城市，但他们一般都生活在一个具有鲜明特征的亚文化圈之中。这种亚文化圈常常带有极强的地域性，其文化规范和习俗也都具有高度的地方性。[1] 加上我国城乡二元分割的社会结构，不仅农民与城里人的身份被显著区别，社会关系和社会空间也呈现出隔离的特征。乡城移民群体在脱离原有的社会空间之后必须要在城市社会中重塑自己的社会关系，也即要建构起一个适合自己生存、并以自己文化规范抗拒都市文化排斥和挤压的亚文化圈，这一文化圈的建立是出于"异乡人"应对本地都市文化排斥的生存需要和本能反应。[2] 但是，当这种亚文化圈与城市主流文化过于对立和隔绝而无法进行有效互动和互融时，也极有可能引发社会矛盾，因而不利于社会的

① Valencia – Garcia D, Simoni J M, Alegría M, et al. Social capital, acculturation, mental health, and perceived access to services among Mexican American women [J]. Journal of Consulting & Clinical Psychology, 2012, 80 (2): 177 – 85.

② 金一虹:《流动的父权:流动农民家庭的变迁》,《中国社会科学》2010 年第 4 期, 第 151—165 页。

凝聚和团结。

（三）制度体系变迁与社保转接

以居住地或户籍为基础是当今我国许多社会制度形成和发挥作用的立脚点，基于这一逻辑建立起来的各项制度先天的就会带有浓厚的城乡分治的特点。其中，社会保障系统的运作是与人们生活关系最为密切的社会制度体系，也是人们公民权利体现的重要标志。在我国，现行的城镇职工和城乡居民社会保险制度虽然逐步向乡城移民群体覆盖，其意味着乡城迁移群体完全能够在流入地参加社会保险项目，有正式工作单位的可以通过单位来缴纳社会保险费用，非正式就业的也可以通过自愿参加的方式自行参加社会保险项目。但如前所述，目前乡城移民群体参与社会保障的比例和城市居民相比还有很大的差距。造成这一问题的根本原因在于社会保障体系改革与优化的步伐还远远滞后于人口在城乡之间的迁移速度，其还不能够满足现有社会转型和人口城镇化进程对于社会保障体系所提出的要求。在此背景中，原有主要基于农村居民和城市居民而建立起来的社会保障体系日益无法满足乡城迁移群体的实际需要，他们经历了由农村到城市的迁移之后有可能面临着被社会保障体系排斥的风险。缺乏社会保障使得他们在城市工作和生活过程中的抗风险能力大大降低，这些风险如果不能够被有效分担则不仅会对个体的生活带来巨大冲击，同时也会增加整个社会的不安定因素。在访谈中，笔者发现大部分受访者虽然知道社会保障是其应该享有的权利，但是在对待社会保障项目的态度上则显得较为消极和谨慎，特别是对于那些初来乍到的乡城移民群体来说，这种忧虑和担心会更加明显。

我们刚到这边不久，对社保的情况还不是很了解。不过我个人觉得办不办社保其实也无所谓，因为这边工作不好做的话也可能去其他地方找工作，没有稳定下来之前社保转来转去的也不是很方便，基本上也用不着，还是直接发给我们工资比较好。【访谈对象 YM09】

目前，我国社保体系"五险一金"的缴费比例是以职工的月收入为基础，养老保险缴费率为 28%（其中个人承担 8% 左右，企业承担 20% 左右），医保缴费率为 12%（个人承担 2% 左右，企业承担 10% 左右），住房公积金的最高缴费上线是上一年度平均工资的 24%（其中个人和企业各承担 12%）。此外，企业还需要为失业保险、工伤保险和生育保险缴纳 1%、0.3% 和 0.8% 费用，个人无须缴费。由此来看，在"五险一金"约 66.3% 的构成中，个人负担的比例不到 20%，其余大部分由企业负担。虽然员工个人的缴费只占到目前企业缴费水平的一半左右，但是多数受访者仍然表示自己其实更愿意把缴纳到社保个人账户中的钱直接当作工资发下来，因为他们平时几乎用不到社会保障项目。

再者，由于社保报销的流程较为烦琐，他们不愿意花更多的时间成本和人际交往成本去经历报销手续，因而他们觉得那些钱放在社保账户里并没有发挥太大的作用。而住房公积金项目对于那些不打算在城市购买住房的人来说，用处更是不大。他们对于社保项目持保留态度的原因，除了他们觉得社保目前没有发挥应有的功能之外，担心社保项目在自己更换工作单位和工作地域之后无法转接也是一个普遍的因素，尤其是对于那些在城市工作和生活不足半年的群体来说，他们还需要时间来评估自己将来在城市的生活状况，未来是否有意愿和条件在目前城市继续工作和生活仍然是一个未知数，这种不确定性更加剧了他们对于社会保障项目转移和续接问题的忧虑。不仅是员工本身，负责办理社会保障事务的某企业人事部门负责人 QY01 也谈道：

> 我们公司都是按照政府的要求为所有签订合同的正式员工缴纳社会保险的，住房公积金是没有的。我们也能体谅员工的难处，他们本身一个人到这边工作的话就存在很大的不确定性，调换工作是常有的事情……关键是政府的政策也经常在变，转接的手续确实是比较烦琐，有时候我们自己也搞不清的。多的时候每个月要解除三四十份劳动合同，然后又有新进的员工要买社保，进进出出流动性太大了，我们都不好管理。【访谈对象 QY01】

以养老保险的异地转接为例，2014 年全国共有 181.6 万人次办理城镇职工养老保险跨省转移接续手续（其中进城务工人员就有 46.9 万人次，占到四分之一左右），跨省转移养老保险资金346.2亿元。① 但是由于地方政府社保经办机构和平台不统一，缴费基数、比例和方式也各有差别，加之各地社保机构办事效率参差不齐，迁移群体办理转移接续手续往往会超过法定办结时限。以浙江省养老保险关系转接为例，申请者本人要准备职工基本养老保险个人账户转移情况表、职工社会养老保险手册、职工历年缴费基数表、转入地社保开具同意接收联系函、参加基本养老保险人员历年缴费明细表等材料后经由单位提出申请，然后需经过省社会保险事业管理中心的受理、审核、审批、决定等众多程序后才能最终完成手续的办结（见图5—1所示），整个过程如果一切顺利需要60个工作日。因此，如此耗时费力的转接手续都是他们在工作稳定和参保之前不得不考虑的问题，地域之间的转接难题也极大地增加了他们享有制度保障的成本。

二　站稳脚跟：游离于憧憬与现实的边缘

从上文卡方检验的结果来看，处于迁移发展期的乡城移民群体与稳定期的乡城移民群体相比，他们面临邻里交往困难、找工作困难等方面比例更高，说明邻里关系是这一时期他们在社会交往过程中需要面临的主要关系，为了追求生活质量的提升，他们对于工作稳定性和收入水平的要求也更为明显。而社会网络分析的结果显示，这一阶段中他们的社会交往比处于前一阶段中的群体更为丰富，除了原有的同事和同乡等基本社交网络之外，他们的交际圈开始向城市生活场域中的房东、邻居、社区工作人员、本地朋友甚至政府部门工作人员拓展，这表明他们与本地社会的互动有所加强，社会网络逐渐呈现出一种以居住场所为中心的内生式扩展结构。这一社会网络特征的背后，实际上映衬出乡城移民群体在经历场域变迁和生活重构之后开始考虑追求生活的稳定，尤其是他们对于稳定住所的需求正在上升。然而，访谈资料表明他们对于在城市安居的诉求与现有社会现实和制度安排之间存在着严重的脱节，主要体现在城市房价的驱离和城中村拆迁的博弈两个方面。因而，社会支持体系的建构必须能够有效回应上述

---

① 康劲：《社保异地转移接续不能再拖》，《工人日报》2015年3月12日第6版。

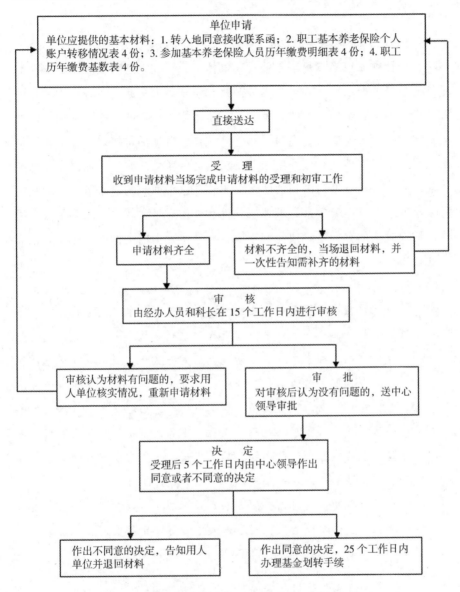

图 5—1 浙江省省级基本养老保险关系转移接续流程图

资料来源：浙江省人力资源和社会保障厅网上办事大厅，可于 http：//fw. zjhrss. gov. cn/sungov/bjiteminfo. jspx?aga001 = 22450012&bod509 = 1 检索。

问题，从而保证迁移群体在城市能够站稳脚跟，防止迁移链条的中断与社会阶层的分裂。

（一）住房驱离与隔陀形成

与居住在城市尚不足半年的迁移群体来说，处于迁移发展期的群体对于住房质量的要求明显要更高，他们往往是和家人一起迁入城市生活，固然增加了不少日常生活上的开销，尤其是大城市房价的快速上涨给他们的生活带来了更大的压力，高房价对于乡城移民群体的排挤效应在这一迁移阶段最为明显。他们一方面对于改善自身居住条件的愿望更加强烈；另一方面却又不能承受城市高额的住房支出，在这种两难的境地下，他们只能越来越向城市外围聚集来寻求住房条件和住房质量两者之间的平衡。这种住房驱离效应的存在是导致他们难以融入城市社会的关键因素之一。正如在访谈中一些受访者表示：

> 我觉得在城市里面最困难的还是住房吧，每个月光房租就花掉不少钱，而且我们的水电费好像也比人家杭州本地人要贵一些，现在是一块三一度电，人家本地人可能也就五六毛钱吧。我们也和房东反映过这个问题，他说这边都是这样的，没办法……如果杭州有房子住那肯定会留在杭州啊，现在买房子还是有困难，公租房我们也达不到条件……现在我们房租每个月三百，我记得我刚来杭州的时候房租才一百多。而且现在的房间很小的，放一张床基本上就没什么地方了，和厨房、卫生间都是连在一起的。【访谈对象 YM16】

> 水费、电费都要自己交的，水费是一块二，电费是两块五，是从一二年九月份开始涨的。杭州本地人电费好像比我们便宜多了，应该只要六毛左右。【访谈对象 YM24】

租金的低廉是他们选择到远离市区的城乡结合部居住的最主要原因。然而，近些年来房屋租金的快速上涨使得这一区域的价格优势正在逐步消失，如果房租增长的速度一直超过他们工资收入的增长速度，他们在城市的生活成本会变得越来越高。在这种驱离效应的作用下，外来移民群体的居住场所就演变成为若干个被城市相对隔离的区域，从而形成了一种新的社会结构，也即一个个被边缘化了的隔陀（ghetto）镶嵌

在城市之中的格局。① 此外，杭州市现行的阶梯电价政策②导致很多实际
的房屋承租人（也即乡城移民群体）成为了这一政策的受害者。他们在
访谈过程中普遍反映的电价歧视政策，其本意是为了鼓励居民节约用电以
促进节能减排工作，但却在客观上提高了乡城移民群体在城市的生活成
本。这表明政府相关政策的制定还需要进一步优化，使得电价改革政策真
正符合国家发改委提出的"建机制、保基本、促公平"的改革新理念，
保障乡城移民群体的合法权益不受侵害。

（二）城中村改造的局外人

对于处在迁移发展期当中的乡城移民群体来说，能够在城市购买住房
的人只是少数，绝大多数的人目前只能选择在城市租房，等到自身的经济
条件允许以及对未来生活的规划较为明朗的时候再做购买住房的打算。然
而正如在上文中所提到的，城市中高昂的住房支出对于乡城移民群体产生
了较强的驱离效应，他们出于理性选择的考虑只能在城市外围寻找租金更
为便宜的地区。在这一机制的作用下，越来越多的外来人口就会集中于城
乡结合部或者是在市区内部由于城市向外扩张所遗留下来的城中村之中。
城中村的形成集中体现了我国城市化进程中新旧体制和新老矛盾错综复杂
地相互交织在一起的状况，但是这一居住形态的存在却在另一方面提高了
城市接纳外来迁入人口的能力，客观上促进了大量农村剩余劳动力向城市
的转移。但随着城市土地价值的开发，这些散落于城市之中的城中村严重
挤占了城市的发展空间，终将难逃被拆迁改造的命运。而在这一过程中，
城中村作为城市进一步发展的障碍被拆除，但是其所承担的一部分社会功
能也随之丧失，大量乡城移民群体和城市低收入阶层的居住空间也被大大

---

① Marcuse P. What's So New About Divided Cities? [J]. International Journal of Urban & Regional Research, 1993, 17 (3): 355-365.

② 据笔者经过公开资料整理发现，杭州市目前实行的是按照年用电量划分三档阶梯式累进加价的政策。其中，第一档电量为年用电量 2760 千瓦时及以下部分，电价不调整，仍为每千瓦时 0.538 元；第二档电量为 2761—4800 千瓦时部分，电价在第一档电价基础上加价 0.05 元，为每千瓦时 0.588 元；第三档电量为超过 4800 千瓦时部分，电价在第一档电价基础上加价 0.3 元，为每千瓦时 0.838 元。农居出租房房东虽然只有一户，但居住者往往有几户、十几户甚至几十户，人口也有十几人至几十人不等。而房东的"一户一表"的用电量普遍超出最高档的 4800 度，因而按照最高档进行计价。因此，房东纷纷自行提高了出租房的电费。

挤压。在笔者调研的过程中发现，除了他们普遍反映的居住条件问题，城中村拆迁改造过程中带给他们生活上的影响也是他们常常抱怨的问题。如一些受访者就说道：

> 现在杭州到处都在搞拆迁搞建设，我们住的这个地方隔壁就正在改造，整个环境脏兮兮的，而且还会影响到交通，每次坐车回家的时候都会在那个地方堵很久，如果是刮大风会很糟糕的，哎哟，尘土飞扬的，下雨天的话路也很不好走。【访谈对象 YM37】

近些年来，城中村改造成为了很多地方政府提升城市形象和积累政绩的重要途径，这些城中村由于城市的向外扩张而往往地处城市中心区域，土地价值和商业开发价值都很高。从政府的角度来看，这些区域的拆迁改造和商业开发不仅能够带来巨额的财政收入和利益回报，也能够成为一些官员引以为傲的样本工程和政治资本；从开发商的角度来看，承接政府的市政改造项目既能够提升企业自身形象也能够获得较好的经济收益；从原住民的角度来看，房屋拆迁改造不仅能够使得自己的居住条件大为改善，而且还有可能获得一笔数目不菲的拆迁补偿款。因此，地方政府、开发商和原住民往往都有很强的驱动力来推进城中村的改造升级，形成了一个皆大欢喜的多赢局面。但是，在乡城移民群体的生存理性和原住民的经济理性的合力作用下，城中村所承担的廉租屋功能越来越被重视，其吸纳了大量乡城移民群体进城务工和生活。① 尤其是像在北京、上海、广州、深圳等外来人口聚集且住房成本较高的大城市中，这一功能所体现出来的作用就更为突出，在城中村居住的外来人口数量常常数倍于本地居民。但是在城中村改造过程中，政府和开发商的工作重点往往集中于城市规划的完善和对于原住民的拆迁补偿上，而数量庞大的城中村实际承租者也即乡城移民群体的住房安置问题往往被一带而过，他们的利益诉求往往被忽视和遗忘。因而，他们就成为了在城中村改造各方博弈过程中唯一的失败者。

---

① 陈哲：《城中村的"空间生产"逻辑——以深圳涌村为例》，朱晓阳、秦婷婷主编，《农民城市化遭遇国家城市化》，北京：科学出版社 2014 年版。

三　籍权统一:制度的约束与赋权的缺乏

从上文卡方检验的结果来看,处于迁移稳定期的乡城移民群体与初始期和发展期的乡城移民群体相比,他们在本地社会的交际圈更为广泛,但同时在子女入学问题上遭遇到困难的可能性更高,且对于维护自身公民权利和对于政府公共服务的诉求更为强烈。而从上文的社会网络分析中我们同时看到,处于迁移稳定期的乡城移民群体与城市社会的互动程度进一步加深,他们参与本地事务的可能性大为增加。在这一时期,他们的社会网络在原有同事、同乡和邻居等范畴的基础之上更多地向本地社会组织、学校老师、本地朋友、政府工作人员等扩展,特别是与学校老师、学生家长、政府教育部门之间的互动显得尤为明显。透过这一社会网络的基本特征,我们可以判断处于这一阶段中的乡城移民群体更加关注子女在城市的受教育问题甚至是更深层次上的入籍问题,其社会网络开始呈现出一种以追求公民权利为主要驱动力的向外发散式结构。这是因为处在迁移稳定期的他们,在城市居住已经经历了很长的时间,拥有了一定规模的本地的社会交际网络,定居城市的意愿大大增加并开始呈现出举家迁移的趋势,因而渴望获得与城市市民相统一的户籍身份和公民权利以实现真正的籍权统一。然而由于现行制度的约束,他们的诉求与体制之间的张力效应不断加剧,他们被赋予的差异化公民身份无法带给他们与迁入地居民同等的市民待遇,特别在户籍准入、住房保障、子女入学等问题上的矛盾尤为突出,其在本质上体现的是公民身份的不平等和政府公共服务的排斥。

(一) 公民身份生成差序格局

公民身份生成差序格局激发了他们对于公民权利的诉求。在迁移稳定期,由于他们在城市的生活更加稳定,他们与城市人的生活理念和行为方式也趋于一致。因此,这一群体会更加注重其在城市长久居住的可能性,也更加渴望获得与城市本地居民一样的公民权利。他们的权利意识及权利主张与处于前两个阶段的迁移群体来说有着明显的增长,他们追求户籍身份与公民权利与城市居民相统一的愿望会更加强烈。这种日益增长的权利诉求对现有地方政府的公共服务和社会治理带来了前所未有的压力。这主要是因为，当前各级政府社会资源的配置仍然是基于户籍人口计算的，因而许多并不具备当地户籍的常住人口往往不会成为地方政府在进行资源配置时的考虑对象。近些年来，虽然很多城市都依据本地的实际情况推出了积分入户政策，给予了在迁入地工作和居住一定年限并符合相关资格的乡城移民群体获得本地户籍的机会。但从本质上说，积分入户制度的推行并没有从根本上解决迁入地政府公共资源的配置能力与乡城移民群体权利诉求日益增长之间的深层次矛盾。正如有学者指出，积分入户虽然体现了一定的社会进步，但其仍在以户籍身份作为能否享受与本地居民同等社会资源和公共服务的衡量标准，只有当移民群体获得本地户籍时才能享受到与城市居民同等的公民待遇。① 因此，中国社会在当前经济改革和社会转型过程中面临着市场经济与社会不平等的矛盾、经济发展和社会发展的矛盾、个人权利与集体（国家及社会）利益的矛盾，这些矛盾的处理和解决与公民身份理论所倡导的社会政策原则密切相关，从而形成了富有中国特色的公民权利制度。②

　　由此来看，户籍政策便成了解决这些问题与矛盾的唯一钥匙。在地方政府看来，追求当地经济的快速增长需要实现劳动力资源要素的自由配置，在这种发展主义政策理念的导向下，政府逐步取消了阻碍城乡之间劳动力自由流动的政策障碍，并形成了居住证制度和积分入户政策来吸引城市经济发展所急需的人才和劳动力资源。在这一过程中，地方政府往往通过设置高门槛和积分换算等方式来"过滤掉"大部分的低层次外来移民群体，只允许少部分外来移民中的精英群体进行落户，这种选择性的吸纳政策导致了城市中出现了基于户口制度和居住证制度的公民身份的差序格局。③ 因此，有学者认为这种公民身份差序实际上体现了地方政府对待户籍制度的一般逻辑，也即通过出售差异化的公民身份来吸引城市经济发展

---

　　① 唐有财：《双重转型、双重张力与流动人口治理框架的建构》，《社会科学》2015 年第 6 期，第 78—85 页。

　　② 王卓祺：《后公民身份与社会权利理论的演进》，彭华民等主编，《西方社会福利理论前沿：论国家，社会，体制与政策》，中国社会出版社 2009 年版，第 50—69 页。

　　③ 吴介民：《永远的异乡客？——公民身份差序与农民工》，《中国社会工作》2012 年第 3 期，第 48—50 页。

所必需的资金、人才和廉价劳动力资源，而无须承担大部分外来迁入人口的劳动力再生产成本。① 对此，有很多学者都批评这种逻辑更符合通过精心设计以追求利害得失的企业行为，有利于地方短期经济效率的提升，却有损于社会公平正义的发展理念。②③④ 在此情况下，乡城移民群体在受访过程中对于户籍制度的优化和改革、对于政府公共服务的准入以及公民权利的获取等问题都十分关心，正如一些受访者认为：

> 我觉得政府的各种政策不要什么都与户籍挂钩，这对于我们外地人来讲很不公平，大家都是一样是中国公民，都是中华民族大家庭的成员，总按照户口出身把人分成三六九等会让人觉得不舒服。【访谈对象 YM32】

当然，对于户籍改革的争论，无论是政界还是学界都进行了很久，这一问题的形成与目前我国城乡发展的不均衡有很大关系。逐步取消附属在户籍制度上的各种不合理的社会福利特权，使户籍制度回归到其进行人口登记的自然属性虽然已经成为改革的共识之一，但是各地政府在执行过程中仍然面临着很多约束条件的制约，其中现行的农村产权制度和财政税收制度就是重要的制约因素。如果各种制度与政策的改革之间不匹配、不衔接，就无法使得改革取得预期的效果。由上述访谈可以看出，他们对于现行户籍制度最主要的不满之处在于子女在城市的受教育权利和异地高考的问题等。

除此之外，也有一些受访者认为户籍制度限制了他们对城市住房保障体系的准入资格。因为随着他们在城市经济融入的加速，处于迁移稳定期的乡城移民群体对于生活质量和居住条件的诉求也往往较高，这些诉求实

---

① 李丽梅、陈映芳、李思名：《中国城市户口和居住证制度下的公民身份等级分层》，《南京社会科学》2015 年第 2 期，第 52—60 页。

② 陈映芳：《权利功利主义逻辑下的身份制度之弊》，《人民论坛·学术前沿》2014 年第 2 期，第 62—72 页。

③ 吴开亚、张力：《发展主义政府与城市落户门槛：关于户籍制度改革的反思》，《社会学研究》2010 年第 6 期，第 58—85 页。

④ Zhang L. & Tao L. Barriers to the acquisition of urban hukou in Chinese cities [J]. Environment & Planning A, 2012, 44 (12): 2883 – 2900.

质上与现有的保障性住房体制密切相关，外地户籍人口在杭州买房只能通过房地产市场的商品房交易来实现，而目前过高的房价给那些家庭化迁移的群体在城市定居带来了巨大压力。根据中国社科院发布的《中国住房发展报告（2015—2016）》，中国目前商品住房的总库存高达21亿平方米，存在明显过剩现象。而国家统计局发布的《农民工监测调查报告》的数据显示，2014年外出农民工购房人口仅占总体人口的1%，这表明乡城移民群体在城市购买住房的潜力还很大。虽然国家为了调控房地产市场，提出了鼓励乡城移民群体进城买房的指导意见，但是相关的配套措施和优惠政策还不明朗。如果乡城移民群体仍旧没有被地方政府列入经适房等保障性住房的供给对象，这种户籍和住房政策上的排斥仍旧会给乡城迁移群体在城市的生活和定居带来很大的不确定性。

由此可见，现有的居住证制度虽然赋予了乡城移民群体在城市居住的合法身份，但其并没有赋予他们真正的公民权利，因此便不能享有附属于户籍制度之上的一些含金量较高的市民待遇，如享受保障性住房政策、随迁子女享受公办教育资源等。如上所述，这两种权利的准入门槛相对较高与迁入地政府财政预算和公共资源配置均以户籍人口数量为基础的财税体制密切相关，只有改变现有的制度设计才能够破解这些难题。但是，一项制度的形成往往具有强烈的惯性并且显示出固化的趋势，现有制度下的既得利益者也往往拒绝进行任何形式的变革和优化，这就导致了目前乡城移民群体的利益诉求与地方政府的制度回应之间生成了巨大的差距，这种作用如果持续存在必将不利于社会各阶层之间的整合，其不仅会影响到迁入地城市居民的日常生活，也会威胁到当地社会的运行秩序。

（二）　龙门一跃囿于制度脱嵌

在社会科学的研究语境中，接受教育是社会成员实现社会化过程中的最重要渠道，教育所具有的社会功能也常常被人们所重视。对于乡城移民这一在社会中相对处于弱势地位的群体来说，他们自身较低的社经地位、学历背景和家庭文化资本都导致其对于下一代的培养有着更高的期望。他们逐渐认识到要想让子女能够摆脱父辈群体的人生轨迹就必须让他们接受良好的教育，这样才有机会在未来实现龙门一跃而使整个家庭拥有实现社会流动的可能。[①] 因此，教育承载的不仅仅是个人社会化工具这一简单的功能，也承载了乡城移民群体改变自身命运的希望，因而其子女受教育权的保障被他们看作是整个家庭向上层社会流动的阶梯。在这种观念和期望的作用下，乡城移民群体选择把子女带到城市接受教育逐渐成为一种常态，尤其是对于那些在城市工作和生活都日渐趋于稳定的群体，让孩子享受城市中优质的教育资源是他们最大的诉求。

　　正如笔者在上述分析中提到，尽管困难重重，他们还是决定让子女在城市读书的原因主要基于两方面的考虑：一方面是出于家庭团聚和家庭关系和谐的因素，减轻家里老人照顾孩子的负担，让孩子们不再成为留守儿童，从而有利于孩子心理的健全和学业的进步；另一方面也是由于我们目前优质教育资源和教育机会在城乡之间、地域之间的分配极不平衡的社会现实，城市学校中的教育条件和师资配备都远远优于农村地区的学校，子女在城市中接受教育进入重点中学和名牌大学的机会也会有所增加。然而，我国现行的学籍管理体制仍然是基于城乡二元的户籍制度建立起来的，随迁子女并不能享受到迁入地政府公办的教育资源，他们在城市入读公办学校和参加高考都面临着制度脱嵌的困境。虽然国务院和中央部委多次发文要求各地要尽力保障流动人口随迁子女在义务教育阶段的受教育权，但受限于迁入地公办教育资源的稀缺性，很多地方政府尤其是经济和教育资源发达的城市纷纷提高了准入门槛，使得一些随迁子女在迁入地接受义务教育依然面临很大的困难。有数据显示，乡城移民群体在城市面临的子女入学问题是他们关心的重大问题之一，约有43%的受访者把子女入托和上学的问题列为最需要本地政府提供的三大基本公共服务之一，大量随迁子女来到迁入地参加义务教育极大地加剧了本地居民与外地人口在享受城市优质教育资源上的冲突，也考验着迁入地政府处理矛盾冲突的能力。[②]

　　对此，杭州市教育部门开始采取一些政策措施来缓解外来人口子女数量众多与本地公办教育资源极其有限之间的矛盾。例如在2003年，教育

---

　　① 卢晖临、梁艳、侯郁聪：《流动儿童的教育与阶级再生产》，《山东社会科学》2015年第3期，第79—87页。

　　② 国家卫生和计划生育委员会流动人口服务管理司：《中国流动人口生存发展状况报告——基于重点地区流动人口监测试点调查》，《人口研究》2010年第1期，第6—18页。

主管部门就要求所有的公办学校接受外来人口随迁子女的入读申请，同时杭州还设立了若干所外来移民子弟学校来解决随迁子女入学难的问题。然而随着越来越多的外地人口选择把孩子带到城市接受优质的教育，公办学校的接纳能力与申请需求相比还显得十分不足，外地户口子女占据了越来越多的教育资源也引发了本地家长的不满。在这一背景中，杭州市于2008 年出台了"三个一年"的准入制度，对处于 6 周岁至 14 周岁义务教育阶段的随迁子女的申请入读公办学校的条件做出了明确限定，即子女家长"在杭州市实际居住一年及以上，同时其父母一方或法定监护人与用人单位签订一年及以上劳动合同或取得工商部门的营业执照，并按规定在我市交纳社会保险一年及以上的"，可以为孩子申请就读公办学校。但是，提交申请过程中需要家长提供的证明材料和文件非常繁琐。

　　例如，教育局就规定申请进入小学一年级就读的随迁子女在报到时，必须提供以下几种材料：一是家庭户籍簿和父母双方身份证；二是父母双方在杭州的（临时）居住证和房产证（房屋租赁证明，需满一年）；三是父母双方或一方在杭州交纳社会保险的凭证（需满一年）；四是父母双方或一方与在杭用人单位签订的劳动合同或工商部门办理的在杭营业执照（需满一年）；五是适龄儿童的预防接种证；六是《独生子女父母光荣证》或户籍地乡镇人民政府（街道办事处）签发的计划生育证明。尽管有着一系列的准入门槛和申请条件，地方政府教育主管部门在接纳乡城移民群体随迁子女入读公办学校的工作上仍然面临很大的压力。截至 2013 年 9 月，杭州主城区小学新生总人数的 42.63% 是外来人口随迁子女。[①] 而且，这一比例明显呈现出逐年递增的趋势，但是公办学校的教育资源接纳能力已趋近饱和状态，教育资源的供给与日益膨胀的需求之间的严重不匹配也加剧了本地人口与外来移民群体之间的矛盾和冲突。为了应对由于教育资源不足引发的一系列管理难题，杭州市已经开始实施乡城移民随迁子女入学网上预登记工作，其主要是希望通过预登记的制度设计来了解这一群体入学需求，从而为教育主管部门统筹优化和合理安排教育资源提供信息支持，避免由于随迁子女流动的盲目性与不可预期性给迁入地的公办教育资

---

① 杭州教育网：《2014 年杭州市区进城务工人员随迁子女小学一年级入学咨询服务指南》，可于 http：//www. hzedu. gov. cn/sites/main/template/detail. aspx?id = 38495 检索，2014 - 04 - 04。

源带来过大压力。

　　除了存在入学难的问题，子女的升学也面临一定的困难，尤其对于那些打算从民办小学进入公办中学读书的子女来说，这一过程并不简单。除此之外，义务教育阶段结束后升入高中的抉择也是一件令乡城移民群体感到头疼的大事。虽然国务院和教育部多次发文要求各地出台关于异地高考的具体办法，但是很多地方政府出于自身利益的考量使得异地高考方案的出台举步维艰，这使得乡城移民群体在做决策时会面临很大的政策不确定性。而各地高考试卷和高中阶段的教学内容也各不相同，如果不能获得在迁入地参加高考的资格，那他们只能选择将孩子送回原籍地接受高中教育。因而对于政府来说，一方面要继续加大对于义务教育的财政投入，中央政府和各级地方政府在进行教育经费的预算时要遵循统筹兼顾的原则各负其责，尤其是要掌握移民群体的迁移规律和迁移方向，从而科学合理地调配教育资源在不同地区的分配；另一方面也要加大对于随迁子女专门学校的投入力度，使其在师资配备和教学水平上逐步缩小与本地公办学校的差距，要加强对于民办学校的监督和管理，取消一些不合理的收费项目以减轻乡城移民群体在子女教育上的经济负担。

　　综上所述，对于那些处于迁移稳定期、在城市生活各个方面都趋于稳定的乡城移民群体来说，他们追求公民权利和公民身份的愿望更加强烈，享受政府基本公共服务的诉求也更为迫切，其集中体现在获取入籍资格、享受住房保障和子女在城市接受公办教育等方面，这些方面也恰恰是实现籍权统一过程中的核心要素。然而由于现行制度的束缚，他们的愿望和诉求与政府的制度设计和政策安排之间存在着难以调和的巨大差距，造成了基于户籍制度和居住证制度的两种公民身份的差序格局，不利于社会阶层的融合和社会秩序的和谐。

四　社会网络特征与多元支持主体

　　从上述对于社会网络特征的分析以及对于网络特征背后的意义阐发可以看到，无论是源于血缘、亲缘和地缘等非正式的社会交际主体，还是基于工作单位、社区、政府、社会组织等正式的社会互动主体，这些主体之间不同的互动方式和互动频率共同编织出了乡城移民群体在城市的不同生活图景。当然，对于社会支持建构的讨论必然也无法离开对于上述各种主体的分析。正如笔者在文献回顾中提到的，社会支持分为先赋型（或称非正式）社会支持体系和后赋型（或称正式）社会支持体系。基于血缘、亲缘和地缘的先赋型社会支持稳定性和持久性虽然不如后赋型正式社会支持，但是其往往能够发挥立竿见影的效果，尤其是在他们遇到物质和情感上的困境时的支持效果更为明显。在我国农村劳动力向城市迁移的初期，就有研究发现在这一群体的社会支持网中，有六成以上的仍然是居住在城市里但同样持有农村户口的群体，这种状况表明乡城移民群体的社会生活场虽然发生了变化，但并没有从根本上突破其以血缘、地缘关系这些原有社会关系为纽带的社会网络边界。① 这种社会支持网的规模比较小，不仅小于城市居民，甚至也小于农村居民，网络的紧密度也低于农村居民，趋同性较强。②

随着城市公共服务体系的完善和多元社会力量的介入，乡城移民群体对先赋型社会支持的依赖程度应当有所降低，正式的制度性多元社会支持才应该成为解决乡城移民群体社会融入的根本途径。如朱考金和刘瑞清就认为农村青年移民群体在工作的获得途径上，已经呈现出对非正式的初级关系依赖性降低的趋势，而他们自身人力资本禀赋所发挥的作用则进一步得到提升，这种趋势最终减弱了先赋型非正式社会支持网对于他们在城市求职的作用。③ 在经济支持中，这一群体仍然更多地依赖于血缘、亲缘关系以及同乡、朋友等扩展型的初级社会支持网络。而在困难支持方面，有超过五分之一的乡城移民有过向政府相关部门寻求帮助的经历，这说明正式的社会支持网的作用开始显现。因此，在一个具有较高社会包容度的社会中，先赋型的社会支持网只能对乡城移民的城市社会融入起到辅助补充的作用，多元社会主体的正式支持才应该成为学术界探讨的重点，主要包括政府、社区、用人单位和社会组织四大类主体。

---

① 李培林：《流动民工的社会网络和社会地位》，《社会学研究》1996 年第 4 期，第 42—52 页。

② 王毅杰、童星：《流动农民社会支持网探析》，《社会学研究》2004 年第 2 期，第 42—48 页。

③ 朱考金、刘瑞清：《青年农民工的社会支持网与城市融入研究：以南京市为例》，《青年研究》2007 年第 8 期，第 9—13 页。

（一）政府的支持

各级政府部门应当是乡城移民群体最重要的社会支持主体，这种支持作用主要体现在各个职能部门工作的推进、相关法律规定和社会政策的出台等方面。如张岳红（2012）认为政府的工作重点应该放在优化制度建设，消除制度壁垒等方面，包括户籍制度、人口迁移制度、就业制度、教育制度、社会保障制度等。这就要求政府的法律制定和决策部门必须赋予乡城移民群体与城市居民享有平等权利的主体资格，保证基本公民权利的人人平等；劳动就业和社会保障部门要承担相应的职责，向这一群体提供就业服务、职业培训和社会保障；各级工会组织也要完善针对乡城移民群体的法律援助体系，提供法律咨询服务和维权帮扶服务等。具体来说，政府可以在以下几个方面发挥重要作用：

第一，制度壁垒的消除。制度性壁垒的形成源自于政府的政策，而打破这一壁垒也势必要依靠政府政策理念的调整与转变。政府应该在社会倡导公平公正的准则来消除针对乡城移民群体的制度性排斥和歧视性政策，使他们能够享有基本的公民权利和平等的市民待遇。如学术界的很多研究都提到户籍制度是主要的制度壁垒，因为这一制度从微观上讲代表了个人工作能力水平、就业地位，从宏观上讲也决定了城市公共服务的供给，因而是决定当今个人能够享有多少社会福利的关键因素。[①] 在现有的户籍制度下，各地方政府所设定的户籍门槛的高低与其对当地市民福利增长的重视程度呈现正相关，只有户籍制度的优化改革，以及在全国范围内推进社会保障项目的城乡统筹与教育机会及资源的公平分配才能够逐步消除现有制度壁垒对乡城移民群体的排斥效应。[②] 当然，这一循序渐进的改革也需要各地政府的相互协同与合作，因而有学者认为在区域协同化程度较高的长江三角洲地区可以作为探索户籍改革的试验区，提出要在户籍改革的过程中突出跨区域统筹的全局战略，因为户籍改革的关键点就是要消除附加在户籍制度上的相关社会经济政策，也即逐步剥离附加在户籍

---

① Solinger D. J. Citizenship issues in China's internal migration: Comparisons with Germany and Japan [J]. Political Science Quarterly, 1999, 114 (3): 455－478.

② 汪立鑫、王彬彬、黄文佳：《中国城市政府户籍限制政策的一个解释模型：增长与民生的权衡》，《经济研究》2010 年第 11 期，第 115—126 页。

制度上的各种社会福利，只有迁入地政府之间的协同合作才能够逐步达成共识以推进改革的进程。① 如果只是取消户口登记簿上的"农民身份"和"市民身份"的称谓差别，而没有取消与户籍身份相关联的各种差别待遇的话，其实质上也并不能消除户籍制度的歧视。因此，户籍制度的改革要与地方经济发展和财政税收等一系列政策相配套，是一项繁杂的系统性工程。

第二，职业培训和帮扶。由于乡城移民群体在整体上来说人力资源禀赋较低，针对他们的教育和职业技能培训是提升其社会资本的有效方式。政府应当从长远考虑，保证教育资源向农村地区倾斜，不断加大对农村地区的教育投入，提升农村劳动力的受教育程度，确保他们在迁入城市之前就能够拥有城市劳动力市场所需要的基本素质。同时，政府在对乡城移民进行职业技能培训方面相比企业和市场主体来说具有更大的优势，因为政府一方面能够对劳动力市场信息进行准确地把握，从而保证劳动力资源配置的最优化；另一方面政府资源的投入也能够减轻用人单位和乡城移民个人的培训成本，能够带来经济和社会效益的双赢。因而，政府应该成为乡城移民教育培训工作的主要推动者，政府部门除了提供培训资源和定期调查并公布劳动力市场供求状况、就业市场信息之外，还要加强对培训工作的督促和服务，包括对培训计划的落实情况、培训经费的到位和规范使用情况、政府培训项目的效果评估，以及对于各类市场主体教育培训机构的督促和检查。②

第三，舆论和文化引导。社会文化与环境对社会成员的社会参与和社会认同会产生一定影响，政府部门也应当在社会舆论中倡导社会包容的理念，摒除社会对于外来迁入群体的歧视与偏见。如政府可以通过兴建公共图书馆的方式在公共文化空间的构建上发挥积极作用，这一举措能够为乡城移民群体提供文化知识获取的渠道，同时它还为该群体提供了社会交往的机会与空间，大家基于共同的兴趣爱好相互沟通，增强了彼此之间的社会信任，固然有利于增强乡城移民群体对城市的归属感和社会共

---

① 樊士德、严文沁：《长三角地区流动人口户籍政策评价与前瞻》，《江苏师范大学学报（哲学社会科学版）》2015 年第 4 期，第 96—103 页。

② 郭亚非、鲍景：《入城农民工就业培训中政府角色定位分析：以云南省调查为例》，《学术探索》2006 年第 3 期，第 23—27 页。

同体意识。① 此外，政府也要采取积极措施防止"移民群体文化"与城市中的其他主流文化的冲突与对立，防止这种"断裂文化"对社会关系带来的负面影响。② 因此，政府应当创造条件鼓励多元文化在社会中建构起来，其要义不在于让外地人融入城市，而在于消除文化中心主义和地方偏见，从而在社会中创造一种互相包容、互相尊重、互相学习、共生共荣的文化环境。

　　当然，我国国情的复杂性和地域的差异性使得政府在统筹考虑乡城移民群体的社会支持时常常面临着各种各样的约束条件，政府层面对于乡城移民群体的社会支持还存在很多亟待解决的问题。因此在这种情况下，乡城移民问题的解决需要迁入地政府和迁出地政府的共同配合，尤其是涉及制度衔接和规范统一等具体的操作性问题时，这种协调配合就显得更为重要；同时要注重制度建设的前瞻性和时效性，改变以往以临时性、补救性为主的制度体系，相关政策的出台必须经过严格的科学论证和正式的行政程序；优化同级行政部门之间的权力配置，加强政策的针对性和执行力，减少行政成本的同时提高服务的质量和效率等。

（二）社区的支持

　　虽然政府要责无旁贷的担负起为乡城移民群体提供社会支持的主体责任，但仅仅依靠政府一方的行动时常难以达成有效成果。街道或社区作为乡城移民群体与社会互动的桥梁，能够成为社会支持体系建构中的理想主体，因为社区是乡城移民群体在城市居住和生活的基本单元，与这一群体的日常生活联系最为密切，同时也是各种社会资源和服务的集聚地，在社区层面开展针对乡城移民群体的社会支持服务有助于增加社区成员之间的相互信任，培育他们的社区共同体意识，进而增强他们对城市社会的心理认同感。③ 基于这些优势，以社区为基础构筑对乡城移民等社会弱势群体

---

　　① 夏国锋：《城市文化空间的再造与农民工的社会融入——以深圳市农民工公共图书馆建设为例》，《江西师范大学学报（哲学社会科学版）》2011年第2期，第14—18页。

　　② 张乐天：《超越断裂文化，建构多元文化——对进城农民工人际传播研究的一点思考》，《华东理工大学学报（社会科学版）》2007年第3期，第76—78页。

　　③ 张友琴：《社会支持与社会支持网——弱势群体社会支持的工作模式初探》，《厦门大学学报（哲学社会科学版）》2002年第3期，第94—100页。

的社会支持体系也显得愈发重要。

第一，大力发展社区社会工作。社区工作是社会工作的一种模式，其主要是指依靠社区成员的力量发掘社区资源，拓展社区功能以解决社区共同面临的风险和问题。社区工作可以成为对社区内部弱势群体给予社会支持的一个渠道，通过这一专业工作模式在弱势群体家庭和社区之间搭建一个支持平台，使家庭和社区能给弱势群体个人以持续不断的帮助。① 社区社会工作者的最大优势在于需求评估和服务提供上，例如他们可以通过社区调查或者个案走访的形式倾听对象群体的愿望表述以评估其社会利益需求，了解对象群体目前主要的融入障碍，并且评估社区管理和服务在回应上述问题时有哪些缺陷和不足，从而协助社区相关政策的优化和实施。② 此外，社区社会工作的专业服务模式也可以介入到各类社区服务机构中，发挥它们在动员社会资源、提供职业介绍、专业心理辅助和法律援助等方面的优势，提高社区服务内容的多元化和质量水平，同时也可以协助社区管理部门培育乡城移民群体中的志愿者群体和骨干力量，带动全体社区成员参与社区公共事务的管理，实现社区自治。

第二，注重社区能力建设。社区能力一词常常与讨论贫困、社会排斥等议题联系起来，其作为一种有效的政策手段能够提升居民个人或集体的本地生活质量和社会融入。③ 基于这一视角，加强社区能力的建设可以成为解决城市外来人口社会融入问题的有效措施，社区建设的主体是社区整体和居民个人，建设的内容涉及社区组织的服务递送能力、社区资源的动员能力、社区自我发展的能力，等等。具体措施包括通过社区管理理念的更新以强化社区服务意识，从而做到有针对性地为乡城移民群体提供基本公共服务，并将其纳入社区公共服务绩效评价体系以保证服务的高质量和可持续性；通过建立各种文体社团组织和行会组织引导乡城移民群体参与社区建设和文化共融；通过建立各种互助平台和组织为乡城移民群体提供

---

① 陈世伟、周凯艳：《论中国社会转型期对弱势群体的社会支持》，《北京工业大学学报（社会科学版）》2005 年第 3 期，第 66—69 页。

② 高春凤：《城市流动人口的参与式社区管理》，《理论导刊》2011 年第 4 期，第 41—42 页。

③ Easterling D., Gallagher K. & Drisko J., et al. Promoting health by building community capacity: Evidence and implications for grantmakers [M]. Denver, CO: The Colorado Trust, 1998.

多元、普惠的社区服务；通过培育社区精英引导乡城移民群体自我发展和自我增能，增强他们的城市主人翁意识；通过社区网络的构建扩大乡城移民群体的社会交往范围，增加他们与本地居民的互动频率，提升其在城市中社会资本的积累等。①

第三，建设移民社区。移民社区往往是工程移民和跨国移民研究中的重要领域。美国城市社会学家帕克曾经指出，大多数城市新移民来自于农业社会，他们原来的生活可以通过家族网络和乡绅关系的机制加以管理和确定。而城市中缺乏这一机制，移民群体需要根据自身需要和理性选择组织自己的生活，这对于大多数移民个体来说是一个极大的冲击。而在移民社区中，共享的生活基础设施以及互助和福利性组织能够为移民群体在城市的生活带来极大的便利，久而久之，移民社区内部成员之间就能够形成一种相互独立又相互依存的共生关系，这种关系可以有效缓解陌生环境对新移民群体生活适应所带来的冲击。② 如果移民对新社区生活服务设施、居住环境和人际关系等方面的适应性较高，则有利于促进新移民对当地社会的融入。③ 因此，移民社区可以成为连接农村和城市环境的桥梁，是乡城移民群体在新的城市环境中重要的精神依托，因为他们大都拥有相似的生活经历和社会经济地位，能够依托移民社区实现社会资本的转移、重建与充实，缩小与城市本地居民之间的差距与隔阂。④ 从这个意义上说，在外来移民大量聚集的城市中发展移民社区将可能是一个有效途径，其能够让移民个体通过这一社会平台尽早融入城市社会，而社区本身也应该探索多种服务方式，为新来者提供食宿等基本生活条件，同时也要向他们介绍工作信息和城市生活方式，提供生活基础设施和交流互助平台，为移民群体适应城市生活打造一个过渡性的学习和适应场所。

① 徐延辉、罗艳萍：《社区能力视域下城市外来人口的社会融入研究》，《社会科学辑刊》2015 年第 1 期，第 28—35 页。

② Park R. E. & Miller H. A. Old world traits transplanted [M]. New York：Amo Press，1969.

③ 苗艳梅、雷洪：《对三峡移民社区环境适应性状况的考察》，《华中科技大学学报（社会科学版）》2001 年第 1 期，第 76—80 页。

④ 吴太胜：《乡—城移民的融入诉求与地方政府回应——以 T 市乡—城移民的城市融入境遇为例》，《行政论坛》2013 年第 2 期，第 86—91 页。

（三）社会组织的支持

与政府部门和社区相比，非政府组织和社会民间力量参与乡城移民社会支持的建构具有一定的资源优势，使他们能够在经济上受益，并能促进他们的政治和社会参与进程。这些优势包括：具有强大的社会资源动员能力，这些资源能够有效弥补政府或社区资源和财力支持不足的情况；具有执行效率高和易于进行社会创新的优势，因而能够通过竞争机制和创新实践来为其他社会主体参与社会管理和服务起到示范作用；具有组织体制灵活多变的优势，能够轻松因为外界环境的变换以及对目标群体的多样化需求做出应对等。①② 这些优势决定了社会组织能够而且正在成为对乡城移民群体构建社会支持的中坚力量。如蔡旭昶等认为社会组织能够在教育培训、公共服务、志愿活动、利益协调以及扩大民主参与等方面对乡城移民群体提供有效的社会支持，通过社会组织实践工作的开展能够化解乡城移民群体与本地居民的矛盾冲突，也能够在社会中传播社会共融的思想文化，满足这一群体在物质生活和精神文化的多方面需求。③ 由此，发挥社会组织在乡城移民社会支持中的作用，是创新社会管理及应对社会问题的新趋势，能够有效减轻政府进行社会管理的压力。具体来说，社会组织可以在以下几个方面对乡城移民提供社会支持的过程中发挥积极作用：

第一，提供文娱和培训活动。社会组织常常通过组织优势把志同道合的乡城移民群体聚集到一起来加强彼此之间的交流和沟通，并通过定期举办一些文化娱乐活动丰富他们的精神文化生活，从而以达到释放心理压力、提升城市生活满意度的效果。④ 此外，还有一些社会公益组织致力于对新进入城市工作的乡城移民群体进行针对性的文化知识和就业技能培训，从而帮助他们提升其在劳动力市场中的竞争力。如深圳市"小小鸟"

---

① Salamon L. M. The rise of the nonprofit sector [J]. Foreign Affairs, 1994, 73 (4): 109 - 122.

② 陈世伟、周凯艳：《论中国社会转型期对弱势群体的社会支持》，《北京工业大学学报（社会科学版）》2005 年第 3 期，第 66—69 页。

③ 蔡旭昶、严国萍、任泽涛：《社会组织在流动人口管理服务中的作用——基于浙江省慈溪市和谐促进会的研究》，《经济社会体制比较》2011 年第 5 期，第 199—205 页。

④ 唐晓容：《社会组织：农民工福利供给的新主体》，《山西农业大学学报（社会科学版）》2011 年第 7 期，第 661—665 页。

这一组织就依托于城市的社区平台为这一群体提供就业信息咨询、就业技能培训和职业安全教育等方面的专业化服务。截至 2012 年年底，该社会组织已经累计为 26 万多人提供了来电和来访的服务，举办各类培训讲座活动 250 多次，并成功帮助了超过 4.3 万乡城移民群体找到工作岗位。[①]同时，社会组织提供服务的内容还可以包括向乡城移民群体提供免费的计生服务、电脑培训服务、心理咨询服务等，并可以通过成立基金会的方式向大众媒体招募社会资源，为那些生活困难的群体提供相应的社会救助，这种支持方式能够有效提升特定对象在城市生活的适应能力。[②]

第二，提供法律维权与帮扶。社会组织也常常在法律知识培训、普及法律意识、提供法律咨询等方面开展工作，避免他们因法律意识和专业知识的缺乏而导致自身利益受损。近些年来，我国珠三角地区就先后成立了50 多家针对乡城移民群体的法律维权型社会组织，这些组织通过对他们进行免费的法律培训，既增进了他们的权利意识，也增强了他们合法维权、理性维权的可能性和行动能力。在这些组织中，如珠江工友服务中心、深圳当代社会观察研究所等，都把提高乡城移民群体的公民意识、权利意识和法律意识作为组织工作的中心内容，这些组织常常设有专职的法律工作人员，通过向对象群体宣传劳工法律指引、维权指南等方式传播法律知识，还通过定期聘请大学讲师和法务工作者来为他们进行专门的法律权利和维权途径的讲解。[③]

第三，针对移民子女的辅导和教育。社会组织也常常利用自身独特的资源整合能力来为随迁子女群体提供辅导和教育。各类社会组织不仅能够通过各种渠道获取较多资源，而且还能够整合各种社会资源，为社会力量参与随迁子女群体的教育支持提供平台，能够促成政府、企业、志愿团体和公益人士间的相互协作。[④] 在这些社会组织中，东莞市横沥镇隔坑社区

① 王飞：《社会组织依托城市社区促进农民工市民化分析：以绵阳市与"小小鸟"为个案》，《福建农林大学学报（哲学社会科学版）》2015 年第 18（2）期，第 78—82 页。

② 钟涨宝、李飞：《非政府组织与农民工社会支持——基于青岛、深圳、东莞的调查》，《社会工作（理论版）》2008 年第 9 期，第 41—44 页。

③ 杨正喜、朱汉平：《劳工 NGO 对农民工权益保障的价值和限度》，《西北人口》2012 年第 6 期，第 50—54 页。

④ 张兴杰、杨正喜：《非政府组织对流动农民工子女教育的支持——以广东省东莞市横沥镇隔坑社区服务中心为例》，《西北人口》2010 年第 2 期，第 36—40 页。

服务中心就是一个典型的例子，其通过招募 100 多名来自中山大学、华南农业大学等高校社工专业的大学生志愿者为这些孩子们提供专业的学习和心理辅导。此外，社会组织能够作为专业的第三方能够承担政府委托的管理和评估职能，如上海浦东新区的东方教育评估事务所就根据政府教育部门的委托合同对辖区内 20 多所学校建立了学生学籍信息库，在规范学校的安全、教学、德育和卫生等工作制度方面起到了指导和监督的作用。同时，该组织也定期举办针对校长和家长的专题培训和辅导讲座，提高这些学校的办学理念和办学水平，督促家长配合学校的相关工作来共同做好随迁子女在城市的受教育工作。[①]

（四）用人单位的支持

用人单位是乡城移民群体在城市工作直接要面对的社会主体，也是他们在城市社会经济地位的重要体现。由于城乡二元制福利结构所带来的制度惯性，很多乡城移民群体在城市工作都遭受过一些用人单位的歧视，甚至是合法利益的侵害。比如根据广东省的一项调查报告显示，2009 年乡城移民群体在城市工作签订劳动合同的只有 61.6%，遭遇过工资拖欠的占比 7.1%。[②] 由此，用工单位作为与乡城移民群体最直接的利益相关者，应该积极响应政府的号召，为引导这一群体融入城市社会承担起相应的责任。

第一，遵守法律规定。针对目前用人单位出现的工资拖欠、劳动合同不规范、社会保障责任逃避等普遍性问题，学术界展开了大量的研究，呼吁用人单位要承担相应的社会责任和法律责任，对乡城移民群体给予一定的支持。如郑功成认为市场经济不能发展成为自私经济，必须向法制经济、诚信经济甚至是道德经济迈进，这就要求企业、雇主等市场行为主体要依法履行社会责任，倡导企业与雇主理性经营和人道管理，至少要做到奉公守法和严格自律，自觉承担起自己应负的责任，从根本上杜绝拖欠工

---

① 黄剑波、成功：《市场、社会、国家与流动人口子女的教育——以浦东新区的民工子弟学校为例》，《青年研究》2005 年第 8 期，第 1—10 页。

② 全国总工会课题组：《关于新生代农民工问题的研究报告》，《工人日报》2010 年 6 月 21 日。

资等侵权行为的发生。[①] 张岳红认为，用人单位首先要严格遵守《劳动法》等相关法律和法规，必须按照法律的规定和程序进行人员招聘，在招工过程中要杜绝地域歧视现象，要与劳动者签订正规的劳动合同以及足额缴纳相应的社会保险。同时也要逐步建立工资增长机制，从而推动乡城移民与企业其他职工的同工同酬。此外，企业还要为高危行业的工种建立安全保护措施和预防机制，强化在职业病防护和安全生产方面的培训教育等。[②]

第二，培育企业文化。优秀的企业文化是企业核心竞争力的重要体现，其能够显著地改善劳资关系，实现员工自我价值的提升，而在企业中培育有利于乡城移民群体企业认同和社会认同的企业文化，也是对其构建社会支持体系的重要一环。俞烨认为在大量招收乡城务工人员的企业内部通过对优秀工作者事迹的宣传，鼓励他们之间相互学习以不断提高自身的业务素质，有利于他们培养良好的学习习惯并形成一种积极乐观的价值观来面对生活。这种对于他们自我实现需要的满足能够激发他们在工作中做出更大的贡献。[③] 据此，用人单位可以设立一个专职部门来负责企业文化的建设，保证企业文化具有执行力的同时，把企业文化与企业长期发展战略相结合，让乡城移民群体感受到企业和城市的人文关怀。同时，乡城移民群体在企业的劳资关系中之所以处于弱势地位，主要是因为他们缺乏能够代表自身利益诉求的工会组织，因此工会组织应该在企业文化建设过程中发挥更多作用，吸引更多的务工者加入工会组织，在为他们利益进行代言的同时积极在企业中倡导包容和谐的企业文化，消除各种文化歧视对于乡城移民群体融入城市的影响。[④]

---

① 郑功成：《解决农民工工资拖欠问题需要多管齐下》，《中国党政干部论坛》2004 年第 5 期，第 20—22 页。

② 张岳红：《新生代农民工融入城市的社会支持系统探析》，《经济研究导刊》2012 年第 6 期，第 121—123 页。

③ 俞烨：《企业文化与新生代农民工城市化问题研究——以福建省福州市为例》，《中共济南市委党校学报》2013 年第 6 期，第 54—58 页。

④ 杨风、李兴家：《论工会在推进新生代农民工城市融入中的作用》，《北京市工会干部学院学报》2014 年第 4 期，第 27—30 页。

本章小结

　　本章从对三个迁移阶段中乡城移民群体社会网络特征的深入剖析出发，探索了他们在社会网络表征背后的生活困境。在刚刚迁入城市的初始阶段，他们要承受由于物理居住空间的转换带给他们城市生活的压力，经济生产场域的转换使他们在城市的求职之路充满艰辛，社交网络的重构使他们与本地社会缺乏互动，而制度体系的变迁则使他们享有城市社会保障制度的成本大为增加；当乡城移民群体逐渐步入迁移发展期之后，他们便开始寻求能够在城市站稳脚跟的可能。此时，他们在城市的工作已趋于稳定，有了一定的经济能力来对在城市的生活质量和居住条件提出要求，但是大城市中高昂房价所产生的驱离效应迫使他们不得不在住房质量和住房成本之间做出平衡，频繁地更换居住场所也大大增加了他们的生活成本。此外，作为城中村实际承租人的他们，却往往在拆迁改造中的利益博弈中处于绝对的弱势地位，更不利于他们在城市的定居和安居；而处于迁移稳定期中的乡城移民群体则对于改变目前公民身份差序格局的期望更加强烈，因而享受与城市市民无差别的基本公共服务是他们在城市生活中最大的利益诉求，具体体现在子女入学、户籍准入、住房保障等方面，因此对其进行赋权应当成为社会支持体系建构中的核心议题。基于上述讨论我们看到，政府、社区、用人单位和社会组织等多元社会主体能够针对不同迁移阶段中所展现出来的不同困难诉求发挥不同的作用，那么，多元主体之间具体应当如何协同才能更好回应乡城移民群体社会网络关系和生活诉求的阶段化差异，将成为笔者接下来讨论的重点内容。

第六章　基于迁移阶段划分的乡城移民社会支持模式建构

　　在多元社会主体的讨论中，不同的社会支持主体所能够发挥的作用各不相同，由此，它们之间如何协同合作来应对不同迁移阶段中乡城移民群体的不同诉求就成为了本章讨论的重点议题。在上文的分析中，无论是笔者对乡城移民迁移阶段的界定与划分，还是对于迁移三阶段中乡城移民的社会网络和生活困境的剖析，都是为本章从差异化和阶段化的视角来讨论社会支持模式的建构奠定事实依据和逻辑基础。笔者经过对于乡城移民阶段化差异的刻画和阐释，结果发现随着他们在城市居住时间的延长，他们在城市的社会网络会愈加丰富，与此同时，其所遭遇的生活困难和障碍也会有所增多，受到制度性约束的制约也会越来越多。这种阶段累进式的差异化特征决定了对其社会支持的建构也必须要具有灵活性和针对性，一概而论式的讨论和分析不利于我们认识乡城移民迁入城市过程中的阶段差异，也不利于社会支持体系建构的科学和精准。

　　由此，本章将基于上述研究发现来讨论针对不同迁移阶段中乡城移民群体的社会支持应当如何有针对性地予以建构；政府、社区、用人单位和社会组织等多元社会主体之间应该如何发挥协同治理的作用来促进乡城移民群体的社会融入；在不同迁移阶段中，哪些社会主体能够发挥最大的社会支持作用；随着迁移阶段的变化，社会支持主体是否也要随之发生相应的变化等问题。同时，本章也将会以杭州市的三个案例为基础来讨论不同社会支持模式在实际运作中的有效性。

一　初入城市期：以企业—社区协同
为中心的社会支持模式建构

（一）模式建构的讨论

社会网络分析的结果显示，对于那些处于迁移初始期乡城移民群体来说，初入城市高昂的生活成本促使他们迫切需要找到一份安稳的工作和一个相对稳定的居住环境。从这个意义上来看，工作场所和居住场所自然成为他们在城市生活中的主要场域，而用人单位和居住社区自然也就成为了与他们日常生活联系最为密切的两个社会主体，其应该能够为处于迁移初期的群体提供社会支持方面发挥重要作用。

（1）企业责任的履行与企业文化的培育

企业单位曾经是我国在计划经济时期重要的福利供给来源，因而形成了具有中国特色的"单位福利制度"，其是指福利安排和服务提供主要以工作单位为基础的福利政策模式。在这一模式中，用人单位的性质类型、行政级别、资源多少、规模大小千差万别，这些差别也决定了员工的福利待遇与生活状况（路风，1989）。因此，在这一传统社会主义国家的福利意识形态下，用人单位按照国家的生产计划将适龄劳动力招聘进来进行工作，没有劳动力自由竞争和双向选择的市场机制，因而劳动者进入单位后几乎没有机会进行职业流动。在这种状况下，用人单位向职工提供福利性住房或集体宿舍，创办学校向职工子女提供教育，创办卫生所向职工提供医疗卫生服务，单位内部的群团组织也时常举办各类活动丰富职工的精神文化生活。这种单位福利制度是我国在计划经济时代为职工提供社会福利和社会支持的主要制度性安排。

而由于受到户籍制度的严格限制，农村剩余劳动力很难进入城市劳动生产部门中工作并享有这一基于单位制的福利制度安排，从而进一步形成了城乡二元的福利结构。这种二元社会结构的主要特征是，少数市民是"城市贵族"，多数农民是"二等公民"，"城乡分治"和"一国两策"使得户籍成为了确定公民身份和能否享有福利权利的最主要标准。① 随着经

---

① 陆学艺：《三农论：当代中国农业、农村、农民研究》，社会科学文献出版社 2002年版。

济制度的转型、市场机制的完善、户籍制度的改革和社会保障项目的推行，城乡二元的福利结构正在被逐步打破，城市中的用人单位在向职工提供社会福利方面的功能已经被逐步剥离，用人单位向职工提供社会支持方面的作用因而被大大弱化。与此同时，随着劳动力市场的进一步开放和人口管制政策的松动，大量来自于农村地区的劳动力进入城市打工就成为了可能。

为了回应上述诉求，企业首先要保证做到法律要求之下的分内之事，履行基本的社会责任和应尽义务，包括按时足额发放工资，按规定为员工缴纳"五险一金"等。这些工作虽然看起来是循规蹈矩的事务，但其实际上承担了用人单位在原有单位福利制中的福利责任，是国家推行普惠性社会福利制度中的重要一环，也是乡城移民群体公民权利在社会福利方面的具体体现。有了稳定的工作岗位和基本的社会保障，才能够形成融入城市社会的物质基础。其次，企业在招工的过程中要给予他们更多的人文关怀，通过网上发布招聘信息、举办专题招聘会、老员工推荐等多种方式来降低他们在城市求职的成本。员工入职之后也应该加强对其业务素质和职业技能上的培训，其不仅有利于企业劳动生产率的提高，也有利于员工人力资本禀赋的提升，从而实现双赢。最后，用人单位也应该积极培育具有包容性和感召力的企业文化，尤其是对于那些外来务工者占比较大的单位来说，更要善于利用党支部、工会、团委等党群组织在调节劳资关系方面的优势，积极整合内部资源的同时拓展与其他社会主体的合作，为外来员工开展公益和帮扶服务，也要定期举办文体活动增进企业内部员工之间的凝聚力，把塑造企业的文化竞争力作为一项制度建设长期坚持下来。

（2）社区治理的创新与社区工作的开展

社区这一概念最早起源于社会学家斐迪南·滕尼斯，他在其名著《共同体与社会》中提出了社区这一与社会相对应的概念，认为社区是基于血缘、邻里和朋友关系建立起的人群组合，成员内部之间拥有相似的风俗习惯和价值信仰。然而随着城市中社会结构的变迁和人口流动的频繁，社区成员间流动性和异质性的特征正在被凸显出来，社区的结构和功能也正在发生变化。在我国，社区一词自20世纪80年代被广泛使用以来，就产生了基于多种视角和背景对社区的研究和界定，但无论如何，社区的两大核心特征即地域性和共同体性是不能够被忽视的。① 因而，在这一研究语境中去讨论社区的功能就会使得社区管理和社区服务自然成为焦点议题，因为地域性强调的是社区与外部社会的互动，需要通过社区管理职能的发挥来保证社区与外界的良性互动；而共同体性所强调的是社区内部子系统之间协调配合，需要社会服务来强化社区文化以维系这一生活共同体的存在。

　　进入 21 世纪以来，随着我国社会转型的加剧和社会阶层的流动，以及单位福利制度的逐渐瓦解，社区在公共服务和社会福利的递送过程中逐渐发挥着更大的作用，从强调单向度的"管理控制"向"服务和管理"两大类功能转变，即既要为社区居民提供日常生活需求服务、就业服务和社会保障服务，也要配合上级街道部门承担起人口流动管理、基层舆情监测和社会控制等的职能。② 因而，社区在当今时代已经不仅仅是城市居民聚集的基层单元，更是政府加强社会管理和强化社会服务最重要的纽带。通过社区纽带作用的发挥，基层的舆情和利益诉求就能够被政府部门及时捕捉并做出反馈，而政府对于公民的基本公共服务也能够通过社区这一组织形态实现向基层民众的下沉。

　　当然我们也必须认识到，社区并不是一级政府组织，所以其本身并不具备丰厚的社会资源进行再组织和再分配，这就决定了社区必须设法提高自己整合资源的能力来强化社区服务，而不单单只是被动地配合上级政府和街道的工作安排。由于社区工作的直接服务对象是辖区内的居民，而居民的日常生活也必须与辖区周边的物业公司、企业和社会组织等进行互动。这些互动关系的广泛存在，要求社区还要肩负起资源整合和各方利益协调的作用，从而更好地为本社区的居民服务。因此，社区在公共服务和福利供给方面所发挥的主体作用正在变得难以替代，这种作用不仅表现在社区已经成为以政府为主导的自上而下的福利服务供给链上的直接投递者，也表现在社区正在从依附于政府部门而走向"自治"，并与其他多元社会主体合作而成为独立的服务供给主体。

　　笔者认为，社区在为那些刚迁入城市的移民群体提供支持的过程中要

---

① 丁元竹：《社区的基本理论与方法》，北京师范大学出版社 2009 年版，第 3 页。
② 韩超：《我国城市社区功能研究》，《法制与社会》2013 年第 2 期，第 215—216 页。

强化以下几个方面。首先，要注重对于他们的信息采集和日常管理，尤其是对于那些外来人口聚集的社区来说尤为重要。初入城市生活的群体往往采取与别人合租的形式在社区居住，如果房屋所有者或业主没有及时把这一信息反馈给社区，那么社区就很难掌握这一群体的基本情况和主要需求，针对其服务和支持体系的构建就会面临很大困难。因此，他们的流动性特征往往给社区的日常工作带来很大的困难。社区一方面要探索建立一种与房东/业主的信息沟通交换机制，鼓励他们把自己物业单元内的人口流动情况及时反馈给社区来备案；另一方面要在条件允许的情况下通过一些技术手段（如定期更新的社区门禁系统）来加强对人员出入的控制，增加社区安全性的同时也可以实现对新搬入外来人口的管理。

其次，社区要加强对于外来迁入人口的需求评估并有针对性地展开服务。从对上述访谈资料的分析中我们发现，刚刚迁入城市不久的乡城移民群体在本地的社会交往十分有限，日常生活也较为枯燥单调。这一特点决定了社区在对他们进行日常管理的同时还要强化对于他们精神文化生活上的服务，包括为他们搭建彼此之间相互沟通和交流的平台，既可以是基于网络通信技术的虚拟平台，也可以定期举办主题交流活动来加深他们相互之间的了解。这些平台的搭建和活动的开展不仅仅是培育社区文化的有效手段，也可以为他们社会网络的拓展提供支持。在一些社区，这些移民群体在社会的倡导和支持下成立了各种基于兴趣和爱好的自治组织和团体，通过各类文体活动的开展以丰富他们在城市的生活，提升他们在社区和城市居住的满意度。

最后，社区应该积极配合政府部门做好外来迁入人口的管理和公共服务递送工作。由于那些处于迁移初始期的移民群体对于自己在城市未来的工作和规划都充满了较大的不确定性，很多人都表达了自己对于日后更换工作过程中可能产生的社保关系转接难题的忧虑，并认为目前繁琐的社保报销手续降低了这些保障项目的可用性。虽然社会保障体系目前还存在着诸多亟待完善的地方，但是其在应对社会风险和保障社会成员基本生活方面依然发挥着不可替代的作用。社区相关职能部门要向他们积极宣传现代社会保障体系的重要意义，做好咨询和服务工作并要尽力简化各种社保手续的办理流程。特别是对于那些没有正式工作单位的群体，要为他们参加城乡居民社会保障体系创造有利条件，免除他们的后顾之忧。在体系衔接方面，中央政府已经开始统筹规划全国统一的社保转接平台，正如人力资源和社会保障部在 2015 年年初所强调的，目前社保跨地区系统建设已经迈出了坚实步伐，养老关系转移系统已有 30 个省份的 321 个地市接入了人社部统一的社保平台，而医保关系的转接也已经有 15 个省份的 72 个地市接入了统一的社保平台系统。①

因此，笔者认为对于那些处于迁移初始期的乡城移民群体来说，用人单位和居住社区成为了与他们在城市生活过程中互动最为密切的两类社会主体。因而从这一阶段性的特征出发，探讨用人单位和社区如何基于他们在这一时期融入城市过程中所遇到的困难进行协同以提供社会支持，会显得更为科学有效。

（二）个案分析：L 社区的社—企共治型支持模式的运作研究

对于处于迁移初始期的乡城移民群体来说，社会支持体系的建构必须要立足于帮助他们更好地适应场域转变与生活重构所带给他们的冲击，防止"孤岛效应"的产生而使他们无法完成由客居他乡到心安此处的转变。这里，笔者将以 L 社区为例来讨论社区与用人单位之间如何能够相互协同来对乡城移民群体构建社会支持。

位于杭州市经济技术开发区的 L 社区成立于 2006 年，下辖三个物业单元共 13 栋住房，是浙江省外来务工者集中居住规模最大的社区之一。该社区以服务"新杭州人"为宗旨，从构建社区文化、搭建支持平台、创建服务品牌的工作思路出发，引导这些来杭州务工的青年实现由"外地打工者"向"本地新市民"的转变，致力于把社区建设成为这些农村青年务工群体在杭州的"第二故乡"。很多新闻媒体曾经对 L 社区多年的实践经验予以报道，该社区于 2014 年年底获得了"全国和谐社区建设示范单位"的荣誉称号。笔者于 2014 年年底对该社区进行了专题调研，通过个人访谈和座谈会的方式收集了包括社区主任、社区党委委员、社区工作人员、企业宿舍管理员代表、居住代表和大学生志愿者组织负责人等共

---

① 人力资源和社会保障部：《2014 年度人力资源和社会保障事业发展统计公报》，可于 http://www.mohrss.gov.cn/SYrlzyhshbzb/dongtaixinwen/buneiyaowen/201505/t20150528_162040.htm 检索，2015 – 05 – 28.

20 多人的访谈资料。

经过社区工作人员的介绍，笔者得知该社区内的主要居民是来自于社区周边东芝信息机器（杭州）有限公司、九阳小家电有限公司、矢崎配件（杭州）有限公司等 40 余家企事业单位的 9400 多名外来务工者，其中九成左右为来自于临近省份（如浙江省、江苏省、安徽省和江西省）农村地区来到杭州工作的年轻人，平均年龄在 21 岁左右。他们在社区居住的时间大都在几个月到两年不等。该社区由于位于杭州经开区内，这种地理位置的特殊性决定了社区住户与普通城市社区有着很大差别。从一定程度上说，该社区实际上是按照经开区政府的统一规划承接了为辖区内企业提供员工宿舍的职能。正如社区主任 SQ01 介绍道：

> 我们从 2005 年年底开始建设，现在基本十个年头了。我们社区比较特殊，一共有 3 个小区，2611 户，我们这里全部居住的是外来务工人员，全国各地的都有，很多都是一个人来杭州打工。他们都是不能落户，仅有少部分（不到 800 户）是企业集体户口。这里的住宿相当于员工宿舍，每个房间居住 6—8 个人，条件一般，宿舍里不能做饭……这里离他们上班的工业园区很近，走路最多也就 20 分钟，他们白天上班，晚上下班之后回来居住，生活总体上还算比较规律。
> 【访谈对象 SQ01】

在该社区，居住在这里的移民群体既是社区的居民，同时又是社区周边企业的员工，这种人员上的同质性和双面性决定了社区在为居民提供服务和管理的过程中具有与企业密切协同的天然优势。依靠社区周边的企业资源正好能够弥补社区自身资源不足的难题，如该社区在申报全国和谐示范社区称号的过程中就投入了大量资源对社区的基础设施进行提升改造，包括安防设备的升级、监控系统的完善、社区路面的平整、公共绿地的建设等。在这些项目建设的资金中，除了有来自于上级街道和民政部门的拨款，还有一部分来自于辖区内企业的支持。此外，在一些大型活动的举办过程中离不开企业的支持，社区一名负责党建和文化事务的党委委员 SQ02 在座谈会上表示：

　　　　我们一般在每年的世界环境日、五一节、十一节前，与企业的宣传和工会部门联系，组织企业员工和住在这里的居民开展一些环境清洁的活动，总体来说效果还不错。在过年的时候，我们也邀请在社区不回家过年的员工和楼道长举办年夜饭活动，企业人事部门的领导有时候也会过来参加，并且还会专门慰问一些生活困难的员工……我们还会在端午节和中秋节期间举办好友邻居节的活动，就是邀请每个居民家里做一道菜端下来，大家随机的围坐在一起吃吃饭、聊聊天这样子，增进大家的相互了解，比如今年端午节的时候一共有 20 多桌。【访谈对象 SQ02】

　　笔者在调研过程中发现，移民群体对于社区活动的参与积极性不高也是一个带有共性的问题，其中既有他们认为这些活动跟自己的日常生活联系不大的原因，也有社区活动本身的激励措施不够的原因。针对这些原因，L 社区在激发社区居民主动性方面有着自己的实践方法，SQ01 介绍说：

　　　　这些活动有的是我们社区工作人员策划的，还有些是居民给我们提议的，就是居民需要什么，我们就尽量提供相应的活动和服务……至于你说的激励措施，我们目前有采用积分的形式，就是居民参加我们的社区活动会获得相应的积分，比如发现楼道里的安全隐患、参加社区活动都可以活动积分，每年年底这些积分可以换取礼物，不换礼物的话也可以换社区的服务，比如我们排练厅的使用权，3 个积分可以使用 2 个小时。这样可以吸引他们参加我们社区的活动。还有，我们现在的阅览室正在改造，完工后可以有 6000 册的藏书，主要是和杭州图书馆合作，可以吸引社区居民来这里阅读。尤其是夏天的时候，来看书的年轻人特别多，因为这里有空调，在这里待上一天的人也不少。【访谈对象 SQ01】

　　即便是这些激励措施的保障，社区主任也坦言目前社区活动的总体参与人数和总的居民人数相比仍然有较大的差距，而且人员流动过于频繁给他们的日常管理工作也带来了很多的不便。SQ01 说：

> 　　我们这里最大的问题是人员流动性的问题，今天进来一批人，明天又走掉一批人，这样子的话对我们管理带来了很大的难度。我们在社区层面做了很多宣传工作，但是居民的知晓率还是不高，还有就是社区活动的参与率不算太高，真正参与进来的有 20%—30% 已经算是不错的了。因为，很多人来这里主要是为了赚钱，对社区活动可能不太关心。当然也不排除一些人很关心社区事务，他们会主动来社区询问是否有活动开展。【访谈对象 SQ01】

　　综合座谈会上的信息和社区主任后续提供的资料，笔者认为这些同质性较高的乡城务工型移民社区中，社区居民大都是一个人来城市工作，而且往往是新迁入城市工作的外来人口，居住在单位公寓或宿舍能够大大减少他们在迁入城市初期的住房和生活成本。在这种状况下，社区和用人单位就成为了与他们联系最为密切的两个社会主体，这种联系促使社区和用人单位通过相互配合来建构社—企协同型的社会支持体系，主要体现在以下几个方面：

　　第一，社—企四级联动的管理。在以往对乡城移民的服务与管理中，政府部门往往通过各种政策倡导和公共服务的提供来达成社会管理的目标，社会组织也常常开展各类公益活动帮助乡城移民者解决他们城市生活中遇到的困难和问题，这两类主体作用和功能的发挥目前也是学术界在乡城移民社会融入方面讨论较多的。然而，对于那些单人迁移到城市工作的群体来说，他们来到一个全新的工作和生活环境之后，原有的基于亲缘、地缘等的社会网络被打破，而城市生活中以工作单位和居住场所为主体的新型社会网络成为他们进行社会交往和社会参与活动的基础。由于 L 社区九成以上的居民为辖区内企业的员工，这种人员的单一性和同质性成为来社区与企业进行合作的基础条件。社区为企业承担了员工的居住需求，企业为社区拓展了资源来源的渠道，这种特殊性就决定了企业与社区之间必须形成互助互信的合作关系才能够保证对这些乡城移民群体服务与管理的有效性。

　　为了强化对于这一群体的服务和管理，企业会向社区派驻由企业和员工共同选举产生的宿舍管理员分别担任社区宿舍的楼道长和寝室长，员工在生活过程中出现的问题和困难可以首先向每个宿舍的寝室长反映，寝室长会把收集的信息汇总之后反馈给每栋宿舍楼的楼道长。这些工作机制强化了企业员工的自我管理意识。而对于那些楼道长也不能解决的问题，负责该片区的专职社工就会介入进来对问题进行评估，并把评估意见向社区进行反馈，从而帮助社区有针对性地施加干预措施。由此，就形成了寝室长—楼道长—片区社工—社区四级联动的工作机制，有效地把企业与社区之间工作联系在了一起。此外，企业对于内部员工的流动去向也会及时向社区反馈，便于社区掌握住房单元内的人员居住状况，并能够根据人员的流动信息提供相应的社区服务。这种社区—企业联动管理的优点在于双方都能够迅速回应对象群体的诉求和问题，也便于专业社区工作者有针对性地开展介入行动，有效地提升了社区治理的有效性。

第二，企业参与社区文化建设。针对社区居民的文化需求和背景特点推进文化建设、凝聚文化氛围，是一个社区软实力的重要表现。如上所述，他们刚刚脱离原有的生活场域，大都独自一人来到城市社区生活，一方面会受到城市多元文化和价值观的强烈冲击而导致其丧失了原有的文化记忆；另一方面由于工作繁忙和生计压力往往导致其精神文化生活的极度匮乏，这种双重影响的日益叠加很可能使他们成为游离于城市文化之外的边缘群体，久而久之就会使他们的生活陷入"文化孤岛"之中。

为了填补和丰富他们在城市生活的精神文化生活，除了企业对于员工的精神关怀之外，企业通过与社区的合作来强化社区文化的维系作用，既能够提高员工的生活满意度，同时也可以增进员工对于企业和社区的认同感。在此方面，社区与企业合作开展了丰富多样的文体活动，并努力创建属于自己的社区文化品牌。如针对这些青年务工者的兴趣爱好分别成立了艺术团、文学社、篮球队、舞蹈队等社团组织和文体小分队，并通过与企业宣传文化部门合作定期举办主题活动为他们搭建展示自我的机会和平台，满足他们心理和自我实现的需求；建立打造"社区学堂"开展与企业对接的职业技能教育和培训等项目以提升青年务工者的职业素养和人力资本。这些实践充分发掘了青年移民群体的文化需求和特长，通过各种平台的搭建和活动的开展关心他们的精神文化世界，并鼓励他们积极参与到社区文化的建设中去，从而形成强大的社区文化凝聚力和向心力，从心理上拉近他们与城市之间的距离。

第三，社区党群组织功能的发挥。在我国现有的行政管理和权力关系体制下，社区是不同于政府领域和市场领域的第三领域，社区党组织虽然隶属于上级党委，但与社区居委会并不存在领导与被领导的关系，而是一种协商与合作的关系。社区党组织的职能主要体现在对社区建设和社会公共事务的管理上，并领导党员、团员开展组织生活，协助社区维护好社区内部居民关系的和谐和社区秩序的稳定。[①] 在 L 社区，社区党组织承担了党员属地化管理的职能，同时也与辖区内企业的宣传、工会等部门联系，有效地把社区党员、外来务工者党员和楼道长党支部的力量组织集中起来，通过社区志愿服务、党建联席会议等形式开展针对社区居民的服务工作。

此外，社区党组织也与企业党务部门合作，利用群团组织来凝聚青年移民群体。如通过举办以"青春筑梦""青春成才""青春创业""青春交友""青春同行"等主题活动，为他们提供正确的价值观导向引领，提供就业和创业技能培训，提供婚恋交友和维权帮扶等服务。这些服务的开展体现出社区和企业的党组织与群众组织之间能够开展有效地互助来为这些刚来到城市工作不久的青年移民群体的社区融入提供支持和服务，也能够有效地为青年人的生活、情感、工作和心理上的问题提供帮助。这一党群互动的工作模式是基层治理模式创新的有效途径，能够实现各方需求匹配的最大化并化解各方的利益矛盾冲突。

当然，对案例经验的分析并探讨其有效性必须在特定的时空条件下进行才有意义，我们也不可否认 L 社区有着自己独特的生态系统和场域特征。在案例探讨的 L 社区中，社区的最主要的居民是周边省份从农村老家来到杭州并且以务工为首要迁移目的的青年移民群体，而且来到城市工作的时间大都不长，少则几个月多则两年，正处于在城市工作和生活的适应期。社区在平时的工作中，不但要与上级街道部门建立自上而下的业务联系，还必须与社区周边的用人单位、市场主体、社会组织和志愿者组织等众多主体建立平等互助的合作关系，这些特征决定了 L 社区的工作重

---

① 陈伟东：《社区自治：自组织网络与制度设置》，中国社会科学出版社 2011 年版，第 194—201 页。

点不仅在于承担城市传统社区的管理和服务职能，更是在于设法促进迁移群体的社区和社会融入，处理好乡城移民群体与本地居民之间的互动关系，从而帮助政府维护基层社会的稳定，帮助企业减少后顾之忧。

　　综合上述分析我们发现，L 社区除了履行社区居委会、社区党组织传统的管理职能以外，还加强与社会组织和志愿者组织的互动，并与企业展开合作形成了多元治理的格局，并从以下三个方面为乡城移民群体提供了有效的社会支持（见图 6—1 所示）。具体来说，一是通过服务的递送满足这一群体的生活需求，这些服务不仅仅局限于他们基本生活的支持，也能够通过社区—企业四级联动的管理服务机制有针对性地回应他们在城市

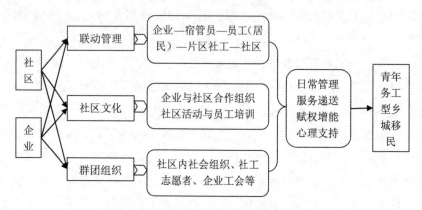

图 6—1　L 社区中社区—企业合作治理模式

生活中的诉求，如就业技能的指导和培训服务、心理疏导服务、法律维权服务、文化生活服务等。这样一来，社区从以往的"管理实施者"的角色转变为"服务递送者"的角色，并在递送服务的过程中拉进了乡城移民与城市社区的心理距离，提高了他们对于城市的认同感。二是通过增能赋权的方式提升其社会资本，从而加速其融入城市社会的进程。对乡城移民群体进行赋权就是要通过提供公共服务和社会资源来提升他们控制自己生活的能力，使他们能够克服融入城市过程中的各种障碍，并在此过程中重塑自己的身份认同。社区积极整合相关资源，与企业合作通过各种活动的开展构建了一个多方位支持系统，帮助他们提升就业技能、增进人际交往、拓展社会网络。三是通过社区文化的凝聚来构建文化共同体，以此为基础促进这一群体对社区和城市的心理融入。与传统型社区居民不同，青年群体本身所特有的精神需求、生活方式、行为模式以及价值观念决定了

社区必须通过创新的工作思路来帮助他们提升对社区的心理认同。社区文化节的开展正是为年轻人提供了一个展示自我的平台，充分发挥他们在社区文化构建过程中的主体作用，满足他们自我实现需要的同时也能够维系社区共同的文化氛围。

　　总体来看，杭州 L 社区的实践案例表明，在工业园区内且外来移民群体大量集中的、人员结构同质化程度较高的社区中，社区和辖区企业之间的互动合作能够成为一种全新的模式。这种模式强调多主体之间资源的共享、社区服务的有效递送和社区企业文化共同体的构建，其能够作为政府基本公共服务之外的有效补充，从而重塑社区管理的组织特征和社区凝聚力，也能够提升员工对于企业的归属感。因此，这一社区—企业的协同模式能够成为在特定时空条件下为那些处于迁移初始期的乡城移民群体提供有效社会支持的工作模式。

二　迁移发展期：以政府—社区协同为中心的社会支持模式建构

（一）模式建构的讨论

　　正如上文所述，处于迁移发展期的乡城移民群体开始追求在城市的生活质量，对居住条件的要求也开始增多。在中国这样一个具有"安居才能乐业"传统文化的社会中，拥有一个稳定的住所是他们融入城市生活过程中的最基本需求，也往往成为了决定他们是否选择在迁入地城市长久定居的最重要因素之一。但是限于大城市高昂房价所带来的驱离效应，他们对于一个相对稳定舒适的居住场所的追求成为了这一阶段他们在城市生活中的最大诉求。从上述实证资料来看，乡城移民群体在居住地域和形态上与城市居民的差异和隔离正在逐渐显现，这使得他们更加难以与城市生活融为一体，久而久之只会加剧外来移民群体与城市本地居民之间的矛盾和对立，并最终阻断城市化进程的进一步发展。例如一些拉美国家的城市化水平远远超过了目前的经济社会发展水平。有学者把这种人口高度城市化但缺乏城市就业的支撑的城市化概括为"过度城市化"，主要表现为大城市迅速膨胀、小城镇发展缓慢，人口地理分布不均、贫富分化严重，环境污染问题突出等（张惟英，2006）。造成该现象的一个重要原因是在这些国家中，社会政策和住房政策没能很好地解决乡城移民群体向城市市民的转变问题，由于城市基础设施和住房场所的欠缺导致城市中形成了众多的贫民窟，这种过度城市化问题严重威胁到了城市的社会治安与现代化的进一步发展。①

因此，我国政府在推进新型城镇化战略过程中也要吸取拉美国家的教训，城镇化绝不是简单地意味着城市人口比例的增长和城市地域面积的扩张，还要在产业结构、居住环境、社会保障、生活方式、公共服务等方面实现配套的发展和优化。而在目前，乡城移民群体在城市买房置业的能力还有所欠缺，一方面与我国现行的农村土地政策有关；另一方面也与他们目前的收入水平偏低和高房价有关。在此背景中，他们的住房保障问题也就成为了新型城镇化过程中无法回避的问题。但是，住房保障是一个涉及城市管理、城市环境、城市规划、劳动就业、社会治安等多个方面的系统工程，任何住房政策的出台都要建立在经过广泛调研和多方论证的基础之上，只有政府才能够成为解决这一问题的主导力量。

随着我国城镇住房市场化改革的启动和推进，单位福利房制度逐渐成为历史，住房市场的兴起满足了城镇居民多元化的住房需求，人们的住房面积和居住条件也得到了极大的改善。但是，住房全面市场化进程的加速在房地产市场中催生了越来越多的投机行为，住房的投资属性正在超过居住属性，其后果是一些大中城市的房价出现了不合理的快速上涨，从而导致很多中低收入人群面临着日益严峻的住房压力。由此，国务院于2007年印发了《关于解决城市低收入家庭住房困难的若干意见》的文件，要求各地健全以廉租房和经济适用房为主的针对城市低收入家庭的住房保障体系。然而，这一保障体系并没有覆盖到数量日益庞大的乡城移民群体，这一群体在城市住房困难问题日益凸显。

近年来，中央政府逐渐意识到了解决城市中乡城移民群体住房保障问题的重要性与紧迫性。2008年，原建设部等五部委联合印发了《关于改善农民工居住条件的指导意见》，首次提出要将农民工住房问题纳入到城市发展的整体规划中来考虑；2010年，中央一号文件《中共中央国务院

①　郑秉文：《拉美城市化的教训与中国城市化的问题——"过度城市化"与"浅度城市化"的比较》，《国外理论动态》2011年第7期，第46—51页。

关于加大统筹城乡发展力度进一步夯实农业农村发展基础的若干意见》再次强调了改善城市农民工居住条件的重要意义，并把解决新生代农民工问题提上了政府的议事日程；2010 年，住房和城乡建设部、国家发展和改革委员会等七部委联合印发了《关于加快发展公共租赁住房的指导意见》，要求有条件的地区可以把在城市稳定就业并居住一定年限以上的流动人口群体纳入到政府公共租赁住房的保障体系。公共租赁房政策的设立主要是为了保障乡城移民群体、大学毕业生群体、城市创业人员和城市低收入群体的住房权利，从而弥补原先住房保障制度的不足，住房的所有权归政府或公共机构所有，入住者需要向政府缴纳低于市场价格的租金。2011 年，国务院办公厅印发了《关于保障性安居工程建设和管理的指导意见》，要求各地要根据实际情况适当增加公共租赁住房供应，人口净流入量大的大中城市要提高公共租赁住房建设的比重。

在中央精神和政策的指导下，一些地方政府开始基于当地实际积极尝试探索针对乡城移民群体的住房保障政策，并把这一政策探索同本地的城市发展战略进行有机地结合。经过笔者梳理发现，主要分为几大类型。第一种类型是工业园区的员工集体宿舍式保障。例如在上海，地方政府在乡城移民群体聚集的工业园区内整合土地资源，统一集中建造成公寓式集体宿舍，为园区内所有企业的员工提供住宿服务。这一模式在中央文件中明确提出，并倡导在全国范围内进行推广。园区内的集体公寓生活基础设施较为完善，可以提供餐饮、娱乐、文体、医疗等公共基础服务。在入住标准和价格方面，每个宿舍限住 8 人，房租为每人每月 70 元，有效地减轻了外来移民群体的住房成本。上海的这种住房保障模式能够集约土地利用，便于对外来人口统一管理，但是这一公寓模式对于那些处于迁移初期的群体往往更为适合，因为他们往往把公寓作为过渡时期的居住选择。但对于处于迁移发展期和稳定期的群体来说，这一居住形式往往不能够满足他们对住宿条件更高层次的需求。

第二种类型是乡城移民群体的专项公寓式保障。如在湖南长沙，地方政府利用城乡结合部农村集体建设用地来建设集体公寓以为乡城移民群体提供住房保障。具体的入住条件是要在岗一年以上，与用工单位签订劳动合同，并且月收入低于 800 元的在长沙没有自有住房的进城务工群体。这一专项公寓项目既有集体宿舍，同时也有适量的成套住宅，能够满足不同层次群体的租住需求。但是由于这些保障性公寓项目的选址往往集中于远离市区的城乡结合部，交通条件和基础设施还有待于进一步完善，加之较为苛刻的申请条件也排斥了很多在城市工作时间较短或工作不稳定的乡城移民群体，这些不利因素都使得这一政策项目的效果打了不少折扣。

第三种类型是住房公积金式保障。如在浙江湖州，地方政府推出了针对于有正式稳定工作的乡城移民群体的公积金贷款政策，具体来说就是为他们建立公积金账户，准入和使用门槛较低，可使用的范围包括支付租房房租、申请住房贷款、农村自建住房等，如果他们打算辞工离城也可以随时提取。又如在重庆，政府的住房公积金政策更进一步覆盖到了无固定工作单位的乡城移民群体，无论是否有工作单位均可以缴存住房公积金。在缴纳标准上，其按月缴存公积金的工资基数不低于上年全市城镇经济单位职工最低工资标准的 60%，不得高于上年全市城镇经济单位职工平均工资的 3 倍，缴存比例在工资总额 7%—15% 内浮动。在提取权限方面，即使不买房也可以每年提取一次本人账户余额，既能满足他们租房的需求也能保障他们购买住房的需求。

第四种类型是开放经济适用房的购买权限。廉租房和经济适用房等政府保证性住房是限于本地户口的居民申请，而一些地方政府为了鼓励农村劳动力来城市就业则放宽了这一制度的准入条件，允许部分符合条件的外来乡城移民群体购买经济适用房。如在甘肃，省政府于 2008 年出台了《关于改善农民工居住条件的实施意见》，做出多项规定以用于三到五年的时间逐步改善农民工住房条件。其中，在城市连续工作三年以上，具有稳定收入来源的农民工纳入经济适用房供应范围，可以申请购买当地经济适用房。而在四川成都，政府也出台了类似的政策，只要乡城移民群体的家庭年收入在 5 万元以下，家庭成员拥有两个或两个以上，且主申请人连续缴纳综合社会保险或城镇职工社会保险至少两年，在成都市行政区域城镇内无城市自有产权住房的，都可以和城市住房困难户一样向城市房管部门申请购买经济适用房。

因而，上述不同类型的保障模式都表明政府能够在对乡城移民群体提供住房保障方面提供有效的社会支持，政府要探索公共住房供给的多种渠道，保障公民的基本居住权利。除此之外，在对于乡城移民群体大量聚集的城中村的日常管理中，街道或社区也应该发挥积极作用，尤其是在乡城移民群体反应比较强烈的城中村拆迁改造过程中，要考虑实际承租人的利益诉求。

（1）政府住房保障职责的切实履行

在保障性住房的供给过程中，政府理所当然应该发挥主导作用。例如在杭州，政府部门把建设共享"生活品质之城"作为新世纪杭州市的城市发展目标。而建设"生活品质之城"首先应该实现"居者有其屋"的目标，把杭州打造成一座宜居型城市，解决居民的住房问题，进而不断提高市民的生活品质。这里的市民就包括千千万万来杭州工作的乡城移民群体，他们被地方政府统称为"新市民"，这一群体的住房保障问题直接关系到政府城市发展目标能否实现。根据对杭州市住房保障和房产管理局的走访调研，笔者了解到杭州市目前的保障性住房由六大部分组成，分别是为解决城市户口低收入家庭住房困难问题而提供的廉租房、由政府提供优惠政策并对购买者严格审查的经济适用房、为解决城市居民和农转非居民拆迁安置问题的拆迁安置房、为城市"夹心层"和大学毕业生、外来流动人口提供的以租赁方式解决住房困难问题的公共租赁房、为改善老旧小区居民基本生活条件的危改房、为解决企事业单位各类人才住房问题的人才专项房等。

在这些保障性住房项目中，涉及乡城移民群体住房保障问题的主要是公共租赁房，包括在工业园区兴建的集体公寓等。杭州市委市政府于2005年出台了《关于做好外来务工人员就业生活工作的若干意见》，鼓励企业和社会主体参与到农民工集体宿舍的建设中去，实现以产业带动就业、以就业推动定居的目标。2007年和2011年，杭州市政府相继出台了《杭州市区外来务工人员公寓建设和租赁管理暂行规定》和《杭州市区公共租赁住房租赁管理实施细则（试行）》，对外来务工人员公寓项目的目标任务、责任主体、运作方式、租赁管理等进行了进一步的规范与明确。这一规定要求申请人必须持有《浙江省居住证》、要求申请人具有相应的职称、职业资格或学历证书（中级及以上职称，或高级及以上职业资格证书，或本科及以上学历且毕业未满7年，或硕士及以上学历）、要求申请人签订一定年限的劳动合同并且连续缴纳社会保险一年以上、要求申请人在本市没有房产等。尽管杭州市公共租赁住房的申请条件较为苛刻，但仍对于解决乡城移民群体的住房保障问题具有示范意义。在访谈中，该局政策法规处的一位工作人员ZF01就说道：

　　　　整体上说，杭州对于外来人口的吸引还是非常不错的，这边环境
比较好，气候也适合人们居住，各种自然灾害像什么洪水、地震几乎
没有，而且杭州也有很多景点。还有就是杭州的各种社会福利很好，
有免费的公共自行车，有很多免费的公园，而且在杭州吃饭算是便宜
的了，比上海、宁波，甚至绍兴都要便宜……还有就是政府提出的建
设"生活品质之城"的理念，这一理念还是很先进的，它追求的不
单单是 GDP 的增长和城市的扩张，还要保证包括那些外来新市民在
内的所有居民的生活质量。【访谈对象 ZF01】

　　可见，杭州市独有的自然地理条件和人文关怀精神是很多乡城移民群
体选择来杭州工作和生活的重要因素，但是他们在城市的住房保障问题依
然是困扰这一群体融入城市社会的主要问题。在谈到政府现有政策的实施
效果时，这位负责人也坦言：

　　　　目前，对于他们的住房保障确实是一个很大的问题，毕竟中国人
的传统观念里"家"在人们心目中的地位是相当高的，特别是对于
这些在外漂泊打工的人来说，有一个家才能够笼络住人的心。杭州的
政策在全国范围来看只能说是中规中矩，只有集体公寓和公租房两类
保障住房向非杭州户籍的群体开放。就说公租房吧，现在的申请条件
还是比较高的，只有具备一些职称、学历等条件的外来人口才可以申
请到公共租赁房，所以只有少数人能够达到这个标准，大部分人都还
只能去市场上租房。【访谈对象 ZF01】

　　除了申请条件的限制较为苛刻外，繁杂的申请手续也进一步限制了公
租房政策的实施效果。合乎条件的申请者需要经过工作单位或者户籍所在
地政府相关部门提出申请，申请材料经过单位或者社区街道公示确定之后
才能递交给区一级的住房管理部门审核，审核通过之后要经过摇号程序，
摇号确定之后方可去房源现场选房并最终办理租赁合同（见图 6—2 所
示）。虽然杭州市自 2012 年 5 月以来，将市区环卫、公交系统等对城市发
展做出重要贡献的外来人口聚集行业的一线职工纳入到了市区公共租赁住

房保障框架体系之中，凡一线环卫工人、公交一线职工符合公租房准入条件的家庭均可申请。但是从总体上看，公共租赁房的供给量远远不能满足乡城移民群体的需求才是导致目前乡城移民群体在城市住房困难的最根本原因。在谈到杭州未来公共租赁住房的发展规划时，ZF01 介绍说：

> 按照规划要求，我们未来将会在城市各个行政区兴建一批公租房项目，会考虑到空间选址和住房需求、交通基础设施等相关联，比如杭州市政府在 2012 年编制完成的《公共租赁房选址规划》等规划文件，主要的思想是把保障性住房的建设与政府的规划相结合，既能够保证交通的便利和生活设施的完善，也能够保证最大程度地对周边居民区带来影响。据我所知，现在杭州规划的公租房项目有城北的祥符地块、拱宸桥地块、和睦地块，城西的蒋村地块、庆隆地块，城东的华丰地块、下沙经济开发区地块，萧山和滨江也有一些项目，这些地方都是比较大的项目。即便是这样，你要想依靠政府完全解决他们的住房需求是不现实的，缺口肯定还是会有的。【访谈对象 ZF01】

由此可见，对于那些已经在城市居住了一段时间正处于迁移发展期的乡城移民群体来说，住房成本偏高和居住场所的不稳定、不连续是他们面临的两个最为突出的问题。在这一背景中，政府近些年来虽然加大了保障性住房的供给力度，但要在短时间内实现政策的效果还不现实，以公共租赁房项目为主的保障性住房在实际执运作过程中并没有覆盖到更多的乡城移民群体。例如在河北省，外来人口享有政府提供廉租房和公租房的比例仅为 0.18%。[①] 这一状况的产生一方面是由于地方政府的财政能力和公共服务资源还很有限，公租房的供给和乡城移民群体的需求差距很大，因此现阶段只能通过提高准入门槛和随机摇号的方式来分配有限的资源；另一方面是一些公租房项目在选址上与外来移民群体的期望有所差距，交通不便和基础设施不完善是突出的问题。

（2）城中村治理中的多方合作

政府部门除了加大保障性住房的供给力度之外，还应该加强与街道社

---

① 《河北日报》：《我省 2014 年流动人口动态监测主要数据公报显示——全省流动人口超过 600 万人》2015 年 6 月 16 日，第 2 页。

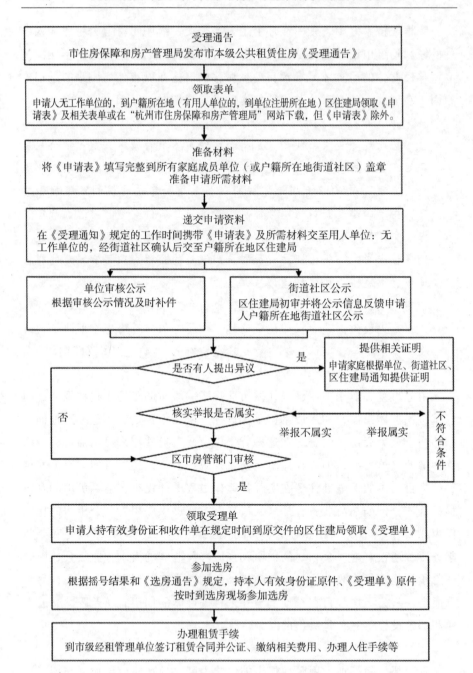

图6—2　杭州市公共租赁住房申请流程图

资料来源：杭州市住房保障和房产管理局官网，http：//www.hzfc.gov.cn/subject/bzf/index.php? bigclass=515。

区的协同从而强化对于乡城移民群体聚集区和城中村的管理和服务，具体来说包括以下几个方面。首先是住房信息平台的建设。住房资源的分配和供需双方之间的租赁行为虽然是市场行为，政府理应不该做过多的干预。但是，搭建一个连接本地房东和外来租客之间的信息服务平台可以成为政府住房管理职能部门的工作内容，这一平台和其他网络或中介平台的最大差异应该在于信息内容的权威性和服务的免费性。借助这一信息平台和大数据的支持，政府部门不但可以预测乡城移民群体在城市的住房需求，为公共租赁房的规划和建设提供信息支撑；也可以利用这一平台完善外来人口在城市居住的信息登记，从而对住房租赁市场行为进行有效监管，防止信息不对称或者信息垄断对于乡城移民群体住房权利的侵害行为。

其次，政府部门应该采取措施，并通过街道和社区工作的开展在乡城移民群体聚集区的综合治理。通过与社区治安、卫生、计生、社工等部门的合作，加强对出租房屋在消防安全、卫生设施等方面的定期检查，并对外来移民群体与房东之间可能产生的矛盾冲突进行积极协调。例如在居住安全管理方面，政府部门应当明确房东为出租房的第一责任人，需要其对整个出租屋的安全管理负总责，同时要以房东为纽带向实际承租人广泛传播安全防范的知识。除此之外，政府对于城中村内出租屋的管理也可以引入"网格化管理"的模式，对辖区内的住房单元进行统一登记和区域划分，每一个网格区域内的管理相对独立，各个网格内部要整合综治、卫生、计生、治安、调解等各项资源，并建立责任人制度来对网格辖区内的事务实施有效精准的管理。

最后，在城中村拆迁改造过程中，要尊重乡城移民群体这一实际承租者的主体地位，相关规划和拆迁方案要提早向社会公布，充分听取各个利益相关方的利益关切，同时要设立专门机构负责处理乡城移民群体的咨询和诉求，对拆迁带给他们在住房和生活的不便提供适当的补偿。具体来说，一方面，政府任何的拆迁决策都需要建立在对拆迁区域进行广泛调研的基础之上，评估拆迁之后可能带来的负面社会效应，并针对这些负面效应出台具体的补偿措施；另一方面，应该建立一个政府、开发商、房东、租客四方的利益协调机制，保证所有的核心利益相关者都能够表达各自的利益诉求。因此，以政府住房管理部门为核心成立一个协调机构就是一个可行的方案，各方派出一定数量的代表参与拆迁方案的讨论与制订，并同时明确规定各方的权利和义务。这样的利益平衡机制既可以保证拆迁方案的顺利实施，又可以兼顾实际承租人群体的切实利益。

总而言之，针对处于迁移发展期的乡城移民群体所呈现出的阶段化特征，如何能够使他们在城市拥有稳定的居所，从而提升他们在城市的生活质量和定居意愿是社会支持体系的建构所应该考虑的重要方面。在此过程中，建立和完善政府主导下的住房保障供给体系是一个基本的发展路径，加快以公共租赁住房为主要内容的保障性住房建设不仅与我国新型城镇化战略的总体布局相适应，同时也能够与城市商品房供给体系相呼应，从长远看有利于房地产市场的持续健康发展。由此，政府一方面要探索公租房建设的多元化筹资机制，鼓励社会民间资本的积极参与来扩大公租房的供给；另一方面也要优化公租房的申请审批流程，并加强对公租房社区的管理和服务。除此之外，政府在组织实施城中村拆迁改造过程中不仅仅要关注到其对于优化城市空间和改善城市环境过程中的重要意义，也要注重这一改造拆迁活动对于城中村社会功能价值的破坏，因而要建立适当的利益补偿机制来考虑作为城中村实际承租人的外来迁移人口的利益诉求，尽可能地减少这一市场行为对于社会关系的破坏。

（二）个案分析：X 社区的公租房管理和服务模式研究

如上所述，如何保障处于迁移发展期的乡城移民群体的居住权利是为其构建社会支持的最重要方面。近些年来，以公共租赁房为主要代表的住房保障政策正在着力解决城市中低收入阶层的住房保障问题，尤其是对于那些在城市工作生活多年并具有较强定居意愿的乡城移民群体来说，公共租赁房项目的实施是一个十分有效的社会支持手段。在公共租赁住房的建设和运作过程中，政府部门无疑发挥着核心的作用。然而在现有条件下，公租房的供给与需求之间的矛盾在短期内难以解决，这与政府财政投入和房地产市场的发展等都息息相关。在这一背景中，现有公租房社区的管理和服务模式就成为了笔者进行案例分析的合适素材。从这个意义上说，除了政府监管职能的发挥以外，街道和社区层面的工作就会显得尤为重要。在此，笔者将以杭州市 X 社区为例来讨论公租房社区管理和服务模式的实践创新，据此探讨公租房社区如何能够为入住的乡城移民群体提供社会支持。

X 社区成立于 2013 年，隶属杭州主城区北部的半山街道，总建筑面积 33.58 万平方米，包含高层、小高层和单身公寓等共计 34 幢建筑单元，是目前杭州市最大的公共租赁房集中区。在这里居住的既有大学生群体，又有外地来杭州工作并具有一定工作技能的乡城移民群体和高层次的创业人员，也有部分在城市里无房的中低收入家庭，现有来自于全国 16 个民族、23 个省份的共 4600 多户居民在此居住。这种人员构成的多样性和复杂性是该社区有别于其他城市社区的最主要特点，其对于街道和社区的管理而言既是一种机遇同时也是很大的挑战。正如该社区某工作人员 SQ03 所说：

> 如果管理得当，来自于不同民族、地域和文化背景的居民可以相互交流包容，大家能够在这种多元文化交流中取长补短，并共同形成对于杭州市的归属感与认同感。但如果他们之间彼此相互隔阂而不能够有效融入社会的话，这种文化的多样性可能也会带来歧视与偏见，不利于我们社区的稳定和谐。【访谈对象 SQ03】

由于该社区成立的时间较短，并且杭州公租房政策自实施以来仍然处于探索并逐步完善的阶段，因而可以学习和借鉴的经验十分有限。政府部门对于公共租赁房的管理主要依靠街道和社区层面的配合，对于乡城移民群体所提供的支持和服务也主要通过社区来输送。根据杭州市现行的公共租赁住房管理办法，申请者的准入门槛较高，如需要拥有本科及以上学历，或者拥有中级及以上职称、高级以上职业资格证书，并至少在城市工作一年以上等等，这些条件对于绝大多数乡城移民群体来说几乎不可能达到，因而他们只能选择通过市场供给的方式来寻找租住的房源。基于对该社区的走访和调研，笔者发现居住在这里的乡城迁移群体往往在杭州工作多年并呈现出较强的定居意愿，而且具备较高的劳动素质，以家庭式迁移为主，收入稳定。笔者认为，以下几个方面是 X 社区公共租赁住房管理服务过程中的主要特点：

第一，管理规范且租金便宜。乡城移民群体自行寻找房源租住的过程中往往会付出一定的经济成本和时间成本，而房东与租客之间的信息不对称和租房合同的不规范也往往有可能带来潜在的矛盾冲突。公共租赁房的房租合同和普通租房市场中的房租合同有较大区别。公租房的租期比较稳定，首次签订的租期是三年，在此期间的租金按照合同固定下来不变，不受住房市场价格波动的影响。政府住房管理部门会在租期结束之后对承租人的申请条件进行重新评估，符合条件的可以继续申请使用，不符合条件的要逐步退出。根据社区工作人员介绍，公租房的租金一般是依据周边同等住房市场租金的 70% 左右来制定，平均房租为每套 600 元/月，此价格已经包含了物业管理费等间接服务和管理费用，而且由于房间在交付使用之前都已经按照每平方米 315 元的标准进行过简单装修，因此承租者只需要添置一些家具就能够直接入住，极大地减轻了租客的入住成本。

第二，邻里互助与志愿服务。不同于在上文中所述的位于工业园区内的 L 社区，该公租房社区内居民的异质性很强，拥有不同的教育技能背景和地域文化特征。针对这一特点，该社区搭建了一个居民之间互助帮扶的平台，大家利用自身的专业技能优势为有需要的居民提供志愿服务。同时，社区还定期举办闲置物品交换活动，社区居民可以挑选自家的闲置家具、生活用品、数码产品、衣物、书籍等实物，或者是利用老家的土特产到这一互换平台与其他有需要的居民进行交换。这一活动的开展不仅有助于培养居民勤俭节约的生活，帮助他们节约生活开支，也能够增进社区成员之间的交流互动以培育社区团结的氛围。此外，社区居民在社区内进行的公益志愿活动均可以按照服务时间兑换成积分，积分既可以在社区内的慈善超市使用，也可以用来兑换社区服务。这种互助平台和志愿服务正是发挥了居民自身的特长和优势来实现社区内部的自治，他们既是服务的提供者也是服务的享受者。

第三，智能化与信息化管理。社区内 1.3 万余名居民中既有来自于不同地域的乡城移民群体，也有具备不同专业技能的大学毕业生和外来创业者，这使得社区日常管理工作要面临着居民信息繁杂且需求多元的巨大挑战。在此背景中，社区正在探索以"网络代办"、"民情地图"、"三微一网"和"微群组"等为主要内容的智能信息化管理的新模式。其中，"网络代办"主要是指通过网络平台增进社区日常业务办理的便利与高效程度，包括对社区外来人员办理党组织关系转接、户籍转接、社保关系转接等业务，办理者只需要通过网络申请并提交相关文件材料就能够将事项办结；"民情地图"主要是便于社区工作人员对每个物业单元进行动态监测和管理，保证居民的搬入和搬出、租赁合同时间、租金缴纳等信息能够被实时记录。此外结合社区工作人员对物业单元的走访，每位居民的角色和特征（如是否志愿者、是否党员、是否困难群众等信息）都能够被定期采集，这些信息的汇总和整合就形成了一张信息丰富的"民情地图"，极大地方便了社区工作人员对社区居民进行有效管理；"三微一网"主要是通过网络通信平台包括QQ群、微博、微信公众平台和社区网站等为社区居民的信息沟通和交流提供便利，推进居民之间的互动和融合，同时也能够方便社区公共信息的发布和传递，增进居民对社会公共活动的关注和参与。据社区工作人员介绍，目前"三微一网"中的QQ群成员数已接近2000人，微信公众号订阅量也有1200多人；"微群组"主要是根据居民的兴趣和特长建立不同的小组，在社区的引导下社区成员间已经成立了十多个网上网下的互助群组，这些群组在倡导居民自我管理和自我服务意识方面发挥了重要的作用。

由此，我们看到在公租房项目的运作中，政府主建和社区主管的格局基本形成。在这一社区中，多种组织和平台的建设能够有效地把社会日常管理、社区服务提供和社区文化培育有机地结合起来。X社区的运作模式见图6—3所示。

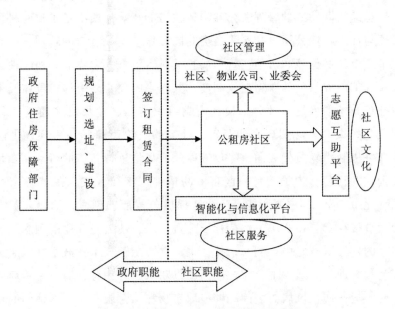

图6—3　X社区中政府—社区合作治理模式

　　综上所述，X 公租房社区在政府住房管理部门和上级街道的支持下探索出了具有上述三大特征的公租房社区管理新模式，这一模式一方面能够促进入住该社区乡城移民群体的社区和社会融入，拉进这一群体与城市本地居民的心理距离；另一方面也能够为公共租赁房社区的有效管理提供有益的借鉴经验，缓解人口迁移对流入地社会带来的管理压力。对于那些在城市居住时间较长且符合条件的乡城移民群体来说，居住空间从城中村或私人出租屋向公共租赁房社区的转换，其一意味着他们的居住条件和生活基础设施将会得到明显提升；其二由于公共租赁房的合同租期较为固定，故能够保障他们在城市生活的连续和稳定，提升他们的生活质量；其三也将会带给他们人际关系交往上的巨大改变，原有的私人房东转变为政府住房管理部门，这种正式的合同关系会大大减少利益纠葛的出现，而他们原有的租客身份也转变为社区居民，有利于他们在社区邻里的互动中增进社会资本。不仅仅如此，公共租赁房的管理能够和政府部门的城市社区有机结合，使这些外来移民群体在居住形态、生活理念、消费方式、社会互动等方面缩小与现代社区居民的差异与隔阂。正如本案例中所展现的，X 公共租赁房社区的管理具有联动式和激励式的特征，为乡城移民提供有效的社会支持。

　　一是部门联动式的管理。公共租赁住房的特殊性质决定了政府房管部门必须与社区物业公司、社区委员会共同合作来实施有效的管理，由此便形成了由市住房保障和房地产管理局相关科室负责人、物业公司经理、社区分管社工三方组成的联席会议制度，共同来解决为外来移民群体提供社会服务和支持的问题。此外，社区内党组织与社区党员之间通过"民情地图"这一渠道能够实现密切互动，社区的舆论民情和民生问题也能够通过这一机制由党员代表向上级反馈以争取尽早进行相应的行动。二是主动激励式的管理。为了培育社区自治的精神，该社区成立了"益家社会组织孵化中心"，其主要职能是为社区提供公益活动创意、培育公益志愿领袖、链接社会公益资源、扶持社区公益组织，使公益互助的理念融入社区居民的生活常态之中。同时，社区也成立了慈善超市，鼓励社区居民通过互助和自助的方式参加公益志愿活动以获取服务积分，通过慈善商店这一平台的运作使社区居民之间能够换取实物和志愿服务，激发他们的社区参与和志愿服务的热情。

因此，政府主导下的公共租赁房社区管理实践能够有效帮助乡城移民群体在城市社区的生活融入，特别是对于那些在城市居住多年并呈现出家庭式迁移的乡城移民群体来说，通过社区层面的有效介入可以培育他们的社区共同体意识，进而增进他们的市民意识，使他们真正实现由"移民"向"市民"的转变。然而，由于公共租赁房目前苛刻的申请条件，绝大多数的乡城移民群体被排斥在这一住房保障项目之外。由此，政府除了要继续加大保障性住房的供给之外，还要进一步优化公租房的选址、加大公租房配套设施建设、改进公租房申请和审核流程、与基层街道和社区进行合作以强化对于公租房的日常管理。正如在上述案例分析中所讨论的，杭州 X 社区通过与上级街道和政府房管部门的合作形成了部门联动的工作机制，能够及时有效地回应公租房管理过程中的各种问题以及承租人的利益诉求；而在公租房社区中引入社会组织和公益理念则有助于为外来移民群体提供多元化服务，如创业指导、就业培训、法律咨询、志愿互助等专业服务，有效提升了公共租赁房社区的服务递送功能。

三　迁移稳定期：以政府—社会组织协同为中心的社会支持模式建构

（一）模式建构的讨论

基于笔者上文的分析，对于在城市生活超过五年的乡城移民群体来说，他们正在步入迁移的稳定期，家庭团聚的趋势尤为明显。在此背景中，他们除了对在城市的生活质量有一定要求外，更多地是考虑如何能够在城市落户，如何能够与城市本地居民一样获取政府的基本公共服务以及如何真正完成从外来移民到本地市民的角色转换。然而由于现有户籍制度的约束，随迁子女受教育权的保障问题日渐成为大多数乡城移民群体所关心的主要问题，他们渴望子女获得更好的教育条件，期望他们的"龙门一跃"从而实现社会地位的向上流动。根据教育部的数据统计，截至到 2013 年年底，我国处于义务教育阶段的外来移民随迁子女的总人数达到了 1277 万，占到义务教育阶段学生总数的十分之一左右[①]。在我国城乡

---

① 新华网：《教育部：今年 30 个省区市解决随迁子女异地高考》，可于 http: // news. xinhuanet. com/ 2014 – 02/20/c_ 119423457. htm 检索，2014 – 02 – 20.

之间、地域之间教育资源分布极不均衡的社会现实中，如何解决这一数量庞大的群体的受教育问题就造成了外来迁移人口与本地居民在享有城市有限教育资源上的矛盾冲突进一步加剧。如上所述，这一问题的本质是乡城移民群体及其随迁家属的待遇能否真正实现市民化，因而如何保障随迁子女的受教育权并对其进行充分赋权是针对这一阶段乡城移民群体社会支持建构过程中要考虑的关键问题。

笔者认为，针对乡城移民群体的赋权主要依靠两种途径完成，第一种途径是政府自上而下的赋权过程，其要求政府部门要破除现有制度设计的束缚来重新审视社会政策的价值取向和其所承担的社会功能，逐步实现基本公共服务在所有城市常住人口中的全覆盖，从而给予外来移民群体更多的市民化待遇；第二种途径是社会力量参与对乡城移民群体的赋权，包括社会组织对于公民权利理念的宣扬，为公民正当合法的维权行动提供帮助，在全社会中积极开展公民教育活动以提供社会成员的现代公民意识等。在此，笔者就以随迁子女的受教育权如何得以保障为例来讨论两种赋权方式如何为处于迁移稳定期的乡城移民群体提供有效的社会支持。

（1）政府政策与公共资金的双重保障

A. 政策支持

由于义务教育是现代公民所具有的基本权利，这种公共属性决定了政府为公民提供无差别的基本义务教育是其重要职能之一。自20世纪90年代起，乡城移民随迁子女在迁入地城市的受教育问题逐渐被人们所重视，政府也出台了一系列政策措施加以引导和应对，具体见表6—1所示。

早期的政策主要以控制和限制为主，如在1992年，《义务教育法实施细则》中首次提出流动儿童的教育问题，提出随迁子女经过原户籍所在地教育主管部门批准后可以在非户籍所在地接受义务教育。1996年，原国家教委根据上述精神原则进一步细化了相关办法，出台了《城镇流动人口中适龄儿童少年就学办法（试行）》，提出随迁子女应该以借读的方式进入全日制中小学接受义务教育，并选择在部分省市进行先期试点。1998年，《流动儿童少年就学暂行办法》正式出台，提出随迁子女户籍所在地政府要对外迁儿童的身份予以确认，并应严格控制义务教育阶段适龄学生的外流，并规定只要常住户籍所在地具备监护条件，子女就应当在常住户籍所在地接受义务教育。

表 6—1　　　　　随迁子女在迁入地接受义务教育的政策演变①

政策时期	代表性文件
限制为主	1996 年：《城镇流动人口中适龄儿童少年就学办法（试行）》 1998 年：《流动儿童少年就学暂行办法》
逐步放开	2001 年：《关于基础教育改革与发展的决定》 2003 年：《关于进一步做好进城务工就业农民子女义务教育工作的意见》
实施改革	2012 年：《关于做好进城务工人员随迁子女接受义务教育后在当地参加升学考试工作的意见》 2014 年：《关于进一步推进户籍制度改革的意见》

　　进入 21 世纪以后，国家逐步放开了对于随迁子女在城市接受义务教育的限制，并开始完善对于乡城移民群体随迁子女的管理服务工作，明确了迁入地政府应该在此过程中承担主要责任，并大力倡导地方政府加强对于随迁子女专门学校的建设，提高城市义务教育的接纳能力。如在 2001 年，国务院出台《关于基础教育改革与发展的决定》，提出了要以流入地区政府管理和全日制公办中小学为主，保障随迁子女接受义务教育的权利这一指导思想。2003 年，《关于进一步做好进城务工就业农民子女义务教育工作的意见》中特别要求迁入地政府要对各类民办的打工子弟学校负有管理责任。2006 年，新修订的《义务教育法》获得全国人大常委会审议通过，其在法律层面保证了随迁子女在迁入地城市平等接受义务教育的权利。

　　最近几年来，国家进一步研究了随迁子女在城市参加升学考试的办法，通过此举来促进乡城移民群体在城市的落户和融入。如在 2010 年，中共中央和国务院审议通过《国家中长期教育改革和发展规划纲要（2010—2020 年）》，更进一步强化了随迁子女接受义务教育的平等权利并同时提出要适时研究制定随迁子女接受义务教育后在当地参加升学考试的办法，为异地高考方案的出台奠定了政策基础。如在 2012 年，教育部、

---

① 梁雄霞：《我国流动人口子女教育政策的内容分析》，《教育界》2014 年第 8 期，第 123—124 页。

发改委等部门联合发布了《关于做好进城务工人员随迁子女接受义务教育后在当地参加升学考试工作的意见》，并要求各地在 2012 年年底之前出台随迁子女异地高考的具体实行办法。2014 年，国家教育部和发改委等部门联合发布了《关于进一步推进户籍制度改革的意见》，其中提出要在大中城市逐步建立和完善积分落户制度，使得持有居住证的外来移民随迁子女逐步在迁入地参加高考。

由此可见，我国政府对于乡城移民随迁子女的教育政策经历了早期的限制和控制，到 21 世纪以来的逐步放开和立法保障，再到近几年来的政策促进保障教育公平，体现了政府正在通过政策手段来促进教育公平在城乡之间的实现，也表明政府一系列政策的出台能够为促进乡城移民群体融入当地社会提供有力的支持。

B. 公共资金支持

当然，任何政策的出台都离不开公共财政资源的支持，而义务教育的实施更是需要国家财政的强力保证才能实现。现阶段，各地方政府虽然出台了若干政策来吸收和接纳随迁子女在迁入地接受公办义务教育，但是政府财政资源的投入还远远不能够满足日益增长的乡城移民群体随迁子女对于义务教育的需求，这也是随迁子女在城市面临入学难问题的根本性因素。因此，一套健全的并可持续的财政体系支持对于解决随迁子女在城市的受教育问题具有十分重要的意义。

其一，中央财政和地方财政各负其责。中央财政每年在义务教育上的投入增长比例应该高于财政增长的速度，保证教育经费只增不减。以 2014 年为例，根据教育部公布的数字，全国公共财政教育支出（包括教育事业费，基建经费和教育费附加）为 22576.01 亿元，比上年增长 5.47%，其中，中央财政教育支出 4101.59 亿元，比上年增长 8.20% [①]。从表 6—2 可以看出，一些经济发达省市如北京、上海、广东、江苏、浙江、山东等地的教育支出规模较大，但是当一些地方政府财政增长缓慢的情况下，其对于教育的投入增长幅度与同期财政收入的增长幅度相比也大幅下降，甚至在新疆、宁夏、河南、安徽和上海等省市出现了规模较大的

---

① 新华网：《教育部：今年 30 个省区市解决随迁子女异地高考》，可于 http：//news. xinhuanet. com/ 2014 – 02/20/c_ 119423457. htm 检索，2014 – 02 – 20.

负增长。这种状况表明，政府对于义务教育的支出还有一定的提升空间。同时，中央和地方财政也要优化目前对于义务教育支出的预算编制，要对随迁子女的教育经费单独列为预算支出项。如在 2011 年，中央财政就曾经下拨 45.68 亿元的专项资金，对乡城移民随迁子女接受义务教育问题解决较好的省份给予奖励①。同时，由于随迁子女的义务教育涉及迁出地和迁入地两地政府的责任划分和资源分配，这就需要中央财政根据实际的人员迁移情况进行统一调配，并将随迁子女的义务教育经费列入到迁入地政府的财政预算中，这样才能保证财政资源的优化。当前，乡城移民群体迁入地往往是财政实力雄厚的经济发达地区，这些地方政府也应该响应中央精神的号召摒弃地方保护主义的狭隘思想，以此来实现教育资源的公平分配，逐步实现外来人口子女与本地居民子女在义务教育阶段接受到无差别的教育。

表 6—2　　　　　　2014 年公共财政教育支出增长情况②

地区	公共财政教育支出（亿元）	公共财政教育支出占公共财政支出比例（%）	公共财政教育支出本年比上年增长（%）	公共财政教育支出与财政经常性收入增长幅度比较（%）
北京	758.49	16.76	8.49	0.23
天津	517.01	17.92	12.03	2.81
河北	802.31	17.15	4.29	1.39
山西	495.80	16.07	-3.04	-3.16
内蒙古	459.34	11.84	4.84	1.04
辽宁	604.14	11.89	-9.97	-3.71
吉林	403.43	13.85	-4.46	-9.04
黑龙江	502.22	14.62	3.42	-2.14

---

① 杨林、张敬聪：《农民工随迁子女教育公平的财政实现机制探析》，《学术交流》2012 年第 6 期，第 80—83 页。

② 注：公共财政教育支出包括教育事业费、基建经费和教育费附加。资料来源于 2014 年全国教育经费执行情况统计公告，http：//www.moe.edu.cn/srcsite/A05/s3040/2 01510/t2015101 3_ 213129.html，2015 - 10 - 13.

地区	公共财政教育支出（亿元）	公共财政教育支出占公共财政支出比例（%）	公共财政教育支出本年比上年增长（%）	公共财政教育支出与财政经常性收入增长幅度比较（%）
上海	674.36	13.70	0.99	-9.69
江苏	1485.19	17.53	8.50	-1.72
浙江	1018.57	19.74	10.84	2.74
安徽	743.07	15.93	1.58	-10.51
福建	628.09	18.99	10.86	-2.02
江西	696.22	17.93	6.74	0.24
山东	1460.15	20.34	4.47	-2.93
河南	1097..58	18.21	-0.44	-9.62
湖北	690.63	14.00	16.68	3.98
湖南	823.67	16.42	2.87	-6.92
广东	1779.50	19.44	10.02	-2.45
广西	659.35	18.95	7.76	1.75
海南	170.71	15.52	10.74	-4.43
重庆	447.14	13.53	9.90	-0.85
四川	1051.39	15.47	1.95	-4.16
贵州	631.83	17.83	14.16	0.30
云南	669.14	15.08	-0.26	-3.20
西藏	142.64	12.03	29.24	9.97
陕西	694.68	17.53	2.02	-6.88
甘肃	401.10	15.78	6.63	-6.54
青海	156.23	11.59	26.85	15.93
宁夏	119.59	11.95	7.03	-11.75
新疆	558.25	16.83	7.25	-30.57

其二，加大对于随迁子女专门学校的投入。虽然国家明确了随迁子女在城市的义务教育应当以迁入地政府的"公办学校"为主，但截至2014

年年底，仍然有 20% 左右的随迁子女就读于非公办的随迁子女专门学校或民办学校等①。正如在访谈中所反映出来的问题，一些外来移民子弟学校在硬件设施和师资配备上与公办学校尚存在较大的差距，这一差距促使他们出于理性选择的考虑去申请入读条件相对优越的公办学校，从而加剧了外来人口与本地人口对于城市稀缺优质教育资源的争夺。为了缓解这一矛盾，政府有责任形成和完善对于随迁子女专门学校的财政投入机制，加大对于这些学校的财政专项投入，逐步改善其办学条件和师资配备，保证乡城移民子女享受与城市居民子女同等的义务教育权益，促进教育公平的实现。此外，政府教育主管部门也应当出台一系列政策措施鼓励多元社会主体和民间力量参与教育资源的供给，分担地方政府对于日益增多的随迁子女受教育问题上的财政压力，使得这些孩子在城市接受义务教育有更多的选择。尤其是在一些义务教育资源承载力短缺的超大城市，要推动迁入地政府出台优惠措施鼓励发展民办学校，并购买民办学校的教育资源，从而扩充本地义务教育的容纳能力。但另一方面，政府主管部门也必须强化对于这些随迁子女专门学校和民办学校的监督和管理，保证校舍建筑符合安全标准，还要严格审核教育收费项目，取消一些不合理的收费项目，减少乡城移民群体子女在城市的教育成本支出。

（2）社会组织对随迁子女的赋权

社会组织和公民社会常常被称为处于政府部门和市场力量之外的第三域，通过其作用的发挥可以有效弥补政府失灵和市场失灵的问题。在对于随迁子女提供受教育权的保护和社会支持方面，社会组织具有至少两个明显的优势。

一是志愿性和公益性。社会组织建立的目标往往是为社会弱势群体提供低成本、专业化的辅助服务，在此过程中，志愿性与公益性是社会组织存在的灵魂，因为其能够为社会组织赢得一定的社会威望和社会资源来保证该组织的持续发展。同时，社会组织的人员构成中有相当一部分群体是志愿者和热心公益的人士，通过他们所倡导的志愿精神和公益理念能够在社会中凝聚一些共识，引导更多的社会成员和社团组织参与到对于随迁子

---

① 刘利民：《2014 年农民工随迁子女在公办学校就学比例超 80%》，可于 http：//news. xinhuanet. com/ politics/2015 –03/01/c_ 127529916. htm 检索，2015 –03 –01.

女等社会弱势社群社会支持的建构上来，也有利于在全社会倡导公平与包容的文化氛围，给予这些被主流社会排斥的群体在文化上和生活中更多的关爱。

二是具有较强的资源获取能力。由于社会组织的存在分担了地方政府对于社会治理的压力，因此能够与政府部门建立良性互动的机制，从而获取政府的购买服务和资金支持。此外，社会组织公益理念的传播也能够与企业社会责任的承担契合起来，双方能够在一些社会公益事业上展开合作，社会组织从中可以获取企业的资源支持，而企业也能够在此过程中树立良好的社会形象并有利于培育企业的无形资产。同时，一些社会组织本身也是具有一定资质的公益基金会，能够通过向社会募捐的方式获得社会各界的捐助。这种多元化的资源获取和整合能力为社会组织提供多元专业化的服务奠定了物质基础。

具体来说，社会组织和公民社会力量对于随迁子女在城市受教育权的保护并促进其社会融入方面可以发挥以下几个方面的作用：

第一，在政府教育主管部门审批下参与随迁子女专门学校的建设。政府引入社会民间资本参与公共服务的提供将会成为未来政府—社会合作治理背景下的常态。如在杭州市，政府早在 2010 年就出台了《关于政府购买社会组织服务的指导意见》，其中明确提出政府要在公共卫生、法律服务、教育服务、公共文化体育服务、养老服务等八大领域向社会组织购买服务。由此，社会组织和民间力量参与义务教育这一政府公共服务的领域就有了明确的政策依据。目前在杭州，受访者在访谈中提到的天成教育集团就是其中最为典型的一个代表。该集团的前身是 1999 年在杭州成立的随迁子女专门学校——天成小学，成立之初仅有 23 名教职工和不到 600 名学生，多年来经过政府的扶持和社会的认可逐渐发展壮大，目前已经成为专注于为来杭随迁子女提供正规教育、公平教育和优质教育的教育集团，并多次获得浙江省、杭州市和江干区授予的奖励和荣誉称号。这一原本有私人资本和社会力量参与建立的民办学校于 2010 年正式转为公办学校，能够享受到政府财政的更多支持来改善办学条件并逐步提升教学质量。因此，社会组织能够成为公办学校的有效补充来为随迁子女提供义务教育服务。

第二，为随迁子女提供课外辅导和文化艺术教育等服务。除了正式的课堂教育之外，加强对于随迁子女的课外辅导和精神关怀能够有效促进其与城市多元文化整合，缩小他们与城市本地学生之间在课外文化素质拓展上的差距，以此来进一步提升随迁子女在城市社会中教育融入的程度①。如一些社工机构和志愿者组织就根据自身的资源优势来为这些随迁子女提供义务辅导，包括心理咨询服务、文化艺术辅导、课外知识拓展、综合素质提升等等。在这些社会组织中，"南京协作者"是一家成立时间较早、规模较大的，以提升乡城移民及其子女在城市的生存与发展质量为宗旨的社会组织，其为随迁子女提供的服务内容涉及心理咨询、个案介入、课外辅导、学习规划、社会融入等领域。此外，该社会组织还在十多年来的发展进程中，在推动乡城移民的社会参与、协助他们从受助者到助人者的转变，开展相关的社会工作专业服务、培育发展志愿者和草根组织，倡导社会发展理念与政策变革、推动企业社会责任实践与公民社会建设等方面做了大量努力，逐步发展成为了一个具有较大社会影响力的，能够为乡城移民群体及其子女进行社会代言的专业社会组织。

除了对于随迁子女进行赋权之外，社会组织在对于乡城移民群体的公民教育方面也能够发挥重要的作用。长期以来，我国的公民教育发展基本上是依靠政府的推动，缺乏在民间社会中进行自我发展的动力。当然，形成以政府主导进行公民教育的格局虽然具有执行力强、持续性强的优势，但是仍然存在着很多不足之处，如教学内容设置单一、教学安排设计不合理、对于社会问题的敏感度不够等②。通过社会组织关注弱势群体。近些年来，国家开始把进行社会建设提升到与经济建设、政治建设和文化建设同等重要的高度，社会民间力量也迎来了快速发展的历史机遇期，政府也正在逐步探索如何形成与社会组织共同进行社会治理的新格局。而在进行公民教育方面，社会组织作为一个社会个体成员与政府部门之间的中介集团，能够充分回应社会边缘群体的利益诉求并为其代言。因而，社会组织参与公民教育能够弥补现行公民教育中公民权利弱化和社会参与不足的问题，并帮助他们树立现代公民意识，培育公民独立思考的精神。

---

① 徐丽敏：《农民工子女城市社会融入的模式构建》，《学术界》2015年第10期，第230—236页。

② 贺伊丽：《社会组织参与公民教育的路径探析》，《党政论坛》2015年第9期，第29—31页。

因此，无论是对于随迁子女直接提供义务教务保障其公平享有基本受教育权方面，还是对于他们在义务教育之外的课外素质拓展来促进他们对于城市的文化和心理融入方面，社会组织都能利用自身的独特的公益志愿理念和较强的资源凝聚整合能力在为他们构建社会支持中发挥积极作用。此外，社会组织参与公民教育的行动是对以政府为主导的公民教育体系的良好补充，有利于乡城移民群体更好地以社会组织为依托参与社会公共事务并实现其公民权利。

（二）个案分析：杭网义工分会 Y 项目对随迁子女的赋权模式研究

在上文的分析中我们看到，除了政府发挥应有的政策和财政支持作用之外，社会力量也能够参与对随迁子女提供教育支持，这种支持作用的发挥既可以通过设立民办学校的方式来完成，也可以通过社会赋权项目的开展来实现。在本案例中，笔者将会以杭网义工分会为例探讨社会组织参与随迁子女赋权的运作模式。

杭州网义工分会成立于 2005 年，其最早是网友通过杭州网论坛上开设的一个义工联盟栏目，借此阵地来宣传"给予社会和他人一些力所能及的无偿帮助"这一公益理念。这一栏目建立之后得到了很多网友的热情响应，一群热心公益的年轻人纷纷加入了该栏目并定期在线下举办公益志愿活动。为了方便成员之间的相互交流和信息分享，杭州网义工联盟版块的官方 QQ 群正式建立，并制定了组织的相关规定和章程，形成了一套简单的管理制度和框架。后来随着义工队伍的不断壮大和线下志愿活动的不断开展，这一组织开始具有一定的社会影响力和号召力。2007 年，这一组织正是加入了杭州市慈善总会并更名为杭州网义工分会，其如今已经发展成为了一个在杭州具有较大规模的实体公益组织。这一组织成立的初衷在于通过网络平台的积聚效应，吸引网友自发成立义工团体，从而让这一虚拟的开放式爱心公益平台能够激发更多志同道合的人参与现实生活中的慈善公益事业（俞真，2012）。截至 2012 年，杭州网义工分会已经拥有来自于社会各个行业的将近四千名成员，他们始终坚持每月举办公益活动 4—15 次，每年举办大型公益活动 3—5 个，并形成了"乐义工坊"、"青少年之家"、"城市公益环保"、"外来务工者子女夏令营"等多个品牌项目。

　　该社会组织下设的 Y 项目招募了一批大学生志愿者利用课余时间为那些家庭贫困的随迁子女提供完全免费的课余辅导和文化艺术的培训项目，上课时间为每周六或周日的下午大约 3 个小时，培训场地设在拱墅区文化体育中心，场地和水电费用均由区政府财政补贴。由于人手和场地的限制，这一项目开设的课程大都只能容纳几十名学生，项目工作人员在接收到家长的课程申请后都会进行家访，在对他们的家庭情况和孩子的学习兴趣情况做出综合评估之后就会正式开班，每期课程和学校的上课时间基本保持一致，一年开设两期。该项目的开展旨在为那些家庭贫困的随迁子女提供义务教育之外的素质拓展和辅导，帮助他们在城市学习知识的同时增长见识、培养他们的兴趣爱好，从而有助于缩小他们与城市学生在综合素质上的差距。项目主要提供的服务内容有：

　　第一，文体艺术课程的辅导。目前，该项目面向全社会上招聘了一批具有志愿服务精神的文化艺术课老师，他们义务地承担课程的授课任务，授课科目有舞蹈、书法、美工等。通常情况下，文化艺术类培训课程往往需要缴纳昂贵的培训费用，其对学生家长的经济承受能力有一定要求。而笔者在访谈中发现，这些家庭经济条件一般的乡城移民群体没有经济能力去培养孩子在课堂以外的兴趣爱好和文体特长，其从长远看不利于这些孩子的综合素质的提升和全方位的成长，使得他们与城市本地学生相比不仅在教育资源获取、升学条件机会等方面存在显著差距，更会在综合文化素质拓展和个人长远发展能力上落后一程，不利于教育公平的实现和社会融入的提升。当然，该项目所提供的这些公益课程在授课质量上与专业培训机构相比仍然存在明显差距，而且也会面临着一些经费和场地的困难，课程开设的持续性还有待于观察。正如这个项目的负责人 SH02 所说：

　　　　我们这边经费的话主要是一些企业的赞助，经费不算充裕。之前我们上课都像是打游击战一样的，这边说有免费的教室给我们，我们就去这边，所以会有很大的流动性。现在政府慢慢重视这一块，也会给我们一些场地的支持，我们可以去免费的申请使用，现在用的这个拱墅区文体中心就是区政府批下来借给我们免费用的，水电费用也是区政府他们承担。但是我们是拿不到政府的经费支持，主要是企业或者是社会上的一些捐助。【访谈对象 SH02】

　　SH02 自己也是一名志愿者，他现在是浙江工商大学的一名在校学生，两年前加入杭州网义工分会后就一直负责该项目的执行。他的工作不仅要组织其他志愿者去这些随迁子女的家庭进行实地家访，还要千方百计地与当地政府部门联系以争取场地支持。由于资金不足，项目在执行过程中也会遇到种种困难，但是这一项目的设立至少让我们看到了一种可能或是一种希望，就是其能够成为一种渠道去帮助那些家庭困难乡城移民群体有机会去培育子女的兴趣爱好，从而也能够成为一种为随迁子女体增权赋能，缩小与本地学生之间的差距，拉近他们与城市社会之间的距离。如今，这一项目的实施也引起了浙江省内多家媒体的关注，该负责人谈道：

　　　　我们现在每期的话是 40 多个人，一共已经办了七年了，累积下来有个好几百人……现在这个项目的影响力已经很大了，有好多媒体都过来报道过我们的活动，像浙江卫视什么的新闻媒体都是来过的。媒体报道之后有一些好心人和我们联系，表示愿意捐助一些学习用品给我们用。【访谈对象 SH02】

　　如上所述，随着新闻媒体的宣传，该项目的社会影响力进一步提升，获取资源的渠道也有所扩展。如今，该项目在拱墅区政府的支持下已经有了稳定的授课场所，在社会捐助的支持下也有了一定的授课资源，其对于该项目的持续发展具有重要意义。

　　第二，参观访问与文化感染。在随迁子女从农村老家来到城市的过程中，他们必然也会感受到现代城市文化带给他们的震撼，也会随之产生一系列的文化适应和文化重塑的过程。因此，对于这些随迁子女进行来自于城市社会的外部赋权和多元文化的整合教育也十分重要，其能够帮助他们培养现代公民意识，增强他们对于城市社会的认同感，减少城市主流文化带给他们的排斥（徐丽敏，2015）。由此，该项目在实施的过程中不仅注重对于他们进行课业辅导和文化艺术课程培训，而且还会给予他们增长见识、接触社会的机会，后者对于这些随迁子女来说可能更加宝贵，因为其不仅能够帮助这些孩子拓展视野、树立信心，还能够帮助其获得在城市里生活的归属感和认同感。正如杭州网义工分会的一名工作人员 SH01 所说：

　　我们这个项目不光是辅导他们学习，给他们上文化艺术课，还会带他们参观杭州市的各个景点、博物馆，还有类似于像可口可乐这样的大型公司，让他们去实地感受一下现代先进的生产技术和先进企业的文化，这对于他们以后的成长是非常有好处的。【访谈对象SH01】

同时，该项目的另一名志愿者SH03也补充道，

　　我们和孩子接触多了才慢慢地感知到孩子们需要什么渴望什么，他们需要得到家庭的关爱，渴望和城市里面的孩子们一样。我们会找各种机会和舞台让他们去展示自己，锻炼自己，其实你会发现他们和城市里面的孩子在自信度上是不一样的。所以我们就是希望通过我们的培训活动、带他们去参观游玩，让他们感受到城市带给他们的归属感。【访谈对象SH03】

这些活动的开展是帮助他们提升综合素质的有效手段，能够让他们更好地与本地学生互动，更好地与城市文化融入。与此同时，感恩教育的理念贯穿在整个项目实施的过程中，多年下来积累了一定的社会效果。SH02举例说道，

　　我们还会做一些感恩回馈的活动，培养一下孩子们对于社会的这种感恩意识。比如今年就有一个孩子跟我们联系了，她是2005年参加这个项目的，她现在考到杭州来了，她感受很深的，她和我们说她当时上小学的时候感受到了社会给她的这种福利，现在考上大学了也想成为一名义工做一些志愿活动，我们项目的几个负责人讨论之后接受了她的申请，我们就是想着通过这种活动能够把这种爱传递下去，让更多的孩子感受到社会带给他们的温暖。【访谈对象SH02】

因此我们可以看到，社会组织对于乡城移民群体随迁子女社会支持的建构上，其角色和功能绝不仅仅局限于提供基本的义务教育，更在于发挥赋权增能的作用帮助他们更好地与城市本地社会和文化相融入。在本案例中，杭州网义工分会所实施的X项目很好地集聚了政府部门的场地和政

策支持，企业团体的资金捐助和新闻媒体的舆论支持三大资源来源，通过项目的申请和审核流程确定需要获得服务的支持对象，并通过课业辅导、特长培训的形式为随迁子女群体提供教育和技能上的支持，缩小他们与本地学生在学业成绩和专业素质上的差距，通过社会参访和感恩教育的方式为随迁子女群体提供心理和文化上的支持，提高他们对于城市文化的认同感、归属感和整体的社会融入度，具体见图6—4所示。

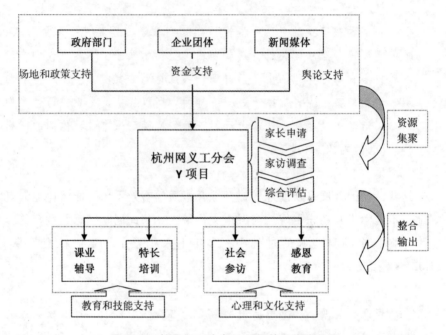

图6—4　杭网义工分会Y项目的运作流程图

因此，政府教育主管部门虽然在乡城移民随迁子女在城市接受平等的义务教育过程中富有主要责任，但社会组织通过自身优势发挥资源集聚和整合的作用也能够对于他们进行教育辅导和心理文化上的支持，从而缩小他们与本地学生相比在学业成绩和专业素质上的差距，有利于他们自信心的树立和社会归属感的提升。在本案例中，社会组织可以在为其构建社会支持的过程中起到很好的补充和辅助作用，尤其是社会组织能够发挥自身优势帮助那些随迁子女提高学业成绩和综合素质，提升他们对于城市文化的了解和认同。

本章小结

在本章中，笔者从多元社会主体协同的视角依次探讨了社会支持模式针对三个不同的迁移阶段分别应当如何建构，并结合杭州三个案例的实践经验讨论了不同社会支持模式运作的有效性。根据乡城移民群体社会网络状况和生活诉求的不同，在迁移初始期，企业与社区之间的协同能够成为一种有效的社会支持模式，前者能够缓解乡城移民群体的求职压力以及提供更多的人文关怀，后者能够提供基本的社区服务帮助他们增加对于城市社会的融入感；在迁移发展期，政府与社区之间的协同能够发挥积极的支持作用，前者主导了公租房的建设和审批，后者能够积极参与公租房社区的日常管理和服务输送；在迁移稳定期，政府与社会组织是破除现有公民身份差序格局的主要力量，前者能够通过制度的优化为乡城移民群体平权，后者能够通过各种项目的开展为乡城移民群体赋权。由此，社会支持体系的建构与乡城移民的不同迁移阶段就能够被科学逻辑地联系起来，这一联系有利于社会支持作用发挥的精准化和最大化。

从上述不同模式的建构中我们也可以引申出一个乡城移民社会支持模式的发展轨迹，也即在迁移的初始阶段，以用人单位和社区为中心的社会支持所发挥的作用对于回应移民群体的困难和诉求最为匹配和有效。然而，随着迁移时间的延长，移民群体在日常生活中所面临的问题是在现有城乡二元制度框架下所无法解决的，因而若要回应他们的核心利益诉求只能依靠制度束缚的破除来实现。在这一过程中，用人单位和社区能够发挥的作用就十分有限，以政府和社会组织为中心的社会支持模式开始具有重要意义，而乡城移民群体最终能否实现市民化关键则取决于政府的政策设计能否真正具有包容性。因此，多元社会主体之间的协同对于乡城移民社会支持的建构固然重要，但是各个主体之间如何协同，哪些主体在不同的阶段中要发挥核心作用等问题更需要我们进行深入探索。从这个意义上说，本研究对于社会支持模式建构的讨论本质上体现了一种阶段累进的思想，社会支持与公共服务在不同的阶段应该体现出差异性和针对性，从而才能更为科学合理地匹配乡城移民群体在不同迁移阶段中的诉求与需要。

第七章 乡城移民社会支持阶段化
建构的理论功用

上述章节中，笔者分别讨论了不同迁移阶段中社会支持模式可能的建构方式，以及其在实践运作过程中的有效性。在本章中，笔者将首先从理论意义的视角与西方移民研究学界对于跨国移民研究中的移民阶段学说理论展开对话，并探讨这一阶段划分的思想在当前我国大力倡导实现乡城移民市民化的背景中所具有的重要性。其次，笔者将分别从提升社会资本、消除社会排斥、破除公民身份差序格局和提升社会发展质量等维度来讨论上述三种不同的社会支持模式所具有理论的有效性，其能够分别发挥怎样的功用，能够分别回应哪些理论问题等，从而阐释这一社会支持模式的阶段化建构所具有的理论依据。

一　迁移阶段划分的理论意义阐释

当前，在我国加速推进城镇化建设的过程中，一个最为突出的问题就是要设法提高城镇化质量，只有让更多的农业转移人口在迁入地实现定居和落户，才能够充分释放城镇化进程对于我国经济发展的红利。在此背景中，实施以推动乡城移民群体市民化为核心的新型城镇化战略成为了政府、社会和学界的共识，这就意味着国家会逐步给予乡城移民群体更多的公共服务和公民权利，从而使他们摆脱以往在城市和农村之间的候鸟式迁移状态，破除现有政策设计和制度安排所导致的半城市化现象，以为这一群体实现由乡城移民向本地市民的转变创造积极条件。正如笔者在本书第二章中所引用的数据显示，在 20 世纪 90 年代末期，仅有一成左右的乡城移民群体表示未来愿意在城市定居，随着城乡之间的融合程度逐渐加深，他们当中表示愿意在城市定居的比例逐年来稳步提升，到了 2015 年，有研究显示乡城移民群体中愿意在城市定居的比例已经达到了六成左右①。这一人口迁移的新趋势启示我们，乡城人口大规模流动初期所出现的潮汐式往返迁移正逐渐被定居式移民迁移所取代，这样一种人口迁移的趋势将在未来很长一段时期内成为我国国内人口迁移的常态。

西方移民研究学界常常把跨国移民作为讨论的对象，并据此提出了很多理论和学说来阐释移民现象发生的动因、过程以及对于迁入地和迁出地社会带来的影响。其中，本研究的一个基本假设是基于德国学者波恩所提出来的"移民过程学说"，其分析了由欠发达国家向欧美发达国家中的跨国移民浪潮。其后，这一思想逐渐开始运用到社会工作干预的实践模式中去，如 Cox② 和 Drachman③等人提出要根据移民所处的不同迁移阶段来提供不同的社会工作干预措施，在迁移发生的第一个阶段（Premigration and Departure），他们在一个陌生的环境中往往面临与亲戚家人分离的生活状态，生存状态也较为窘迫；在第二阶段（Transit），他们往往为获得迁入地政府颁发的合法居住凭证而努力，居住环境不容乐观；在第三个阶段（Resettlement），他们获得合法居住资格后开始追求在迁入地的定居，但理想与现实之间往往存在巨大的落差，如他们普遍面临着语言文化障碍、迁入国公民权利的排斥等诸多问题。由此，针对移民群体的社会工作干预措施和服务项目也要据此而有所差异。在我国，乡城移民群体拥有更为自由的迁移权利，受到的管制和障碍远不如跨国间移民那么繁杂。因而，国家内部移民与跨国移民相比具有一定的不同。但是，从迁移过程的角度来说，两者在实质上却具有一定的相似性，也即都是要经受不同社会系统之间的转换带给他们生活的冲击，实现从迁出地到迁入地的移居和融入同样需要一个漫长的过程。在这一过程中，移民群体也会经历着不同的生活阶段，在不同生活阶段中也会催生出一系列的困难因素与利益诉求。由此，

---

①　李晓阳、黄毅祥、许秀川：《农民工"候鸟式"迁移影响因素分析——基于重庆市 9 个主城区的农民工调查》，《中国人口·资源与环境》2015 年第 25（9）期，第 70—80 页。

②　Cox D. Welfare services for migrants: Can they be better planned? [J]. International Migration, 1985, 23（1）: 73-95.

③　Drachman D. A Stage-of-Migration framework for service to immigrant populations [J]. Social Work, 1992, 37（1）: 68-72.

从一个阶段化的视角来审视我国乡城移民群体的市民化过程，并针对性地提出干预措施同样具有现实意义。

在本研究中，笔者提出的乡城移民迁移三阶段的划分与上述移民过程学说的理论假设有着一定的相似之处，都是把移民完成从迁移开始到社会融入的全过程视为一个迁移行为的生命周期，具体分为迁移发生期、适应期、稳定期、融入期等不同阶段。这一划分不仅符合迁移行为发生的客观规律，也能够为政府及其他社会主体进行阶段化的政策干预提供依据。当然，本研究的设计思路虽然借鉴了西方移民阶段学说的理论假设，但也并非是对于西方移民研究理论的照抄照搬，而是与我国特有的制度设计相结合阐释了居住证制度和户籍制度这两种制度的阀门效应对于乡城移民群体迁入城市过程中所产生的影响。居住证制度的实施实际上生成了外来移民和本地市民之间不平等的公民身份格局，这一格局虽然能够有效缓解人口大规模向城市流动对城市公共服务和社会秩序所带来的冲击，但是也造成了明显的社会阶层分化和社会不公平。当然，这一制度的实施在客观上为乡城移民群体迁入城市生活增添了一个门槛，也即在城市居住满半年且有固定职业和居所的群体可以在迁入地申领居住证，从而也就获得了在城市合法居住的权利并能够享有一部分的政府公共服务，而在城市工作和居住不满半年的乡城移民群体则无法享有迁入地政府提供的基本公共服务。因而，虽然这一制度阀门效应的准入门槛较低，但还是会对于乡城移民迁入城市过程中的生活状况以及未来对于在城市生活的期望带来一定影响，故笔者据此以半年为限作为划分迁移初始期和发展期的标准。

然而，要真正实现移民身份向市民的转化，则必须要突破户籍制度这一阀门的束缚，与居住证的阀门效应相比，户籍准入的门槛和条件显然更加苛刻，这是因为附属于户籍制度上的公民权利更加具有含金量。从笔者在第四章中对于部分地方政府出台的政策规定来看，对于中小城市来说，在迁入地居住满（或连续缴纳社会保险）三至五年即具有了申请落户的基本条件；对于大中城市来说，在迁入地居住满（或连续缴纳社会保险）五至七年才能够具备申请入籍的基本条件，而最终能否获得户籍准入还需要取决于其他一系列的申请条件，如很多地方政府都在推行积分制入户制度。因而从总体来看，大部分乡城移民群体要想最终获得在迁入地城市的公民身份资格，就必须经历一个较为漫长的时间过程。在此，笔者以三至七年的平均值五年为限把乡城移民群体分为迁移发展期和稳定期，处于迁移稳定期的群体对于户籍准入和市民身份的获得会显得更为迫切。

因而，本研究对于乡城移民迁移阶段进行划分的思想与西方学界对于跨国移民研究中形成的移民迁移阶段学说在本质上是一脉相承的，都是要根据移民迁移的阶段性规律来剖析迁移行为发生到结束的全过程。不同的是，笔者将这一思想与我国目前以居住证制度和户籍制度为核心的双重制度阀效应相结合，由此来探讨制度的设置对于乡城移民迁移和城市融入进程的切割。这一划分是西方移民过程学说思想在我国的具体运用，其不仅验证了该学说对于分析国内农村人口向城市迁移过程的适用性，也能够对我国乡城移民研究学界对于迁移阶段的讨论提供一个可行的思路。特别是在当前我国大力推行乡城移民市民化的背景中，我们要看到乡城移民从迁移行为的发生到最后实现城市融入并不是一蹴而就的，往往需要经历一个较为漫长的过程，这就需要我们从一个更加精细化的视角来审视这一漫长过程是否会经历几个不同的阶段，从而根据每个迁移阶段中乡城移民群体的生活困难与核心诉求提供相对应的支持手段和福利服务。

综上所述，本研究中对于我国乡城移民的迁移阶段划分不仅具有充分的理论依据，也能够为学术界从阶段化的视角研究乡城移民群体实现身份转变的全过程提供一个可操作化的思路。据此，笔者基于对处于不同迁移阶段中乡城移民群体的社会网络分析提出了社会支持建构的不同模式，其本质上是多元社会主体之间不同的协同合作来保证支持效果的针对性和精准化。

二　社区—企业协同对于提升社会资本的功用分析

在迁移初始期中，乡城移民群体面临着生活与社会交往重构的巨大挑战，而社区和企业作为与其在城市生活联系最为密切的两大社会主体，自然成为了乡城移民群体进入城市生活场域的中介组织，通过这一中介功能的发挥进而帮助他们逐步适应在城市的生活并重新拓展个人的社会资本。从上文对于访谈资料的分析中我们可以看到，乡城移民群体从农村劳动力市场进入城市劳动力市场的体制性障碍业已消除，但是服务于乡城移民进城就业的机构和组织并不多见，除了政府就业管理部门组织的劳务输出和各类人才市场，第三方的职业中介和服务组织较为缺乏。在这种状况下，他们大都依靠私人关系网络如亲戚和同乡的介绍进入城市就业体系，这种非正式的关系引荐具有很大的偶然性和脆弱性，不利于其与本地居民建立持续稳定的社会互动关系。因而，一旦原有的乡土关系网络遭到破坏，他们就很可能面临着社会网络断裂的风险，从而使他们陷入一种社交孤立的境地。由此，在缺乏就业中介组织存在的情况下，以单位同事、合住室友、社区工作人员等就成为了乡城移民初来城市的首属交往群体，社会网络的拓展和社会资本的提升都将以用人单位和社区作为基本载体来讨论。

首先，用人单位中正式的雇佣关系或非正式的雇佣行为分别形成了以契约和信任为基础的社会资本。目前，我国城市劳动力市场的分化日益明显，大体上能够分为以下三种就业部门，一是劳动合同规范、收入较高、社会保障稳定的正式就业部门，二是收入稳定并能够部分享有社会保障的城市非正式就业部门，三是劳动合同不规范、收入较低且工作强度较大的城市非正式就业部门①②。大多数乡城移民群体在城市的工作往往都从第二级和第三级的非正式就业部门开始。在这些就业部门中，有的能够与求职者签订具有法律效力的雇佣合同以保障双方的权利与义务，从而形成了以契约为基础的社会资本。这一社会资本以共享的规范或正在使用的规则为核心来作为解决集体行动问题的方式③。因而，在正式雇佣关系的保障下，乡城移民群体也就能够获得在城市生存的基本物质基础，包括稳定的收入、正式的制度保障以及参加社会保障项目的权利等。当然，也有一些劳动部门出于各种原因无法与求职者之间订立明确的雇佣关系合同，在这种非正式雇佣关系下，乡城移民群体社会资本的形成只能依靠人际之间的信任，包括对于熟人关系网络对于工作机会引荐者的信任，以及对于工作岗位提供者生产经营行为的信任。信任关系的广泛存在能够成为各种社会行为的黏合剂，极大降低了各种社会交往行为之间的潜在风险。因此，无论是存在于正式雇佣关系中以契约为基础的社会资本，还是存在于非正式

---

① 何景熙：《不充分就业及其社会影响：对成都平原及周边地区农村劳动力利用研究》，《中国社会科学》1999 年第 2 期，第 34—50 页。

② 李培林、张翼、赵延东：《就业与制度变迁——两个特殊群体的求职过程》，浙江人民出版社 2001 年版。

③ 曹荣湘：《走出囚徒困境：社会资本与制度分析》，上海三联书店 2003 年版。

雇佣关系中以信任为基础的社会资本，用人单位作为劳动就业岗位的直接提供者都能够发挥极其重要的作用。这种基于劳动力市场和市场交换行为为基础的网络赋予了企业和单位内部的领导、精英和员工之间互通社会资本的可能性。

　　具体来说，在正式雇佣关系中，用人单位拓展乡城移民群体的社会资本可以依靠以下几个基本手段，其一，通过履行基本社会责任的方式。用人单位为员工履行的基本社会责任包括按照劳动合同的规定足额支付工资、足额缴纳社会保险费、提供安全的工作环境等，有了这些正式的制度性保障，乡城移民群体就拥有了在城市继续生活的物质基础，因而也能够为其在城市重构社会网络奠定基础。其二，通过强化职业培训的方式。为了使新进的员工尽快掌握工作必备的技能以及尽快熟悉工作环境，用人单位往往通过组织定期培训的方式来提升员工的人力资本。而人力资本的提升对于收入水平的增加无疑具有正向的作用，如苏群和周春芳的研究就证明了工作培训状况是影响乡城移民群体收入水平的重要因素，受到过工作培训的乡城移民与未受到过工作培训的乡城移民相比，他们的月工资收入平均要高出170元①。所以，通过用人单位进行工作培训的方式来提升员工的工作技能对于拓展员工的社会资本来说具有积极的意义。而在非正式的雇佣关系中，用人单位则依靠人际之间的信任关系拓展乡城移民的社会资本，包括采用魅力型领导方式增加员工对于企业的信任、培育企业文化来维系员工之间的相互归属感等。当然我们也不能否认，非正式雇佣关系中乡城移民群体的社会资本能否得到拓展在很大程度上取决于用人单位能否成为一种社会良心的代言人，尤其是在政府法律监管之外，用人单位自身的市场行为要受到道德和伦理的基本约束。

　　其次，社区作为一个市民居住的空间场所和城市运转的基本单位，是各种社会行为和社会关系错综复杂的集合体，社区网络的拓展和社区资本的形成必然有利于强化迁移初始期乡城移民群体对于社区的认同，进而形成对于城市社会的认同，减少其在城市生活过程中的孤独感。社区社会资本在近些年来也被很多研究者所关注，这一形式的社会资本是

① 苏群、周春芳：《农民工人力资本对外出打工收入影响研究：江苏省的实证分析》，《农村经济》2005年第7期，第115—118页。

城市社区内部的个人和组织基于互利互惠的原则在长期的内外互动过程中逐渐形成和发展起来的，因而其意义在于从群体的层面讨论社会资本的功用。社区对于塑造社区内部的社会资本的提升可以通过以下几种常见的方式来完成，其一是充分发动社区成员积极参与社区建设和社区活动，让他们通过社区参与的方式感受到自身的主人翁地位，并结识更多的社区朋友来扩充自身的私人社会网络；其二是通过订立社区规范的方式培育社区的核心价值观，从而在社区内部之间形成一种文化的认同，提升社区成员的文化资本和社区共同体观念；其三是通过在社区内部培育社会组织的方式来广泛凝聚社区内部骨干和精英的共识，通过骨干精英的带动逐步形成社区事务自我管理和社区服务自我提供，其是公民社会建设在社区层面的基本要求；其四是通过体系和制度建设加强社区成员对于社区的信任以及社区内部成员之间的信任，从而为社区资本的生成提供现实土壤。

在社区资本培育和促进移民的社区融入方面，英国是一个十分典型的例子。近些年来，以社区发展为中心促进外来移民融入当地社会成为当地政府解决移民社会融入问题的主要模式，并引起了学术界的广泛关注。有学者认为社区发展是指人们积极参与到影响到他们生活的问题的解决中，在此过程中分享权力、技能、知识和经验，其通过对当地人进行赋权来增强他们解决问题的能力①。因此，社会融入这一概念与社区发展密切相连，社会融入的目标是改善弱势社群与其他社会群体之间的不平等地位，确保每一个社会成员能够获取足够的社会支持来实现他们在就业、教育、培训等方面的能力，而社区发展与这一理念一脉相承②。如英国北部的布拉德福德镇（Bradford）就是社区发展案例的典范。针对来自欧洲和南亚的移民，该城镇在社区发展中注重社会工作者的介入，并启动心理健康项目帮助解决外来人口的心理问题。同时，各种社区服务项目的发展解决了移民的基本生活问题，并在此基础上拓展

---

① Gilchrist A. Community development in the UK – possibilities and paradoxes [J]. Community Development Journal, 2003, 38 (1): 16-25.

② Henderson P. Including the excluded: from practice to policy in European community development [M]. Bristol: Policy Press, 2005.

社区资源来为这些人群提供有效的社会支持并帮助其社会融入①②。

综上所述，社交网络的单调和社会资本的匮乏是那些初来乍到的乡城移民群体面临的最大困境，其也是导致在这一生活转型适应期中产生的一系列生活困境的根源所在。由此，用人单位和社区作为两个与迁移初期乡城移民群体最为重要的社会互动主体都能够为他们提升在城市的社会资本发挥积极作用，从而社区和用人单位之间的协同模式为乡城移民提供社会支持就具有了理论上的依据。

三 政府—社区协同对于减少社会排斥的功用分析

在迁移发展期中，乡城移民以居住场所为核心的社交圈子开始成为其社会网络的主要特征。与此同时，公租房苛刻的准入条件排斥了大多数乡城移民群体，他们只能依靠在市场租房的形式来满足自身的居住需求。而城市房价的上涨提高了他们在城市的居住成本，他们不得不出于理性选择而向城郊和城中村等房屋租金便宜的区域聚集，由此形成了一个又一个的乡城移民聚集区，也就导致了笔者在上文中分析的"隔陀"效应。"隔陀"效应的本质就是社会群体之间的隔离，也即由于社会不同群体之间存在社会距离而导致一部分社会群体被主流社会所隔阂和疏离的现象，如果这种被社会所隔离的现象长期存在就必然会形成对于乡城移民群体的空间排斥，而居住空间的排斥也会进一步演化为全方位的社会排斥，如公民权利的排斥、社会交往的排斥、主流文化的排斥等等。因而，这一时期中社会支持的建构如何减少对于乡城移民群体的社会排斥效应就显得极为关键。

20 世纪 90 年代以来，随着经济全球化、人口老龄化以及欧洲福利国家危机的出现，社会排斥的研究逐渐在欧洲社会政策学界兴起，并逐步影响到北美和发展中国家的社会政策研究和实践。如今，社会排斥理论已经成为社会福利领域传播最广、应用最多的理论之一，特

---

① Meszaros P. Bradford community statistics project [J]. Local Economy, 2001, 16 (4): 326—328.

② 刘建娥：《中国乡—城移民的城市社会融入》，社会科学文献出版社 2011 年版。

别是在对于社会弱势群体以及由此引发的一系列社会问题等领域的分析中尤为见长。从学理起源上说，社会排斥这一概念最早是由法国学者维莱·勒内于 1974 年提出的，并作为研究经济领域中的排斥和贫困问题的核心概念①。这一概念发展到今天已经成为了一个多维度、广视角的概念，其理论内涵和外延已经扩展到了社会的方方面面②③。曾群和魏雁滨综合社会政策学界以往的研究，将个人层面的社会排斥分为五个具体的维度来讨论：第一是经济排斥，是指个人无法有效参与生产、交换和消费等经济活动，与此对应就形成了劳动力市场排斥、收入贫穷排斥和消费市场排斥；第二是政治排斥，是指个人和团体缺乏权力无法为自己的利益发声，因而被政治决策过程所排斥，包括个人及团体没有政治公民资格或政治权利遭受排斥和拥有政治权利的个人及团体没有参加政治活动两种情况；第三是社会关系排斥，是指个人被家庭和社会关系所排斥，从而导致个人的交往人数、频率的下降和社会支持网络的减弱；第四是文化排斥，一方面是指个人失去了社会认可的主流行为范式和价值观模式，另一方面也指少数个人及群体不能保有自身的语言、宗教、习俗、传统等文化权利；第五是福利制度排斥，是指个人及团体不具备社会公民资格而无法享有国家提供的社会保险、社会救助等社会权利④。此外，Duffy 又将社会排斥的分析具体到社会政策和社会福利领域来展开，并认为社会排斥在健康、就业、社会保护、教育和住房五个具体的领域上导致了被排斥的社会成员变得更加脆弱，无法应对各种社会风险⑤。这些研究从不同

① Silver P. Social exclusion and social solidarity: three paradigms [J]. International Labour Review, 1997, 133: 531—578.

② Berghman J. Social exclusion in Europe: policy context and analytical framework [A]. In G. Room (Eds.), Beyond the Thresholds: the Measurement and Analysis of Social Exclusion. Bristol: The Policy Press, 1995

③ Percy - Smith J. Introduction: the contours of social exclusion [A]. In J. Percy - Smith (Eds.), Policy responses to social exclusion: towards inclusion [M]. Buckingham: Open University Press, 2000.

④ 曾群、魏雁滨：《失业与社会排斥：一个分析框架》，《社会学研究》2004 年第 3 期，第 11—20 页。

⑤ Duffy K. The human dignity and social exclusion project—research opportunity and risk: trends of social exclusion in Europe [M]. Strasbourg: Council of Europe, 1998.

的角度揭示了社会排斥的内涵和蕴意，表明社会排斥以多种形式存在于社会之中，并时刻威胁着社会的团结和稳定。

因此，学术界对于社会排斥的研究开始注重强调社会政策的社会关系取向，也即社会政策试图通过社会宏观系统（如市场与社会系统）的融合来促进社会各个阶层的社会融合，避免经济与社会的失衡发展①。当然，从福利提供来源上强调国家、市场和家庭的三方互动关系中研究社会排斥现象也是一个重要的视角，其能够在三种制度互动的过程中解决弱势群体的社会排斥问题②。在我国学术界的研究语境中，乡城移民群体常常成为社会排斥理论所分析的对象。以往，学界对于制度性排斥的讨论关注较多，如户籍资格、社保制度等问题，这种刚性的制度性约束在短期内取得突破性进展的可能性甚微，然而由于居住空间的隔离所引发的社会交往排斥和文化排斥等则可以通过一系列社会支持手段的运用来予以应对。

从政府的角度来说，政府作为公共利益的代言人和公共权力的垄断者，自然也就成为了保护社会成员共同利益与福祉的最重要主体。这一主体的作用发挥突出地表现在政府对于基本公共服务的提供以保障社会成员的基本生活。这就要求政府部门一方面要逐步加大对于民生领域的财政投入，以公平正义的理念为基础主导社会资源再分配；而在政府目前无力解决的领域要鼓励社会主体参与公共服务的提供，并在这一过程中切实履行政府监管和干预的职责以保护弱势社群免受纯粹市场行为的侵害。乡城移民群体在迁移发展期的困难诉求主要体现在对于居住条件的改善上，而政府在保障公民基本居住权利上负有义不容辞的责任。其一，以政府财政为主要支撑的保障性住房体系要继续得以完善，尤其是对于面向尚未获得城市户籍的乡城移民群体的公共租赁住房要加大财政扶持力度，鼓励有条件的民间基本参与公共租赁住房的建设与运营，逐步缩小公共租赁住房需求与供给之间的矛盾，减少城市住房保障制度在准入资格上对于乡城移民群体的排斥；其二，公共租赁房的选址也要和城市发展相协调，从而在公租

---

① Midgley J. Social development：The development perspective in social welfare ［M］. London, UK：SAGE, 1995.

② 彭华民：《福利三角：一个社会政策的分析范式》，《社会学研究》2006 年第 4 期，第157—168 页。

房社区与本地社区之间形成一种有界邻里的关系，虽然乡城移民与本地居民分属于不同的居住小区，但从总体空间布局上却有利于错落有致、相生共融交往生态的塑造，打破地域隔离对于乡城移民群体所带来的社会排斥效应。然而，由于现阶段大部分乡城移民群体无法达到公共租赁住房的申请资格，因而他们大都选择通过房屋租赁市场自行解决居住需求。在此，有相当一部分群体居住在租金便宜且交通较为便利的城中村中，因而政府职能在城中村综合治理过程中的发挥就显得格外重要。除了对于城中村居住环境、消防治安等方面的监管，政府在城中村拆迁过程中也要考虑到乡城移民作为城中村实际承租人的实际困难，如逐步建立一种多方对话机制来实现决策机制的民主化，减少政策制定过程中对于乡城移民群体造成的社会排斥。

　　而从社区的角度来说，社区作为乡城移民群体的生活场所也能够发挥积极作用以消解社区层面对于外来人群的排斥效应，增进社区的凝聚力和向心力，促进社区融合和社区可持续发展。当然，社区的融合除了依靠社区文化的维系，还要依赖于社区成员间利益的合理分配和社区整体利益的重新定向，从而保证不同的社区成员聚焦于共同的目标。当然，社区也需要通过一系列的制度创新和手段创新来缓解社区排斥现象的发生。在本书中，笔者讨论了社区在政府公共租赁住房项目运作过程中所发挥的积极作用。其一，在公共租赁住房社区中，社区部门的日常管理和服务也应该体现出自身特色，要特别注重对于社区居民文化共同体意识的培育，为社区居民之间的横向社会交往创造有利条件，并要通过一系列社区活动的开展来树立社区的核心价值观，增进乡城移民群体对于本地社会的文化认同，从而减少城市主流文化对于这一群体的文化排斥效应；其二，社区还可以通过社区内部社会组织的培育来鼓励乡城移民群体参与社区公共事务，从而增强他们进行积极有效社会参与的自信心；其三，为了应对公共租赁房社区中居民异质性突出的问题，社区还必须能够通过服务递送手段的创新以回应居民之间的不同诉求，防止社区服务对于某一类特殊群体构成排斥效应以提高社区居民对于社区服务的可及性，实现社区内部基本公共服务的全覆盖。

四　政府—社会组织协同对于破除
公民身份差序的功用分析

在迁移稳定期中，乡城移民群体对于公民权利的获取与现有制度安排之间的张力效应日趋显化，其实质上折射出了当今我国城市中以居住证制度为基础的公民身份与以户籍制度为基础的公民身份两者并存的现象，两者之间所形成的差序格局造成了对于乡城移民群体的制度性排斥。由此，笔者在此借用公民身份理论来分析政府和社会组织对于破除这一制度性排斥进程中所能够发挥的作用。

公民身份这一概念是一个舶来品，现代意义上对公民身份的讨论最早起源于英国社会学家马歇尔，他认为公民身份应该被定义为一个社会共同体的成员资格，拥有这种成员资格的人就应该平等享有和履行这种资格赋予社会个体的权利和义务[1]。具体来讲，马歇尔的公民身份概念是一系列权利的集合，首先是民权，是指保障个人自由所必需的权利，如法律面前人人平等、人身自由等；其次是政治权，是指参与政治权利运用的权利，如政治上的选举权和被选举权；最后是社会权利，是指人们享有社会福利保障而使自己的生活水平达到一定标准的权利，如获得社会救济的权利和服务的权利等[2]。当然，对于舶来品的讨论需要回归到中国的现实背景和语境中展开。有学者指出，中国几千年传统的皇权思想对人们的思想和行为产生着潜移默化的影响，这种传统思想导致了中国社会中公民意识和公民身份的缺失，华人社会中普遍存在着社会权利少于社会责任的"权利缺乏"[3][4]，尤其是对于乡城移民和社会边缘群体来说，公民身份的缺失已

---

① Marshall T. H. Class, citizenship, and social development [M]. Garden City, N. Y.: Doubleday & Company, 1964.

② Marshall T. H. Citizenship and social class and other essays [M]. New York: University of Cambridge Press, 1950.

③ Wong R. B. Citizenship in Chinese history [A]. In M. Hangan & C. Tilly (Eds.), Extending citizenship, reconfiguring state. Lanham, MD: Rowman & Littlefield Publishers, 1999.

④ Wong C. K. & Wong K. Y. Universal ideals and particular constraints of social citizenship: the Chinese experience of unifying rights and responsibilities [J]. International Journal of Social Welfare, 2004, 13 (2): 103 – 111.

经成为阻碍他们融入城市生活的最大因素之一①。因而从公民身份的角度来讲，乡城移民群体所获得的公民权利与城市本地市民相比显然有所差距，尤其是在随迁子女入读公办学校和异地升学、享有城市住房保障体系等问题上的差距更为突出。

　　因而，从公民身份建构的角度来看，国家或政府能够通过一种自上而下的路径为公民赋予更多的权利，其政治制度和政策设计应优先注重保障公民获取无差别的基本公共服务的权利。在对于我国乡城移民公民身份的分析中，一个无法回避的社会现实就是现有的城乡二元社会结构，这一结构设置以户籍登记制度为核心把我国的城市居民和农村居民或分为了相互独立和封闭的社会单元，不同社会单元内的政策设计、生产要素和社会资源等都不尽相同、由此便导致了城市与农村之间在生产力水平、财政投入水平、科学教育水平、公共基础设施、社会福利资源等方面都产生了巨大的差异。改革开放以来，我国开始逐步实施较为宽松的人口管制政策，农村人口拥有了向城市自由迁移的机会，但是城乡分割的社会结构并没有随着城乡之间人口流动的增多而有所改变，从而出现了外来人口与城市市民之间公民身份分裂的社会现实。由此来看，国家在追求快速工业化和城镇化过程中凭借政治权力和制度安排塑造出了以城乡二元结构为基础的公民身份差序格局，这一格局造成了乡城移民群体部分公民权利的缺失。

　　解铃还须系铃人，制度束缚的破除只能依靠政府政策理念的优化和制度改革。最近几年，中央和地方政府相继出台了户籍制度的改革方案，这一举措为全面破除城乡二元，实现乡城移民与城市市民在户籍登记和公民权利等方面的统一奠定了基础。因而，政府职责的发挥对于破除乡城移民与城市市民之间的公民身份差序格局十分关键。正如上文所述，在公民权利的各种要素中，社会权利要素的缺乏是当今中国很多社会问题的根源：其主要包括诸如医疗卫生、公共教育、住房保障、养老保障、社会救助等一系列社会福利资源和社会保障项目。政府在这些社会资源的再分配过程中的主导作用体现在以下几个方面：其一是要进一步加快制度改革的进程，破除不合理的制度限制，从而逐步消解乡城移民和城市市民之间的不

① Solinger D. J. Citizenship issues in China's internal migration：Comparisons with Germany and Japan [J]. Political Science Quarterly, 1999, 114 (3)：455 – 478.

平等身份；其二是要以财税改革为契机提高政府基本公共服务的供给水平和覆盖人群，尤其是在城乡之间教育资源的公平分配、社会保障体系的城乡统筹等方面要加大改革力度，保证财政资源向公共租赁住房、随迁子女学校等方面的倾斜，从而保障乡城移民群体社会权利的享有。

除了政府自上而下的平权措施以外，社会组织和民间力量也是参与对乡城移民群体进行赋权增能的重要主体。赋权是指通过一些手段的运用来帮助个人、家庭、群体等提高他们个人的、人际的、社会经济的和政治的能力，从而能够改善他们现有状况的过程。赋权理论是社会工作学科最重要的理论基础之一，其成长于西方 20 世纪 60 年代以来出现的各种市民运动和平权运动的过程中，草根社会组织在这些权利运动的开展中不断发展壮大，并逐渐形成了一种以社会组织为主体的社会工作实务取向①。社会组织参与公民赋权的社会工作实务模式在美国尤为成熟，因为在一个典型的多元移民社会中，政府在处理来自于不同地域、不同民族、不同信仰和不同价值观的外来移民事务上常常显得力不从心。由此，美国社会中就强调居民自治和互帮互助，这种互助和志愿服务的精神也日益成为美国社会的主流价值观。在此价值观的引领下，这种"以人为本"、"以社区为本"的，成熟多元的志愿服务为政府的社会救助与管理职能的发挥起到了重要的辅助作用②。这种志愿服务活动超越了地缘、亲缘和业缘等传统的人际交往与互助模式，能够有效缓解乡城移民在进入城市社会后由于群体分化所带来的矛盾，增进他们与当地人之间的了解，从而形成巨大的文化向心力来促进外来移民群体的社会融入。

具体来说，赋权增能的视角注重提升以下几种权力，一是提升个人效能，提升其改变自我命运的能力；二是扩展人际交往，塑造和巩固自己的社交网络，充分挖掘自身可利用的资源；三是强化社会参与，促使个人通过正式或非正式的手段参与社会资源的分配和公共事务的治理过程。在本书的讨论中，社会组织或民间力量参与对于乡城移民随迁子女的赋权行动能够有效缓解城市公共教育资源与乡城移民群体需求之间的刚性矛盾，保

①　罗天莹、连静燕：《NGO 在农民工利益表达中的作用机制——基于赋权视角的实证研究》，《中国社会组织》2012 年第 8 期，第 23—27 页。

②　李雪红：《基于城市移民和社会融合的美国志愿文化历史与现状》，《青年探索》2013 年第 3 期，第 61—66 页。

护随迁子女在城市的受教育权。除了通过建设民办学校的方式直接向对象群体提供教育资源以外，社会组织还可以通过各种项目的运作来为随迁子女群体进行赋权。从以上三个视角来分析，首先，社会组织提供免费的课外辅导项目能够直接帮助他们提高学习能力并拓展其兴趣爱好，缩小他们与本地学生之间在综合素质上的差距，这些能力的提高对于提升他们的个人效能具有直接的促进意义；其次，随迁子女通过各种项目的参与客观上能够促进其个人交际圈的扩展，通过与更多同辈群体的交流互动来获得更多的生活经验与知识信息，并对其行为规范、价值观念等产生影响，以帮助这些未成年子女顺利完成社会化的过程；最后，社会组织是随迁子女进行有效社会参与的重要渠道，由于这一群体在可获得的社会资源和社会支持方面与本地学生相比存在一定差距，他们进行社会参与的能力和渠道都有所欠缺，社会组织作为一种社会和个人之间的中介机构能够担负起桥梁的作用，为随迁子女加深与本地社会的交流互动提供帮助。此外，社会组织本身所秉承的志愿服务和社会公益理念，也能够对随迁子女群体的行为和价值观产生有益的影响，帮助他们树立现代的公民精神。

从更加深远的意义来说，政府和社会组织对于乡城移民群体进行赋权能够促进社会阶层之间的相互融合，提升社会发展的质量。如何建设一个好的社会自古以来就是人类追求的目标，随着全球化浪潮和市场经济的深入发展，两极分化、阶级冲突、社会断层等问题日益困扰着社会的稳定和进步。20 世纪 90 年代以来，欧洲的社会政策和社会福利学界开始崇尚对于一个社会的社会发展质量的研究，关注对于社会弱势群体的照顾与救助以提升社会公正和社会参与，从而为所有市民提供一个具有较高社会质量的社会①。社会质量理论所关注的不仅仅是社会的经济生活，也更加关注社会网络的作用，它所强调社会包容和社会凝聚等因素正是研究乡城移民问题过程中的核心维度。从社会包容的角度看，一个具有较高社会质量的社会要保证社会制度设计的整合性和包容性，并能很好地回应社会排斥、社会结构断裂和社会阶层分化等问题；从社会赋权的角度来说，一个具有较高社会质量的社会需要确保每位社会成员都有发展空间，都能够积极参

---

① 林卡：《社会质量理论：研究和谐社会建设的新视角》，郑造桓主编，《社会质量与社会发展》，浙江大学出版社 2010 年版，第 27—41 页。

与到社会生活中来，并且各种社会组织也为社会成员的参与提供了可能性，从而增进社会成员的参与能力；从社会团结的角度来看，一个具有较高社会质量的社会需要使各个社会群体都能够和谐相处，形成各种社会阶层和阶级的利益整合机制，从而形成社会凝聚力①。因此，政府自上而下的平权与社会组织自下而上的赋权都能够提升社会成员尤其是社会弱势群体享有社会发展成果的可能性，其意义不仅在于对社会个体的增权赋能，更在于提升社会阶层之间的包容和团结以增进社会发展的质量。

本章小结

本章首先讨论了笔者对于乡城移民迁移三阶段的划分与西方移民阶段学说思想的联系与区别，阐释了这一划分在中国现有的社会设置下所具有的理论意义。此后，本章又分别基于社会资本理论、社会排斥理论、公民身份理论和社会质量理论等维度分析了社区—企业协同型社会支持模式、政府主导社会参与型社会支持模式以及政府平权社会组织赋权型社会支持模式的有效性，从而为不同迁移阶段中社会支持模式的不同建构方式提供了理论依据。由此，乡城移民迁移三阶段中三种不同的社会支持模式不仅在实践运作过程中能够得以印证，其社会支持功用的发挥也具有一定的理论意义，实践分析与理论阐释的相结合为笔者讨论社会支持模式的建构提供了一个相对完整的视角。

---

① Lin K. A methodological exploration of social quality research: A comparative evaluation of the quality of life and social quality approaches [J]. International Sociology, 2013, 3: 316–334.

第八章 乡城移民社会支持建构的
政策倡导与研究总结

　　对于社会支持体系建构的讨论本质上是要帮助乡城移民群体实现本地社会的融入，这一过程固然无法离开对于政府社会政策设计和理念的讨论和分析。在上文，笔者分别以移民系统理论、移民网络理论、社会资本理论等为基础分别探讨了处于不同迁移阶段中乡城移民群体的社会网络状况以及他们在城市生活的不同困境和利益诉求，并据此提出不同社会主体之间的相互协同能够为处于不同迁移阶段中的乡城移民群体提供社会有效精准的社会支持。从研究的总体进程来看，乡城移民群体在迁入地的工作和生活逐渐稳定下来之后，他们就会对于争取公民权利和入籍资格等开始显得敏感。此时，迁移者要真正融入本地社会就会遇到一系列瓶颈，而迁入地政府的政策和制度设计就会显得愈加重要。因此，迁移者是最终取得与本地居民平等的公民地位还是仍然遭受公民身份的排斥，与迁入地政府的政策理念及其政治、经济和社会发展状况有着密切的关系①。这是因为在人口迁移过程中，移民群体不仅会对迁入地在人口结构、产业发展、资源集聚等方面产生不可逆转的影响，同时迁入地的社会文化、社会心理、社会环境、政府政策等也对移民群体所产生的影响不能够被忽视②。

　　因而，作为一个在中国工业化和城市化进程中出现的必然社会现象，乡城移民群体对于迁入地社会的影响程度和范围往往会大于其对于迁出地的影响，这对于迁入地政府的地方社会治理带来了一定的挑战，听之任之

---

　　① 周聿峨、阮征宇：《当代国际移民理论研究的现状与趋势》，《暨南学报（哲学社会科学版）》2003年第2期，第1—8页。

　　② Bernard W. S. Immigration, social cohesion and social capital [J]. International Migration Review, 1967, 1 (2): 23 –33.

的不加干预或一刀切式的政策限制都不是明智的做法。不同的社会支持模式虽然能够有效回应不同时期乡城移民群体的核心利益诉求从而帮助他们融入本地社会，但从根本上说，要最终实现乡城移民的市民化还需要政府的社会政策发挥功用，如何实现政策和制度设计的包容性自然成为了核心问题。由此，从社会政策设计和社会发展理念倡导的宏观视野去阐释乡城移民群体获得社会支持并实现市民化的过程就显得十分必要，这将会为实现乡城移民的市民化和人口的城镇化奠定坚实的政策基础。在本章中，笔者将从包容性发展的理念出发对于社会政策的包容性进行深入探讨，并结合乡城移民社会支持和社会融入的具体问题提出相应的政策建议。

一　政策倡导

一个政府选择什么样的政策来干预社会生活，直接关系到该社会中种种矛盾的解决以及社会资源的分配，从而也能进一步影响到社会的未来发展方向。因而，政府采取的社会政策对于很多社会议题的解决都会具有举足轻重的影响，针对乡城移民社会支持与社会融入问题的讨论自然也离不开对于社会政策的探讨。在本研究中，笔者对于乡城移民群体迁入城市过程中的不同迁移阶段，分析了各种社会支持模式的建构方式，这一阶段化支持体系的目的就在于减少社会排斥并帮助其完成由移民向市民的转变。特别是在迁移发展期和迁移稳定期，当乡城移民群体融入城市过程中面临着关键的制度性排斥时，政府的社会政策理念和制度设计就成为了讨论的核心议题。由此，多元主体社会支持效用的发挥以及乡城移民的市民化进程在很大程度上取决于政府社会政策的包容性程度，如何提升政府社会政策的包容性以应对针对乡城移民群体的社会排斥就成为了一个无法回避的话题。

倡导包容性的社会发展理念、让社会成员共享社会发展的成果近些年来成为政府社会政策理念转变的一个重要方向。这一政策理念最早缘起于英国，20世纪末期，英国工党在取得执政地位之后开始采取各种措施来增强社会发展的包容性，强调机会平等和社会包容的社会正义观而非传统的再分配模式是这一社会政策理念的基本立场，正如吉登斯在阐释新工党一系列政策主张时就明确地把平等解读为包容性，不平等为排斥性，排斥性就体现在社会某个群体不能够被主流社会所包容①。据此，有学者把这种以注重机会均等、社会包容和能力建设而非社会再分配的新的福利体制代表了福利国家一种重要的范式转变②。这些政策理念是对当时社会现实进行矫正的一种方法和措施，它蕴含着维护社会成员的机会平等性、追求发展成果的共享性、增强社会的开放性、消除社会的贫困性以及减轻社会的排斥性的价值内核③。在我国，政界和学界对于包容性发展和社会政策包容性的讨论在很大程度上与 2007 年 10 月亚洲开发银行在召开的国际研讨会有关，这次研讨会以"新亚太地区的包容性发展与贫困减除"为主题，聚焦了亚洲发展中国家收入差距扩大、贫富分化加剧以及未充分就业的人口不断增加等社会问题，强调"为了让未充分就业的人找到体面并有经济价值的工作，并攫取人口红利，亚洲需要通过经济增长创造大量的就业机会，同时保证这些机会被公平分享，也即实现包容式的经济增长"。此后，国家领导人和政府官员逐渐把提升经济社会发展的包容性作为一个施政方向，从而使经济增长和城市发展的成果能够惠及到所有人群以改善民生状况，使包括社会弱势群体在内的每一位社会成员都有获得发展的公平机会，提高社会发展的公平性以减少社会排斥。因而，在讨论由于我国社会转型所引发的乡城移民社会支持和社会融入的议题中，倡导社会政策的包容性理念是十分必要的，其对于减少移民群体的社会排斥、缓解移民群体与本地居民之间的利益矛盾具有积极意义。

　　具体来说，在我国目前城乡二元的社会体制下，社会经济在城市和农村之间的不协调发展造成了城市中很多政策和制度对于乡城移民群体的社会排斥，尤其是在劳动力市场和社会保障制度等方面所遭受的社会排斥剥夺了他们进一步发展的可能性，使得城市发展的成果不能够有效地向这一群体输送，从而固化了他们在社会中的弱势地位④。因而，针对这种社会

---

①　林德山：《英国工党的社会政策解读：观念变化与政策变迁》，《欧洲研究》2009 年第 2 期，第 1—14 页。

②　Powell M. A. New Labour, new welfare state?: the "third way" in British social policy [M]. Bristol: The Policy Press, 1999.

③　甘子成：《对包容性社会政策的理论阐释》，《广东省社会主义学院学报》2013 年第 4 期，第 63—66 页。

④　方巍：《劳动社会保障与发展性策略——杭州市农民工的个案研究》，香港中文大学哲学博士论文，2006 年。

排斥的累积效应所带来的社会不公正，建立基于财政税收制度的社会再分配机制以及多元社会主体之间相互协作为其提供社会服务和支持是不够的，因为其虽然可以协调和平衡那些处在社会阶级阶层结构中的各利益群体之间的相互关系，却很难触及到那些处在主流群体之外的人群，例如那些被劳动力市场、社会网络、社会政治群体等体系中被排斥出去的社会离异者①。换句话说，外来移民群体要想真正实现社会融入，就必须享有和本地居民同等的市民待遇和公民权利，政府的政策设计和施政理念也必须向着实现外来移民群体的市民化方向倾斜，从而解决目前我国城镇化进程中出现的人口城镇化大大滞后于空间城镇化的这一"半城镇化"或"伪城镇化"现象。因此，以发展普惠型社会政策项目和普及更加广泛的公共服务为主要内容的包容性政策理念在应对社会排斥议题的讨论时就会具有重要的指导意义，因为其实质是要求向外来移民递送基于无差别公民权利的基本公共服务，从而为这一被社会排斥群体进行赋权。

如上所述，社会政策的包容性倡导起源于欧洲社会福利学界对于社会政策的反思，而在我国学术界开始流行并被逐渐接受在很大程度上要归功于亚洲开发银行和世界银行发展委员会倡导的包容性发展这一理念。包容性发展不仅仅是指经济总量的增长和人均收入的增加，还注重如医疗水平、教育状况、住房保障等社会发展指标的情况②。其在本质上是对于社会福祉在全社会的生产和分配过程中是否公正的一种评估，所追求的是社会开放性和社会成员公平发展的机会，从而有效减少社会排斥的发生使社会发展的成果能够惠及到每一个人③。由此说来，提升社会政策的包容性本质上就是为福利需求者提供广泛的公共服务以提升社会融合的程度，从而增进社会体系发展的包容性效果；所涉及的群体包括女权群体、儿童群体、少数族裔群体、外来移民群体以及宗教群体等，其有助于促进全体社

①　Lin K. , Xu Y. , Huang T. H. & Zhang J. H. Social Exclusion and Its Causes in East Asian Societies: Evidences from SQSQ Survey Data. Social Indicators Research, 2013, 112 (3): 641 - 660.

②　Ignacy S. Inclusive Development Strategy in an Era of Globalization [EB/OL]. ILO Working Papers, http: //www. ilo. org/public/libdoc/ilo/2004/104B09_ 260_ engl. pdf, 2004.

③　Kanbur R. & Rauniyar G. Conceptualizing inclusive development: with applications to rural infrastructure and development assistance [J]. Journal of the Asia Pacific Economy, 2010, 15 (4): 437 - 454.

会成员对于这些社会边缘群体和少数群体的包容，并在打破各种政治、经济、文化壁垒方面起到积极的作用①。而在宏观政策体系设计上，我们要能保证每个人都能够在这种政策体系下积极地参与经济增长过程，拥有平等的机会来提高自己的人力资本和分享经济增长的成果，减少权利剥夺、能力缺失以及社会排斥等②。这里，笔者勾勒出了一个从提升包容性的视角来分析社会政策的框架，包括政策的基本理念、政策手段、目标群体以及追求的社会发展结果等。并以此为依据提出增强社会发展的包容性以促进乡城移民群体实现社会融入的政策建议。

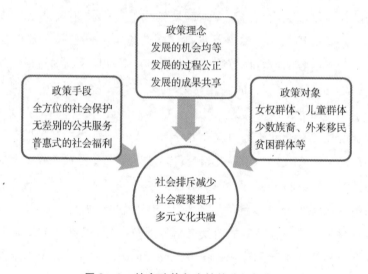

图 8—1　社会政策包容性的分析框架图

资料来源：笔者根据公开资料自行绘制。

　　运用这一政策分析框架来讨论乡城移民群体的社会排斥是一个合适的选择。社会不同群体之间由于文化背景、生活方式和生活环境等方面的不同而带有很强的异质性，这种异质性的存在为多元社会的形成提供了文化基因。但是，这种多元的文化基因要想发挥正向的功能和作用，其前提必须是包容性的社会发展理念使得不同的文化基因之间能够相互交流与融

---

①　林卡：《经济发展的快慢及其社会效应分析》，《人民论坛·学术前沿》2013 年第 20 期，第 76—83 页。

②　杜志雄、肖卫东、詹琳：《包容性增长理论的脉络、要义与政策内涵》，《社会科学管理与评论》2010 年第 11 期，第 4—14 页。

合。而乡城移民群体本身所带有的不同地域特征和文化背景使其对于城市生活方式和城市主流文化的适应带来了一定的难度，但是这些独特性对于迁入地社会所带来的影响也是不可被低估的。对于本书所讨论的乡城移民群体而言，社会政策包容性倡导不仅有助于减少社会排斥的累积效应对于这一群体融入城市社会所造成的制度性障碍，而且还有助于社会不同文化不同群体之间的共生共融，从而增强社会发展的向心力和凝聚力。因此，我们不仅要从微观的差异化视角探讨不同迁移模式下乡城移民群体之间在融入障碍和利益诉求等方面的不同，还要从宏观的整体性视角阐释社会政策的发展和社会舆论的引导对于乡城移民群体社会支持的建构有哪些积极或者消极的意义。

近些年来，中央政府开始秉承一系列更加开放和包容的政策理念，把乡城移民群体问题在迁入地社会的融入和身份转变问题摆在了更加突出的位置上，这是保证我国以人为核心的新型城镇化战略能够顺利实现的重大举措。诚然，这些政策理念的落地与地方政府的政策配合和实践举措密不可分。在杭州市，政府相继提出了诸如"新杭州人"、提升"我们感"、建设"生活品质之城"等执政理念，这些理念不单单对于乡城移民群体在杭州的融入来讲具有积极意义，也有利于整个社会阶层的团结和社会包容的提升。因此，杭州市政府对于提升乡城移民群体生活满意度和城市归属感方面所持有的施政理念，实质上是从政府治理理念和城市发展战略的高度来塑造杭州市本地的核心价值观、提升杭州市的社会凝聚力、构建杭州市独有的城市品牌和城市文化。当然，这些治理理念和城市品牌的发展战略要和当下阻碍乡城移民群体融入社会的主要问题进行很好地契合才能发挥出应有的功效，此外还必须探索与多元社会主体进行良性互动和合作治理的有效渠道，只有这样才能帮助乡城移民群体克服不同迁移阶段上遇到的困境，并最终实现与本地居民公民权利的平等化。

综合上述政策讨论，笔者认为我们应该从以下几个方面来实现政策发展的包容性，以减少社会发展过程中的制度性约束对于其社会支持作用发挥的制约，从而更好地促进这一群体最终实现社会融入。具体的政策建议如下：

第一，在政策制度的设计上，要强化需求导向并注重正式制度支持与非正式制度支持两种机制之间的相互作用与协调配合，提升政策效用的精准度，消除阻碍乡城移民城市融入的关键性壁垒。当然，在我国以"关系"为基础的社会基本格局中，以亲属关系和熟人关系为基石的先赋型社会支持体系必然不能够被忽视，但其往往仅能够针对非制度性排斥发挥作用，而对于制度性排斥需要后赋制度型支持予以回应。因为乡城移民在融入城市社会的过程中不仅面临着非制度性排斥，也面临着许多制度性排斥，后者对于其融入社会的阻力作用更为明显，因而，我们在讨论针对其社会支持建构的过程中要同时考虑来自于这两个方面的排斥因素。而在对于制度型支持的讨论中，有学者又把其分为正式制度支持和非正式制度支持两种形式，制度性排斥只能依靠正式制度性的支持给予回应，非制度性排斥则需要非正式的制度支持予以解决，由此便构成了一个"双向闭循环政策体系"[①]。如图 8—2 所示，两种类型的支持能够相互配合来促进乡城移民群体的城市融入。

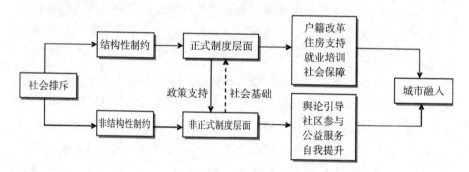

图 8—2　双向闭环政策支持体系的运作流程图

资料来源：许光：《新生代农民工失范性融入的路径审视与政策创新——以包容性视角下浙江的社会实践为例》，《中共南京市委党校学报》2014 年第 2 期，第 24—30 页。

　　正式的制度性支持主要源自于政府公共责任的承担和公共服务的输送，包括户籍登记政策、社会保障政策、就业服务政策、义务教育政策、住房支持政策等。正如笔者在上文中所述，政府职能的发挥对于回应乡城移民群体的利益诉求能够起到直接而有效的作用，特别是家庭式迁移群体

---

　　①　许光：《新生代农民工失范性融入的路径审视与政策创新——以包容性视角下浙江的社会实践为例》，《中共南京市委党校学报》2014 年第 2 期，第 24—30 页。

对于在城市的住房保障和子女受教育等问题的诉求需要政府的社会政策来发挥应有的效果。这种正式的政策支持具有典型的示范效应，它能够确保乡城移民群体能够与其他社会群体一样获得公平的机会享有城市经济发展所带来的红利，因此其保证的是制度性约束的消除和准入资格的公平。在另一方面，非正式的制度支持主要源自于多元社会主体功能的发挥和社会服务的开展，包括企业和用人单位承担相应的社会责任、社区拓展相关的社会服务以及社会组织对于公民权利的倡导等等。这些支持作用的发挥其一能够为乡城移民群体赋权增能，培育其现代公民意识，帮助其顺利实现从农民身份向市民身份角色的转变；其二这种非正式的制度性支持也能够起到桥梁和缓冲的作用，避免城市主流文化与乡城移民亚文化体系之间过于猛烈的碰撞和冲突，从未避免这种多元文化冲突对于社会结构稳定所带来的不利影响。

第二，在政策手段的运用上，要通过多元社会主体作用的发挥提升政府公共服务的覆盖面与精准度，构建普惠式的社会福利制度为乡城移民群体提供社会保护。近些年来，我国社会保障的体系不断完善，基本形成了覆盖城镇居民的养老和医疗保障体系，也相继通过新型农村养老保险、新型农村合作医疗和农村最低生活保障这三大社会保障项目覆盖到了绝大部分的农村居民。这些项目的实施促使我国基本社会保障项目和公共服务的覆盖面有了很大地提高，受益的人群也有了显著的增长。然而对于乡城移民群体来说，他们的流动性特征使得其对于目前分别基于农村和城市两种地域形态的社会保障体系产生了一定的不匹配效应。虽然他们能够在城市通过工作单位参加职工养老和医疗保险，但社会保障体系跨地域衔接的制度建设目前还不成熟，无形中增加了他们的参保成本并降低了他们的参保积极性。而对于那些从事于非正式的临时性工作或自雇群体来说，他们要么选择在农村老家参保，要么自费在城市参保，这两种选择在理性人视角的考虑下都不是最优的选择。

对此，有学者认为应该在迁入地政府的社会保障管理部门的主导下，根据乡城移民的主要特点建立一套专门的社会保障体系来对接他们的需求[1][2]。

---

①　唐永进：《必须建立农民工社会保险制度》，《探索与争鸣》2003 年第 2 期，第 21—23 页。

②　丁彩丽：《流动人口的社会保险》，《经营与管理》2009 年第 10 期，第 27—28 页。

在目前的社会发展条件下，专门社会保障体系建立的可能性和可操作性我们先暂且不论，这一思想的提出在本质上反映了政府提供公共服务应当更加精准化。现阶段我国推进的扶贫工作就是一个很好的例子，虽然国家每年对于贫困地区的财政转移支持并不在少数，但这些资源能否真正落实到最需要帮助的人群手中就很难得到评估，各地有关贫困统计数据造假、人情关系扶贫甚至在扶贫工作中滋生腐败等的社会不公现象也屡见报端①。这说明，政府在扩大公共服务和社会保障覆盖面的同时，还要注重强化这些公共项目支持作用的精准度，提高公共资源的使用效率。而对于乡城移民群体来说，不同的迁移模式必然面临着不同的融入障碍，也自然会产生不同的社会需求。我们社会支持政策的设计也要基于这些不同情况提升其针对性和精准化程度，从而真正体现政府基本公共服务对所有社会成员的包容性。

除了政府基本公共服务的广覆盖和精准化，社会福利政策的实施也是提升社会政策包容性的一项重要工具。近几年来，学术界对于建立普惠式社会福利制度的呼声越来越高。普惠型社会福利制度的构建基于社会成员的社会需要，国家是社会福利提供责任的主要承担者，其他多元主体如家庭、社区、市场组织、社会组织、志愿团体等协同配合、构成层次有别、功能互补的社会福利体系，以满足不同地域、不同群体和不同阶层中社会成员所需要的社会需求②③④。这一福利思想的提出，对于缓解我国社会转型和发展过程中逐步显现出来的诸如城乡福利鸿沟、阶层福利差距、弱势社群边缘化、农业人口市民化等一系列重大问题所带来的社会风险具有积极的指导意义。而对于乡城移民群体社会支持的建构而言，这一普惠型福利意识形态提出的积极意义在于能够赋予他们更多的公民社会权利，保证他们与城市居民一样享有社会福利的公平资格，从而通过这种公民主体作

---

① 汪三贵、郭子豪：《论中国的精准扶贫》，《贵州社会科学》2015 年第 5 期，第 147—150 页。

② 王思斌：《我国适度普惠型社会福利制度的建构》，《北京大学学报（哲学社会科学版）》2009 年第 3 期，第 58—65 页。

③ 彭华民：《中国组合式普惠型社会福利制度的构建》，《学术月刊》2011 年第 10 期，第 16—22 页。

④ 李迎生：《中国普惠型社会福利制度的模式选择》，《中国人民大学学报》2014 年第 5 期，第 52—61 页。

用的显现来破除目前社会福利制度中存在的人群选择和地域差异等不符合社会公平正义价值观的制度障碍。

第三，在政策效应的评估上，我们不仅要强调显性支持工具的运用，也不能忽视隐性支持手段功用的发挥，由此要重新审视对于社会发展状况的考察以及对于社会心态的引领，从而在全社会形成一种多元包容的文化氛围促进乡城移民向城市市民的转化。社会支持不单单是指物质上和服务上的支持，更在于心理上和文化上的支持，相比于前者的显化支持手段，后者往往更容易被忽视。因而在政策效应的评估过程中，我们不仅仅要关注经济发展、财政支出、就业提供、住房供给、制度规定等对于乡城移民群体生活质量改善的功用，同时也要注重对于社会文化和社会心态的评估，以实现移民群体与本地市民的文化共融。这就要求我们对于社会发展的理念与目标进行重新的审视。在我国从农业社会向工业社会转变的过程中，政府相继提出了解决温饱问题、迈向小康社会、全面建成小康社会等发展口号，并设立了于二十一世纪中叶基本建成中等发达国家的发展目标。这种发展口号和发展目标的设立虽然坚定了人们追求生活质量和国家富足的信念，但也难免会使政府的经济发展政策与社会政策陷入失衡状态，也即经济发展成为压倒一切的优先选项，社会福利事业的发展则被作为第二层次的发展目标，社会政策从属于经济政策。当然，我们不可否认这一发展理念的结果能够在短期内取得经济的快速发展和物质生活的极大丰富，并能够通过"滴漏效应"[①] 使包括处于社会下层民众和社会边缘群体在内的所有社会成员获益[②]。因而在这一背景中，我们对政策效应的评估往往以地区 GDP 的增长、政府财政收入的增长和城乡居民人均收入的增长等为指标，而一系列社会发展指标和社会心态的引领则并未成为社会

---

① 滴漏效应（trickle down economics）又可译作涓滴效应、渗漏效应，也称作"涓滴理论"，是指在经济发展过程中并不给予贫困阶层、弱势群体或贫困地区特别的优待，而是由优先发展起来的群体或地区通过消费、就业等方面惠及贫困阶层或地区，带动其发展和富裕。美国里根政府时期采取的经济政策被认为是基于滴漏效应的经济思想而产生的，其认为政府救济不是救助穷人最好的方法，应该通过经济增长使总财富增加，最终使穷人受益。具体措施包括削减政府预算以减少社会福利开支，控制货币供给量以降低通货膨胀，减少个人所得税和企业税以刺激投资等，从而增加整个社会的财富。

② 林卡：《社会政策、社会质量和中国大陆社会发展导向》，《社会科学》2014 年第 12 期，第 63—71 页。

发展的导向。

　　提升社会政策的包容性程度也要求我们要对于社会发展的状况进行综合的评估，注重经济发展成果的同时也要重视社会发展的质量，这就包括对于反映社会成员经济收入和生活水平的社会经济保障状况、体现社会各个阶层相互信任与融合和社会共同价值观认同的社会团结状况、折射公民权利发展以及社会结构和制度注入的社会包容状况、考察社会成员全面参与社会互动的能力与可能性以及个体潜能全面发展实现程度的社会赋权状况等。这种对于社会发展和社会政策效应的评估超出了原有的范畴，这一理念对于我们社会发展和政策效应评估有以下几点启示。首先，社会发展的评估不能局限于社会经济状况评估。经济状况是描述一个社会总体运行状况的一个指标，其所反映的是社会运行的物质基础以及社会创造财富的能力，但有可能会忽视经济增长和财政收入背后的环境污染、社会不公、城乡分割、贫富差距等一系列社会问题，这些问题如不能得到妥善解决势必会影响整个社会的良性运行与和谐稳定；其次，社会发展的评估要顾及到社会关系和社会网络的建构以重塑社会的主流价值观与核心凝聚力。基于自由主义原则而建立起来的市场经济体制引发的社会危机日益引起学界的思考，这种"非嵌入"式的经济制度对社会关系网络和社会文化氛围会造成不可避免的破坏①。它有可能导致人与人之间关系的冷漠与不信任，甚至导致整个社会信用体系的丧失；最后，社会发展状况的评估要注重社会成员个人的能力建设，要体现社会制度和社会氛围对于个体发展的支持作用，促进社会成员进行广泛的社会参并形成相应的社会网络，从而为公民社会的培育和发展提供现实土壤。

　　当然，对于任何社会问题的探讨和解决都离不开宏观的社会运行体系，因而对于乡城移民社会支持的构建也不得不与整个宏观社会的发展状况联系在一起。在我国自上而下的政治体制中，政府对于政策效应的评估机制对于未来社会发展的导向具有决定性意义，因而我们要转变以往偏向于经济发展的结构而忽视社会发展质量的评估理念。具体到乡城移民社会支持政策的建构过程中，我们不能只注重于在工资水平的增长、就业机会的增加和社会保障的完善等方面的支持，还要注重全面提升迁入地社会的

---

① 卡尔·波兰尼：《大转型：我们时代的政治与经济起源》，浙江人民出版社 2007 年版。

社会质量，形成多元开放的社会让外来人口能够进行社会参与，赋予他们更多的渠道来表达自己的利益诉求，从而引领整个社会心态向着更加包容更加成熟的方向的转变，消除不必要的文化歧视和社会偏见。这种政策效应所带来的结果是增加乡城移民群体与迁入地的社会融合状况，提升社会各个阶层之间的信任和团结，从而最大限度地减少由于人口迁移所带来的对迁入地原有社会生态的破坏以及社会体系运作秩序的冲击。在笔者进行调查访谈的杭州市，政府将对于外来移民的政策与城市的发展战略相结合，提出要提高人们生活的品质，增进人们对于城市的归属感。杭州市不仅在逐步完善社会保障、子女教育和住房保障等基本公共服务对于乡城移民群体的全覆盖，还积极地通过各级工会组织以及民间志愿团体等群团组织的力量为他们提供专项服务，并在社会中倡导帮助支持乡城移民群体的人文关怀精神。因此，无论是对于中央的政策理念还是地方的实践探索，我们都应该以包容性发展所追求的社会公平和利益共享等理念来审视目前的政策发展。

二　主要结论

在我国推进人口城镇化为核心的新型城镇化战略过程中，乡城移民的社会支持和社会融入始终将会是一个无法回避的核心问题。改革开放以来，我国各级政府对于乡城移民治理政策的演变基本上遵循了从"强化限制"到"促进融入"的演化轨迹，其反映出政府对待从农村到城市的人口迁移趋势的态度和理念更为务实和人性化。在学术研究中，对于乡城移民问题的探索既可以从宏观社会结构和社会运作的视角加以阐释和分析，也可以从微观社会干预和公民赋权的维度进行探讨和剖析，因而其涉及社会学、人口学、社会保障学、社会政策学等多个学科领域。基于这些政策和学科背景，本书通过回顾西方学术界对于移民研究的若干经典理论，以及学界对于乡城移民社会融入困境和社会支持建构的经验研究，构建了阶段累进式的分析框架来加以分析。笔者首先基于对部分城市现有居住证落户入籍政策中关于居住年限或社保缴纳年限的规定，把乡城移民群体分别以在城市居住半年和五年为标准划分为迁移初始期、迁移发展期和迁移稳定期三个阶段，进而利用大样本的二手数据检验了在找工作、社会保障、本地交往、居住条件、子女入学、公民维权等维度上处于上述不同迁移阶段乡城移民群体所呈现出的显著差异。同时，笔者基于质化访谈材料并利用社会网络分析这一工具描绘了处于不同迁移阶段上乡城移民群体的生活场域和与本地社会的互动状况，从而甄别出哪些社会主体在其日常生活中占据重要地位，并进一步剖析了乡城移民在迁入城市不同阶段过程中的生活期望和困难诉求。据此，笔者认为针对乡城移民社会支持的建构必须要体现这一阶段分化的特点，多元社会主体要相互协同来为处于不同迁移阶段的乡城移民群体提供支持，从而减少他们被社会排斥的风险。具体来说，本研究主要得到以下结论：

第一，在乡城移民社会支持领域的研究中，我们要避免一概而论式的讨论而要注重分析乡城移民群体的阶段化与差异化特点。由于受到人口迁移规律和现存制度阀效应的双重影响，农村人口由乡到城的迁移过程中出现了明显的阶段分化。在不同迁移阶段中，这一群体面临的生活挑战和主要的利益诉求都各不相同，这些差异和不同从笔者对于乡城移民群体在不同迁移阶段上的社会网络状况以及生活诉求状况的描绘与分析上就可以展现出来。在迁移之初，他们的社会网络特征往往呈现出一种以地缘和业缘为中心的被动链条式结构，他们正在经历着物理居住空间转换带给他们在城市生存的巨大挑战，求职的过程较为艰辛，而本地社交网络的缺乏也使他们在城市的精神文化生活十分单调；随着在城市工作和生活趋于稳定，他们在城市的社会网络发生了明显变化，开始呈现出以居住场所为中心的内生扩展式结构，他们渴望在城市拥有一个稳定舒适的居所，希望能够在城市安营扎寨来摆脱客居他乡的生活方式，并逐步拓展自身在本地社会的社交网络；对于那些在城市工作和生活时间更久的迁移群体来说，他们在城市的社会网络明显呈现出以追求公民权利为核心的主动发散式结构，他们对于迁入地政府的基本公共服务有了更为迫切的需求，渴望打破现有的公民身份的差序格局来实现户籍登记和公民权利与城市市民的统一，尤其在户籍准入、子女享有城市教育资源等方面的诉求更为明显。基于这些困难和诉求的不断演化，我们可以勾勒出乡城移民群体迁入城市的一般轨迹，也即从迁移初期面临生活重构的压力以寻求在城市的落脚，到迁移发展期渴望在城市获得稳定住所以寻求在城市站稳脚跟，再到迁移稳定期渴望破除公民身份的差序以寻求在城市实现籍权统一，这一过程呈现出明显的循序渐进和阶段累进的特征。

　　第二，乡城移民社会支持建构的模式选择要很好地匹配与这一群体呈现出的阶段化差异特点，多元社会主体之间不同的协同模式要力求支持效用的精准。首先，对于处于迁移初始期的乡城移民群体来说，用人单位和社区应该成为对其构建社会支持体系的主要社会主体。一方面，企业责任的履行和企业文化的建设要帮助这一群体迅速适应生活场域转换带给他们工作与生活的不适。另一方面社区管理的加强和社区服务的拓展要协助他们扩展社交网络以强化他们对于城市社会的认同。这些措施的发挥在本质上是要减轻初来乍到的移民群体对于在城市生活的疏离感，并帮助他们提升本地的社会资本；其次，对于处于迁移发展期的乡城移民群体而言，政府部门应该发挥其在住房保障过程中的主导作用，包括加大公租房的供给、优化公租房的申请审核流程、强化对于公租房社区的管理等。此外，在事关乡城移民群体在城市生活体验的城中村改造拆迁中，要建立多方协调机制来保护实际承租人的利益诉求，使他们不再成为利益相关者中的局外人。这些措施在本质上是要更好地帮助乡城移民群体在城市站稳脚跟而摆脱客居他乡的生活状态，减少由于居住空间排斥而产生的全方位社会排斥对于其生活进程的影响；最后，对于处于迁移稳定期的乡城移民群体来说，政府应该在为其进行公民赋权的过程中发挥积极作用，通过制度的改革和优化逐步破除公民身份差序对外来移民群体产生的制度性排斥，尤其是在随迁子女异地入学和升学这一突出矛盾问题上要强化政策和财政上的支持。同时，社会组织也应该积极参与对乡城移民群体的赋权行动，积极培育他们的公民意识并为其提供力所能及的社会服务，促进这一群体在权利意识、生活方式、生活理念、生活心态全方位实现由乡到城的转变。这些措施在本质上是要更好地实现外来迁移群体和本地居民在户籍登记和公民权利上的统一，从而在整体上提升乡城移民群体的社会融入水平以增进社会的团结和融合。

　　第三，乡城移民阶段化社会支持建构目的在于促进农业转移人口的市民化进程，然而要真正完成乡城移民从移民向市民的转化，关键在于政府的制度设计和政策理念。无论是内生性城镇化进程中出现的农业人口向城市的转移，还是外生性城镇化过程中出现的农业人口向城市的迁移，如何增强移民政策设计的包容性以实现城乡之间的统筹均衡发展都是各国政府政策制定的基本理念。在此，起源于欧盟的社会政策包容性理念追求社会发展的公平正义和发展成果的全面共享，应该成为乡城移民政策制定和实施的指导思想。回顾过去，中央政府的政策实践演变反映了政府的施政理念由单向的控制和管理，逐步走向了更加开放和更加具有支持性作用的服务和促进。在杭州，地方政府将对于外来移民的管理政策与本市的城市发展战略进行了很好地结合。根据笔者对相关政府部门的走访了解到，政府不仅在逐步推进社会保障、子女教育和住房保障等基本公共服务对于乡城移民群体的全覆盖，还积极通过多元复合主体的力量在社会中倡导帮助支持乡城移民群体的人文关怀精神。在具体的政策建议方面，笔者认为在政策制度的设计上要减少制度性排斥对于乡城移民群体造成的累积效应，政策手段的运用上要强化公共服务的精准度并推进多元社会主体的协同合作，在政策效应的评估上要注重对于社会发展质量的综合评估并强化对于多元开放和包容共享的社会风气的引领。

三　研究反思

行文至此，笔者基本完成了研究设计中的各项议题，并自认为研究逻辑较为清晰、研究结论较为严谨。但是经过细细斟酌和反思之后，笔者认为本研究的研究结论还存在着进一步提升的空间，也还有一些问题值得更加深入的探讨。

第一，本研究中并没有进行大规模问卷调查来进行分析。鉴于研究经费和研究条件的限制，笔者借用了现有的二手数据库资料来分析问题，并没有按照自己的研究思路自行设计问卷并收集数据，这可能会影响到研究的精度和结论的准确性，因而是一个遗憾。由于研究数据和问卷设置的限制，笔者虽然利用了交互式卡方检验讨论了处于不同迁移时期的乡城迁移群体在找工作困难、居住条件、子女入学、公共服务诉求等十个维度上所呈现出来的差异和不同，并利用了 Bonferroni 校正法分析在总体差异呈现显著的情况下，每两个迁移组别之间的差异情况，从而得到更多的信息量以为下文的访谈分析提供线索。但是，受访者对于这些问题的回答都是基于自身在整体上的主观感知，缺乏一些个人特征信息的测量和客观指标的辅助衡量，所以有可能会造成一些信息的失真。因此，笔者期待学术界能够通过大规模的专门问卷调查来精确甄别不同的迁移阶段，并评估不同迁移时期下乡城移民群体的社会交往状况和利益诉求，从而进一步提升研究结果的准确性。

第二，本书力图从迁移过程周期的纵向视角来阐释乡城移民群体迁入城市过程中的阶段化趋势，也即从生存到安居再到融入，并据此分别提出社会支持建构的策略。但是，我们对于其社会支持建构的讨论中也不能忽视由于不同迁移模式（如单人迁移、配偶随迁、子女随迁、老人随迁等）之间所带来的差异性特征。特别是随着人口城镇化进程的深入推进，乡城移民的迁移模式也会变得更加多元和复杂，如农村老年人口向城市的迁移同样值得关注。虽然从总体上说，现阶段老年人跟随子女一起迁往城市的比例还非常低，正如有学者根据 2005 年全国 1% 人口抽样调查结果估算，全国 60 岁及以上的老年人口中，只有不足 2% 的老年人发生了跨地市级的迁居行为[1]。但是随着我国城镇化水平和老龄化程度的进一步提升、农村土地流转制度的进一步完善以及城市基本公共服务接纳能力的进一步提高，相信会有更多的乡城移民群体选择让自己年迈的父母一起从农村老家迁移到城市生活，农村到城市的举家式迁移将会在可以预见的未来成为一种趋势。例如国家卫计委流动人口司课题组的调查报告显示，2009 年我国流动人口的家庭平均规模为 2.6 人，家庭式迁移正在成为乡城人口迁移的常态，老年人随子女共同迁移到城市将会成为一个新的趋势[2]。这一趋势在一些发达国家（如美国）早已出现，老年人口的流动迁移行为及其未来发展趋势已经愈发引起学术界、未来学家、新闻界以及房地产业的关注，因为这种迁移趋势势必对社会产生影响，也会产生巨大的社会需求[3]。但是，针对这种乡城移民由于迁移模式所带来的横向异质性问题，笔者对此并未做出更多探讨。因此，具备何种特征的老年人会选择随子女迁入城市生活？他们选择迁移的原因是什么？在迁入城市生活的过程中会

---

[1]　张伊娜、孙许昊、周双海：《老年人口迁移的特征和影响：文献综述》，《西北人口》2012 年第 4 期，第 27—31 页。

[2]　国家卫生和计划生育委员会流动人口服务管理司：《中国流动人口生存发展状况报告——基于重点地区流动人口监测试点调查》，《人口研究》2010 年第 1 期，第 6—18 页。

[3]　宋健：《流迁老年人口研究：国外文献评述》，《人口学刊》2005 年第 1 期，第 28—32 页。

产生哪些需求？对于迁入地和迁出地社会将产生怎样的影响？针对这一迁移群体的社会支持体系又应该如何被建构？笔者现阶段并不能对这些问题给出答案，这也可能会成为笔者未来的研究方向之一。

第三，本研究对于乡城移民群体以在城市居住半年和五年为标准的阶段性划分虽然基于现有的制度设计，并且笔者也选取了求职困难、子女入学困难、本地社会交往、居住条件情况、维权情况、对于公共服务的认知等十个指标检验了经过上述划分后，不同迁移阶段中的乡城移民群体在这些指标上的差异性，从而保证了以半年和五年为标准的划分具有一定的阶段性区分度。这一基于居住时间长短的划分也为笔者进行个人访谈的资料分析提供了操作化的可能。但是，这一阶段性的划分并不是绝对的和不变的，况且各个地方的制度设计和社会经济发展水平也有所差异，不能一概而论。因而，本研究利用"制度阀"这一概念只能对乡城移民群体在迁入城市过程中所经历的不同阶段予以大致描述，同时也不能做到一一对应不同迁移阶段中所遇到的困难因素。若要准确甄别出若干迁移阶段的具体划分标准，则可能需要借助于更为复杂精细的计量模型，并结合科学合理的数据指标进行综合分析。此外，本研究对于乡城移民群体的社会网络分析均以笔者的调研资料为基础，因而只能从大致上描绘出他们在日常生活中的社会交际网络，但是对于社会网络中的交往频次和交往人数等具体信息则无法被准确地呈现出来，也可能对于一些信息产生遗漏而导致对于其社会网络的描绘不全面，而受访者本身的个人社会经济特征不同也会对于他们的社会网络产生一定的影响。因而，这些因素的存在难免使得本研究的社会网络分析存在一定局限。但是尽管有这些局限存在，笔者对于乡城移民群体不同迁移阶段的划分仍然在总体上具有理论上的依据和现实的合理性，对于不同迁移阶段中乡城移民群体社会网络的分析也能够较好地展示出他们在城市生活场域的转变以及社会交往主体的变化，并能够为本书阶段化社会支持模式建构的讨论提供依据。

第四，本研究在对乡城移民群体进行阶段划分时分析了居住证制度和户籍制度这两个制度阀的制约效应对于这一群体迁入城市工作和生活的影响，但是这一双重制度阀效应的分析框架在未来的制度改革优化进程中可能不再适用，而制度改革也理应朝着促进乡城移民群体社会融入的方向推进。学术界中关于户籍制度产生的根源、历史作用和现实存在的合理性等问题已有大量研究，这里不再赘述。当前，由户籍制度所衍生出来的居住证制度是对于乡城移民群体进行日常管理和提供公共服务的最重要制度依据。对此，学术界有很多声音认为这一制度的设立表面上看是一种重要的制度创新，能够帮助政府强化对于乡城人口流动的控制和管理，也能够据此向这一群体提供若干基本公共服务，但实质上这一制度变相地把公民身份人为地划分为了两种形式，也即在城市中形成了基于居住证制度和基于城市户籍制度两种公民身份并存的差序格局，造成了社会阶层的分化。当然，执政者对这一制度所造成的社会现实必定了然于胸，也希望通过一系列符合国情和国家发展阶段的改革措施来推动乡城移民群体落户城镇。如在 2014 年年底，国务院法制办发布了《居住证管理办法（征求意见稿）》，这一方案的出台与过去户籍制度的改革相比，无论是在制度设计上还是在具体内容上都有很大的进步，居住证持有人可以在居住地享受包括义务教育、就业服务、社会保障等在内的九项基本公共服务，以及包括出入境办理等在内的六项便民服务。这一改革正在逐步取消居住证的过渡性功能，并朝着实现籍权统一的户籍制度的方向迈进。然而，我们也必须看到实现居住证制度和户籍制度相统一的困难还很大，主要在于财政资金不足以支持扩大基本公共服务的支出。有学者估计，每个农民工市民化的成本大约是 30 万元，那么 1 亿农民工市民化则至少需要 30 万亿元①。特别是在目前我国经济下行压力增大的情势下，财政支出水平也势必会受到牵连，政府提供均等化基本公共服务的所需资金与现实之间的差距尚大。在这一背景中，推动户籍制度改革取得实质性突破并最终实现乡城移民群体的市民化仍然面临着很大的不确定性。因此，当人口城镇化过程遭遇经济发展的新常态，当制度改革面临财政约束时，本书的分析框架和阶段性界定还是否有效也难有定论。因而，对于乡城移民构建社会支持并帮助其完成市民化过程仍然值得学术界予以进一步的关注和探讨。

---

① 李长安：《居住证与户口本还差"一步之遥"》，中国网·观点中国，可于 http://opinion. china. com. cn/ opinion_ 64_ 118664. html 检索，2015 - 01 - 06。

参考文献

[1] Aparajita C. , Anita K. M. & Arundhati R. Assessing social – support network among the socio – culturally disadvantaged children in India [J]. Early Child Development & Care, 1996, 121 (1).

[2] Arnold F. , Minocha U. & Fawcett J. T. The changing face of Asian Immigration to the United States [J]. Center for Migration Studies Special Issues, 1987, 5 (3).

[3] Barnes J. A. Class and committees in a Norwegian Island Parish [J]. Human Relations, 1954, 7 (1).

[4] Barrera M. & Ainlay S. L. The structure of social support: a conceptual and empirical analysis [J]. Journal of Community Psychology, 1983, 11.

[5] Berghman J. Social exclusion in Europe: policy context and analytical framework [A]. In G. Room (Eds.), Beyond the Thresholds: the Measurement and Analysis of Social Exclusion. Bristol: The Policy Press, 1995.

[6] Bernard W. S. Immigration, social cohesion and social capital [J]. International Migration Review, 1967, 1 (2).

[7] Bohning W. R. Studies in International Labour Migration [M]. New York: St. Martin's Press, 1984.

[8] Bourdieu B. P. The forms of capital [A]. // Richardson J (Eds). Handbook of theory and research for the sociology of education [M]. New York: Greenwood Press, 1985.

[9] Chan K. W. & Zhang L. The Hukou system and rural – urban migration in China: processes and changes [J]. The China Quarterly, 1999.

[10] Cheng T. & Selden M. The origins and social consequences of

China's hukou system [J]. The China Quarterly, 1994.

[11] Cobb S. Social support as a moderator of life stress [J]. Psychosomatic Medicine, 1976, 38 (5).

[12] Cox D. Welfare services for migrants: Can they be better planned? [J]. International Migration, 1985, 23 (1).

[13] Donzuso N. N. "Equality of opportunities" in education for migrant children in China [J]. Global Social Welfare, 2014, 2 (1).

[14] Drachman D. A Stage – of – Migration framework for service to immigrant populations [J]. Social Work, 1992, 37 (1).

[15] Du H, Li X, Lin D. Individualism and sociocultural adaptation: Discrimination and social capital as moderators among rural – to – urban migrants in China [J]. Asian Journal of Social Psychology, 2015, 18 (2).

[16] Duffy K. The human dignity and social exclusion project—research opportunity and risk: trends of social exclusion in Europe [M]. Strasbourg: Council of Europe, 1998.

[17] Easterling D. , Gallagher K. & Drisko J. , et al. Promoting health by building community capacity: Evidence and implications for grantmakers [M]. Denver, CO: The Colorado Trust, 1998.

[18] Faist T. The crucial meso – level [A]. In T. Hammer, G. Brochmann, K. Tamas & T. Faist (Eds.). International Migration, Immobility and Development: Multidisciplinary Perspectives. Oxford: Berg, 1997.

[19] Fitzgerald S. , Chen X. , Qu H. & Sheff M. G. Occupational injury among migrant workers in China: A systematic review [J]. Injury Prevention. 2013, 19 (5).

[20] Fan C. C. China on the move: Migration, the state, and the household [M]. New York: Routledge, Taylor & Francis Group, 2008.

[21] Feng W. , Zuo X. J. & Ruan D. C. Rural migrants in Shanghai: living under the shadow of socialism [J]. International Migration Review, 2002, 36.

[22] Gilchrist A. Community development in the UK – possibilities and paradoxes [J]. Community Development Journal, 2003, 38 (1).

［23］ Granovetter M. S. The Strength of Weak Ties ［J］. Social Science Electronic Publishing, 1973, 78 (2).

［24］ Griffiths M. B. Lamb Buddha's migrant workers: Self – assertion on China's urban fringe ［J］. Journal of Current Chinese Affairs, 2010, 39 (2).

［25］ Henderson P. Including the excluded: from practice to policy in European community development ［M］. Bristol: Policy Press, 2005.

［26］ Inkpen A. C. & Tsang E. W. K. Social capital, networksand knowledge Transfer ［J］. Academy of Management Review, 2005, 30 (1).

［27］ Kahn R. & Cannell C. The dynamics of interviewing ［M］. New York: John Wiley, 1957.

［28］ Kanbur R. & Rauniyar G. Conceptualizing inclusive development: with applications to rural infrastructure and development assistance ［J］. Journal of the Asia Pacific Economy, 2010, 15 (4).

［29］ Kilduff M. & Tsai W. Social networks and organizations ［M］. London: Sage, 2003.

［30］ Kim H. S. , Sherman D. K. & Taylor S. E. Culture and social support ［J］. American Psychologist, 2008, 63 (6).

［31］ Kritz M. M. , Lim L. L. & Zlotnik H. International migration systems: a global approach ［M］. Oxford: Clarendon Press, 1992.

［32］ Leavy R. L. Social support and psychological disorder: a review. ［J］. Journal of Community Psychology, 1983, 11 (1).

［33］ Lin N. & Dean A. Social support and depression. A panel study ［J］. Social Psychiatry, 1984, 19 (2).

［34］ Lin K. A methodological exploration of social quality research: A comparative evaluation of the quality of life and social quality approaches ［J］. International Sociology, 2013, 3.

［35］ Lin K. , Xu Y. , Huang T. H. & Zhang J. H. Social Exclusion and Its Causes in East Asian Societies: Evidences from SQSQ Survey Data. Social Indicators Research, 2013, 112 (3).

［36］ Marcuse P. What's So New About Divided Cities? ［J］. International Journal of Urban & Regional Research, 1993, 17 (3).

［37］ Marshall T. H. Citizenship and social class and other essays ［M］. New York: University of Cambridge Press, 1950.

［38］ Marshall T. H. Class, citizenship, and social development ［M］. Garden City, N. Y. : Doubleday & Company, 1964.

［39］ Massey D. S. , Alarcon R. , Durand J. & González H. Return to Aztlan: The Social Process of International Migration from Western Mexico ［M］. Berkeley: University of California Press, 1990.

［40］ Massey D. S. , Arango J. , Hugo G. , Kouaouci A. , Pellegrino A. & Taylor J. E. Worlds in Motion: Understanding International Migration at the End of the Millennium ［M］. USA: Oxford University Press, 2005.

［41］ Massey D. S. & España F. G. The social process of international migration ［J］. Science, 1987, 237.

［42］ Mead G. H. Mind, Self and Society ［M］. Chicago: University of Chicago Press, 1972.

［43］ Meszaros P. Bradford community statistics project ［J］. Local Economy, 2001, 16 (4).

［44］ Midgley J. Social development: The development perspective in social welfare ［M］. London, UK: SAGE, 1995.

［45］ Montgomery J. L. The inheritance of inequality: hukou and related barriers to compulsory education for China's migrant children ［J］. Pacific RimLaw & Policy Journal, 2012, 21 (3).

［46］ Morgan D. L. Focus groups as qualitative research (2nd edition) ［M］. Thousand Oaks, CA: Sage, 1997.

［47］ Palmer N. A. , Perkins D. D. &Xu Q. Social capital and community participation among migrant workers in China ［J］. Journal of Community Psychology, 2011, 39 (1).

［48］ Papademetriou D. G. & Martin P. L. The Unsettled Relationship: Labor Migration and Economic Development ［M］ . Greenwood Press, 1991.

［49］ Park R. E. & Miller H. A. Old world traits transplanted ［M］. New York: Amo Press, 1969.

［50］ Percy – Smith J. Introduction: the contours of social exclusion ［A］. In J. Percy – Smith (Eds.), Policy responses to social exclusion: towards inclusion ［M］. Buckingham: Open University Press, 2000.

［51］ Powell M. A. New Labour, new welfare state?: the "third way" in British social policy ［M］. Bristol: The Policy Press, 1999.

［52］ Putnam R. D. Democracies in Flux: the Evolution of Social Capital in Contemporary Society ［J］. Foreign Affairs, 2003, 82 (1).

［53］ Salamon L. M. The rise of the nonprofit sector ［J］. Foreign Affairs, 1994, 73 (4).

［54］ Silver P. Social exclusion and social solidarity: three paradigms ［J］. International Labour Review, 1997.

［55］ Solinger D. J. Citizenship issues in China's internal migration: Comparisons with Germany and Japan ［J］. Political Science Quarterly, 1999, 114 (3).

［56］ Tao L. , Hui E. C. M. , Wong F. K. W. & Chen T. Housing choices of migrant workers in China: Beyond the Hukou perspective ［J］. Habitat International, 2015, 49 (6).

［57］ Thoits P. A. Multiple identities and psychological well – being: a reformulation and test of the social isolation hypothesis ［J］. American Sociological Review, 1983, 48 (2).

［58］ Uchino B. N. , Cacioppo J. T. & Kiecolt – Glaser J. K. The relationship between social support and physiological processes: A review with emphasis on underlying mechanisms and implications for health ［J］. Psychological Bulletin, 1996, 119 (3).

［59］ Uehara E. Dualexchange theory, social networks, and informal social Support ［J］. American Journal of Sociology, 1990, 96 (3).

［60］ Valencia – Garcia D, Simoni J M, Alegría M, et al. Social capital, acculturation, mental health, and perceived access to services among Mexican American women ［J］. Journal of Consulting & Clinical Psychology, 2012, 80 (2).

［61］ Wang W. W. & Fan C. C. Migrant workers' integration in urban China: Experiences in employment, social adaptation, and self – identity [J]. Eurasian Geography and Economics, 2012, 53 (6).

[62] Watson A. Social security for China's migrant workers—providing for old age [J]. Journal of Current Chinese Affairs, 2009, 38 (4).

[63] Wong Daniel F. K. , Li, C. Y. & Song H. X. Rural migrant workers in urban China: living a marginalised life [J]. International Journal of Social Welfare, 2007, 16 (1).

[64] Wong C. K. & Wong K. Y. Universal ideals and particular constraints of social citizenship: the Chinese experience of unifying rights and responsibilities [J]. International Journal of Social Welfare, 2004, 13 (2).

[65] Wong R. B. Citizenship in Chinese history [A]. In M. Hangan & C. Tilly (Eds.), Extending citizenship, reconfiguring state. Lanham, MD: Rowman & Littlefield Publishers, 1999.

[66] Woolcock M. Social capital and economic development: Toward a theoretical synthesis and policy framework [J]. Theory & Society, 1998, 27 (2).

[67] Wu W. P. Sources of migrant housing disadvantage in urban China [J]. Environment and Planning, 2004.

[68] Xu Q. W. , Guan X. P. & Yao F. F. Welfare program participation among rural to urban migrant workers in China [J]. International Journal of Social Welfare, 2011, 20 (1).

[69] Zhang L. & Tao L. Barriers to the acquisition of urban hukou in Chinese cities [J]. Environment & Planning A, 2012, 44 (12).

[70] Zhu Y. China's floating population and their settlement intention in the cities: Beyond the Hukou reform [J]. Habitat International, 2007, 31 (1).

[71] Zhu Y. & Chen W. The settlement intention of China's floating population in the cities: recent changes and multifaceted individual level determinants [J]. Population, Space and Place, 2010, 16 (4).

[72] 边燕杰:《城市居民社会资本的来源及作用: 网络观点与调查发现》,《中国社会科学》2004 年第 3 期。

［73］蔡旭昶、严国萍、任泽涛：《社会组织在流动人口管理服务中的作用——基于浙江省慈溪市和谐促进会的研究》，《经济社会体制比较》2011 年第 5 期。

［74］曹荣湘：《走出囚徒困境：社会资本与制度分析》，上海三联书店 2003 年版。

［75］陈世伟、周凯艳：《论中国社会转型期对弱势群体的社会支持》，《北京工业大学学报（社会科学版）》2005 年第 3 期。

［76］陈伟东：《社区自治：自组织网络与制度设置》，中国社会科学出版社 2011 年版。

［77］陈向明：《质的研究方法与社会科学研究》，教育科学出版社 2010 年版。

［78］陈妍：《改革开放以来我国流动人口政策变迁研究》，陕西师范大学硕士学位论文，2013 年。

［79］陈羿君、胡娜、张秋菊：《农民工社会支持来源现况研究——以苏州地区为例》，《经济研究导刊》2011 年第 25 期。

［80］陈映芳：《权利功利主义逻辑下的身份制度之弊》，《人民论坛·学术前沿》2014 年第 2 期。

［81］陈友华：《迁徙自由，城市化与贫民窟》，《江苏社会科学》2010 年第 3 期。

［82］陈云凡：《新生代农民工住房状况影响因素分析：基于长沙市 25 个社区调查》，《南方人口》2012 年第 1 期。

［83］陈哲：《城中村的"空间生产"逻辑——以深圳涌村为例》，朱晓阳、秦婷婷主编，《农民城市化遭遇国家城市化》，北京：科学出版社 2014 年版。

［84］程蹊、尹宁波：《农民工就业歧视的政治经济学分析》，《农村经济》2004 年第 2 期。

［85］丁彩丽：《流动人口的社会保险》，《经营与管理》2009 年第 10 期。

［86］丁富军、吕萍：《转型时期的农民工住房问题：一种政策过程的视角》，《公共管理学报》2010 年第 1 期。

［87］丁元竹：《社区的基本理论与方法》，北京师范大学出版社

2009 年版。

[88] 董熙：《我国劳动力市场中的农民工工资歧视状况与解决路径》，《经济体制改革》2014 年第 6 期。

[89] 董昕、张翼：《农民工住房消费的影响因素分析》，《中国农村经济》2012 年第 10 期。

[90] 杜志雄、肖卫东、詹琳：《包容性增长理论的脉络、要义与政策内涵》，《社会科学管理与评论》2010 年第 11 期。

[91] 段成荣、吕利丹、王宗萍、郭静：《我国流动儿童生存和发展：问题与对策——基于 2010 年第六次全国人口普查数据的分析》，《南方人口》2013 年第 4 期。

[92] 樊士德、严文沁：《长三角地区流动人口户籍政策评价与前瞻》，《江苏师范大学学报（哲学社会科学版）》2015 年第 4 期。

[93] 范方、桑标：《亲子教育缺失与留守儿童人格、学业及行为问题》，《心理科学》2005 年第 4 期。

[94] 方巍：《劳动社会保障与发展性策略——杭州市农民工的个案研究》，香港中文大学哲学博士论文，2006 年。

[95] 冯虹、杨桂宏：《户籍制度与农民工就业歧视辨析》，《人口与经济》2013 年第 2 期。

[96] 付晓丽：《农民工子女上学问题解决途径探讨》，《中国青年研究》2008 年第 7 期。

[97] 甘子成：《对包容性社会政策的理论阐释》，《广东省社会主义学院学报》2013 年第 4 期。

[98] 高春凤：《城市流动人口的参与式社区管理》，《理论导刊》2011 年第 4 期。

[99] 高法成：《新生代农民工社会认同困境解析——基于深圳个案的观察》，《湖南农业大学学报（社会科学版）》2015 年第 5 期。

[100] 高文书：《进城农民工就业状况及收入影响因素分析——以北京、石家庄、沈阳、无锡和东莞为例》，《中国农村经济》2006 年第 1 期。

[101] 葛剑雄、安介生：《四海同根：移民与中国传统文化》，山西人民出版社 2004 年版。

[102] 贡森：《农民工难以享有社会保障及福利的原因》，贡森，苏

杨等著，《民生为向：推进包容性增长的社会政策》，社会科学文献出版社 2011 年版，第 141 页。

[103] 关信平：《农民工参与城镇社会保障问题：需要，制度及社会基础》，《教学与研究》2008 年第 1 期。

[104] 关信平、刘建娥：《我国农民工社区融入的问题与政策研究》，《人口与经济》2009 年第 3 期。

[105] 郭星华、储卉娟：《从乡村到都市：融入与隔离——关于民工与城市居民社会距离的实证研究》，《江海学刊》2008 年第 3 期。

[106] 郭亚非、鲍景：《入城农民工就业培训中政府角色定位分析——以云南省调查为例》，《学术探索》2006 年第 3 期。

[107] 国家统计局课题组：《城市农民工生活质量状况调查报告》，《调研世界》2007 年第 1 期。

[108] 国家统计局农村社会经济调查司：《2005 年中国农村劳动力调研报告》，中国统计出版社 2005 年版。

[109] 国家卫生和计划生育委员会流动人口服务管理司：《中国流动人口生存发展状况报告——基于重点地区流动人口监测试点调查》，《人口研究》2010 年第 1 期。

[110] 国家卫生和计划生育委员会流动人口司：《中国流动人口发展报告 2015》，中国人口出版社。

[111] 韩超：《我国城市社区功能研究》，《法制与社会》2013 年第 2 期。

[112] 韩芳、陈洪磊：《北京城市贫困家庭生活状况及社会支持网络研究》，《社会保障研究》2009 年第 1 期。

[113] 何景熙：《不充分就业及其社会影响：对成都平原及周边地区农村劳动力利用研究》，《中国社会科学》1999 年第 2 期。

[114] 贺伊丽：《社会组织参与公民教育的路径探析》，《党政论坛》2015 年第 9 期。

[115] 胡枫、李善同：《父母外出务工对农村留守儿童教育的影响——基于 5 城市农民工调查的实证分析》，《管理世界》2009 年第 2 期。

[116] 华金·阿朗戈：《移民研究的评析》，《国际社会科学杂志（中文版）》2001 年第 3 期。

［117］华迎放：《农民工社会保障：思考与政策选择——来自江苏，吉林，辽宁的调查》，《中国劳动》2004 年第 10 期。

［118］黄剑波、成功：《市场、社会、国家与流动人口子女的教育——以浦东新区的民工子弟学校为例》，《青年研究》2005 年第 8 期。

［119］黄乾：《农民工医疗保障模式选择影响因素的实证分析》，《人口与发展》2010 年第 6 期。

［120］黄祖辉、许昆鹏：《农民工及其子女的教育问题与对策》，《浙江大学学报（人文社会科学版）》2006 年第 4 期。

［121］金一虹：《流动的父权：流动农民家庭的变迁》，《中国社会科学》2010 年第 4 期。

［122］卡尔·波兰尼：《大转型：我们时代的政治与经济起源》，浙江人民出版社 2007 年版。

［123］李光勇：《艾滋病患者社会支持体系研究——以凉山彝族自治州乡村艾滋病患者为例》，武汉大学博士论文，2010 年。

［124］李光勇：《青少年社区服刑人员社会支持网络研究——基于上海的实地调查》，《中国青年研究》2012 年第 9 期。

［125］李磊、施帆帆、张强等：《城市社区老年人社会支持现状及影响因素分析》，《中国卫生事业管理》2014 年第 31（6）期。

［126］李丽梅、陈映芳、李思名：《中国城市户口和居住证制度下的公民身份等级分层》，《南京社会科学》2015 年第 2 期。

［127］李路路：《向城市移民：一个不可逆的过程》，李培林主编，《中国进城农民工的经济社会分析》，社会科学文献出版社 2003 年版。

［128］李明欢：《20 世纪西方国际移民理论》，《厦门大学学报（哲学社会科学版）》2000 年第 4 期。

［129］李培林：《流动民工的社会网络和社会地位》，《社会学研究》1996 年第 4 期。

［130］李培林：《巨变：村落的终结——都市里的村庄研究》，《中国社会科学》2002 年第 1 期。

［131］李培林、李炜：《近年来农民工的经济状况和社会态度》，《中国社会科学》2010 年第 1 期。

［132］李培林、张翼、赵延东：《就业与制度变迁——两个特殊群体

的求职过程》，杭州：浙江人民出版社 2001 年版。

[133] 李强：《社会支持与个体心理健康》，《天津社会科学》1998
年第 1 期。

[134] 李强：《关于进城农民的"非正规就业"问题》，《新视野》
2002 年第 6 期。

[135] 李强：《影响中国城乡流动人口的推力与拉力因素分析》，《中
国社会科学》2003 年第 1 期。

[136] 李强：《农民工与中国社会分层》，社会科学文献出版社 2004
年版。

[137] 李强、唐壮：《城市农民工与城市中的非正规就业》，《社会学
研究》2002 年第 6 期。

[138] 李晓阳、黄毅祥、许秀川：《农民工"候鸟式"迁移影响因素
分析——基于重庆市 9 个主城区的农民工调查》，《中国人口·资源与环
境》2015 年第 25（9）期。

[139] 李雪红：《基于城市移民和社会融合的美国志愿文化历史与现
状》，《青年探索》2013 年第 3 期。

[140] 李迎生：《中国普惠型社会福利制度的模式选择》，《中国人民
大学学报》2014 年第 5 期。

[141] 李迎生、刘艳霞：《社会政策与农民工群体的社会保护》，《社
会科学研究》2006 年第 6 期。

[142] 李永耀：《亟需加强对流动人口的研究》，《人口研究》1985
年第 6 期。

[143] 梁雄霞：《我国流动人口子女教育政策的内容分析》，《教育
界》2014 年第 8 期。

[144] 廖直东：《进城时长、示范效应与乡城移民家庭消费结构》，
《财经理论研究》2014 年第 1 期。

[145] 刘冬梅：《进城农民工社会支持体系研究》，武汉大学硕士学
位论文，2005 年。

[146] 刘建娥：《中国乡—城移民的城市社会融入》，北京：社会科
学文献出版社 2011 年版。

[147] 刘于琪、刘晔、李志刚：《中国城市新移民的定居意愿及其影

响机制》,《地理科学》2014 年第 7 期。

[148] 刘祖云:《弱势群体的社会支持》,社会科学文献出版社 2011 年版。

[149] 林德山:《英国工党的社会政策解读:观念变化与政策变迁》,《欧洲研究》2009 年第 2 期。

[150] 林聚任、马光川:《"城市新居民"市民化与"制度阀"效应——一个制度分析的视角》,《人文杂志》2015 年第 1 期。

[151] 林卡:《社会质量理论:研究和谐社会建设的新视角》,郑造桓主编,《社会质量与社会发展》,浙江大学出版社 2010 年版。

[152] 林卡:《社会政策、社会质量和中国大陆社会发展导向》,《社会科学》2014 年第 12 期。

[153] 林卡:《经济发展的快慢及其社会效应分析》,《人民论坛·学术前沿》2013 年第 20 期。

[154] 林南:《建构社会资本的网络理论》,《国外社会学》2002 年。

[155] 卢晖临、梁艳、侯郁聪:《流动儿童的教育与阶级再生产》,《山东社会科学》2015 年第 3 期。

[156] 卢利亚:《农村留守儿童的心理健康问题研究》,《求索》2007 年第 7 期。

[157] 鲁兴启:《科技创业家成长研究:一种基于社会网络的视角》,《中国软科学》2008 年第 3 期。

[158] 路风:《单位:一种特殊的社会组织形式》,《中国社会科学》1989 年第 1 期。

[159] 陆学艺:《三农论:当代中国农业、农村、农民研究》,社会科学文献出版社 2002 年版。

[160] 罗天莹、连静燕:《NGO 在农民工利益表达中的作用机制——基于赋权视角的实证研究》,《中国社会组织》2012 年第 8 期。

[161] 吕利丹、王宗萍、段成荣:《流动人口家庭化过程中子女随迁的阻碍因素分析——以重庆市为例》,《人口与经济》2013 年第 5 期。

[162] 吕学静、陈蕊:《农民工就业与就业促进问题实证研究:以北京市为例》,《人口与经济》2007 年第 4 期。

[163] 苗艳梅、雷洪:《对三峡移民社区环境适应性状况的考察》,

《华中科技大学学报（社会科学版）》2001 年第 1 期。

［164］彭华民：《福利三角：一个社会政策的分析范式》，《社会学研究》2006 年第 4 期。

［165］彭华民：《中国组合式普惠型社会福利制度的构建》，《学术月刊》2011 年第 10 期。

［166］彭远春：《论农民工身份认同及其影响因素》，《人口研究》2007 年第 2 期。

［167］钱再见：《中国社会弱势群体及其社会支持政策》，《江海学刊》2002 年第 3 期。

［168］曲丽丽、徐嘉辉、马国巍：《农民工社会保障的路径选择与制度重构》，《苏州大学学报（哲学社会科学版）》2009 年第 6 期。

［169］任远：《大迁移时代的儿童留守和支持家庭的社会政策》，《南京社会科学》2015 年第 8 期。

［170］任远、乔楠：《城市流动人口社会融合的过程、测量及影响因素》，《人口研究》2010 年第 2 期。

［171］任远、邬民乐：《城市流动人口的社会融合：文献述评》，《人口研究》2006 年第 30（3）期。

［172］商春荣、王曾惠：《农民工家庭式迁移的特征及其效应》，《南方农村》2014 年第 1 期。

［173］宋宝安：《农村残疾人社会保障与服务体系建设现状与对策——以东北农村残疾人调查为例》，《残疾人研究》2012 年第 1 期。

［174］宋洪远、黄华波、刘光明：《关于农村劳动力流动的政策问题分析》，《管理世界》2002 年第 5 期。

［175］宋健：《流迁老年人口研究：国外文献评述》，《人口学刊》2005 年第 1 期。

［176］宋锦、李实：《农民工子女随迁决策的影响因素分析》，《中国农村经济》2014 年第 10 期。

［177］苏群、周春芳：《农民工人力资本对外出打工收入影响研究——江苏省的实证分析》，《农村经济》2005 年第 7 期。

［178］陶红、杨东平、李阳：《农民工子女义务教育状况分析：基于我国 10 个城市的调查》，《教育发展研究》2010 年第 9 期。

［179］唐钧、朱耀垠、任振兴：《城市贫困家庭的社会保障和社会支持网络：上海市个案研究》，《社会学研究》1999 年第 5 期。

［180］唐晓容：《社会组织：农民工福利供给的新主体》，《山西农业大学学报（社会科学版）》2011 年第 7 期。

［181］唐永进：《必须建立农民工社会保险制度》，《探索与争鸣》2003 年第 2 期。

［182］唐有财：《双重转型、双重张力与流动人口治理框架的建构》，《社会科学》2015 年第 6 期。

［183］王春光：《农村流动人口的"半城市化"问题研究》，《社会学研究》2006 年第 5 期。

［184］王东：《农民工社会支持系统的研究：一个社会工作理论研究的视角》，《西南民族大学学报（人文社科版）》2005 年第 1 期。

［185］王飞：《社会组织依托城市社区促进农民工市民化分析：以绵阳市与"小小鸟"为个案》，《福建农林大学学报（哲学社会科学版）》2015 年第 18（2）期。

［186］王桂新、苏晓馨、文鸣：《城市外来人口居住条件对其健康影响之考察：以上海为例》，《人口研究》2011 年第 2 期。

［187］王树新、冯立天：《经济体制改革中的北京市流动人口》，《人口与经济》1986 年第 1 期。

［188］王思斌：《我国适度普惠型社会福利制度的建构》，《北京大学学报（哲学社会科学版）》2009 年第 3 期。

［189］王毅杰、高燕：《社会经济地位、社会支持与流动农民身份意识》，《市场与人口分析》2004 年第 2 期。

［190］王毅杰、童星：《流动农民社会支持网探析》，《社会学研究》2004 年第 2 期。

［191］王玉君：《农民工城市定居意愿研究：基于十二个城市问卷调查的实证分析》，《人口研究》2013 年第 4 期。

［192］王卓祺：《后公民身份与社会权利理论的演进》，彭华民等主编，《西方社会福利理论前沿：论国家，社会，体制与政策》，北京：中国社会出版社 2009 年版。

［193］汪立鑫、王彬彬、黄文佳：《中国城市政府户籍限制政策的一

个解释模型：增长与民生的权衡》，《经济研究》2010 年第 11 期。

　　［194］汪三贵、郭子豪：《论中国的精准扶贫》，《贵州社会科学》2015 年第 5 期。

　　［195］位秀平、杨磊：《国际移民理论综述》，《黑河学刊》2014 年第 1 期。

　　［196］魏立华、闫小培：《中国经济发达地区城市非正式移民聚居区——"城中村"的形成与演进：以珠江三角洲诸城市为例》，《管理世界》2005 年第 8 期。

　　［197］吴介民：《永远的异乡客？——公民身份差序与农民工》，《中国社会工作》2012 年第 3 期。

　　［198］吴瑞君：《关于流动人口含义的探索》，《人口与经济》1990 年第 3 期。

　　［199］吴开亚、张力：《发展主义政府与城市落户门槛：关于户籍制度改革的反思》，《社会学研究》2010 年第 6 期。

　　［200］吴太胜：《乡—城移民的融入诉求与地方政府回应——以 T 市乡—城移民的城市融入境遇为例》，《行政论坛》2013 年第 2 期。

　　［201］夏国锋：《城市文化空间的再造与农民工的社会融入——以深圳市农民工公共图书馆建设为例》，《江西师范大学学报（哲学社会科学版）》2011 年第 2 期。

　　［202］夏怡然：《农民工定居地选择意愿及其影响因素分析——基于温州的调查》，《中国农村经济》2010 年第 3 期。

　　［203］夏显力、姚植夫、李瑶等：《新生代农民工定居城市意愿影响因素分析》，《人口学刊》2012 年第 4 期。

　　［204］肖水源：《〈社会支持评定量表〉的理论基础与研究应用》，《临床精神医学杂志》1994 年第 2 期。

　　［205］项继权：《农民工子女教育：政策选择与制度保障——关于农民工子女教育问题的调查分析及政策建议》，《华中师范大学学报（人文社会科学版）》2005 年第 3 期。

　　［206］谢年华、江洪波、许骏等：《武汉市 330 例 HIV 感染者及艾滋病患者治疗的社会支持现状及影响因素研究》，《中华流行病学杂志》2015 年第 7 期。

［207］许传新：《新生代农民工的身份认同及影响因素分析》，《学术探索》2007 年第 3 期。

［208］许光：《新生代农民工失范性融入的路径审视与政策创新——以包容性视角下浙江的社会实践为例》，《中共南京市委党校学报》2014 年第 2 期。

［209］许琳、王蓓、张晖：《关于农村残疾人的社会保障与社会支持现状研究》，《南京社会科学》2006 年第 5 期。

［210］许振明：《甘肃省城市农民工社会保障问题的现实思考》，《开发研究》2008 年第 6 期。

［211］徐丽敏：《农民工子女城市社会融入的模式构建》，《学术界》2015 年第 10 期。

［212］徐延辉、罗艳萍：《社区能力视域下城市外来人口的社会融入研究》，《社会科学辑刊》2015 年第 1 期。

［213］闫菲：《城市流动人口社会支持状况研究》，济南大学硕士学位论文，2012 年。

［214］杨翠迎：《中国社会保障制度的城乡差异及统筹改革思路》，《浙江大学学报（人文社会科学版）》2004 年第 3 期。

［215］杨风、李兴家：《论工会在推进新生代农民工城市融入中的作用》，《北京市工会干部学院学报》2014 年第 4 期。

［216］杨菊华：《城乡差分与内外之别：流动人口社会保障研究》，《人口研究》2011 年第 5 期。

［217］杨菊华：《社会排斥与青年乡—城流动人口经济融入的三重弱势》，《人口研究》2012 年第 5 期。

［218］杨菊华：《中国流动人口的社会融入研究》，《中国社会科学》2015 年第 2 期。

［219］杨林、张敬聘：《农民工随迁子女教育公平的财政实现机制探析》，《学术交流》2012 年第 6 期。

［220］杨绪松、靳小怡、肖群鹰等：《农民工社会支持与社会融合的现状及政策研究——以深圳市为例》，《中国软科学》2006 年第 12 期。

［221］杨正喜、朱汉平：《劳工 NGO 对农民工权益保障的价值和限度》，《西北人口》2012 年第 6 期。

［222］姚先国、李莉、张海峰：《农民工工资歧视与职业隔离——来自浙江省的证据》，《管理学家（学术版）》2008 年第 3 期。

［223］叶鹏飞：《农民工的城市定居意愿研究：基于七省（区）调查数据的实证分析》，《社会》2011 年第 2 期。

［224］易龙飞、朱浩：《流动人口居住质量与其健康的关系——基于中国 15 个大中城市的实证分析》，《城市问题》2015 年第 8 期。

［225］尹德挺、黄匡时：《改革开放 30 年我国流动人口政策变迁与展望》，《新疆社会科学（汉文版）》2008 年第 5 期。

［226］殷娟、姚兆余：《新生代农民工身份认同及影响因素分析：基于长沙市农民工的抽样调查》，《湖南农业大学学报（社会科学版）》2009 年第 3 期。

［227］俞可平：《新移民运动、公民身份与制度变迁：对改革开放以来大规模农民工进城的一种政治学解释》，《经济社会体制比较》2010 年第 1 期。

［228］俞烨：《企业文化与新生代农民工城市化问题研究——以福建省福州市为例》，《中共济南市委党校学报》2013 年第 6 期。

［229］俞真：《从虚拟走入现实的完美蜕变：记杭州网义工分会》，《杭州（我们）》2012 年第 2 期。

［230］曾群、魏雁滨：《失业与社会排斥：一个分析框架》，《社会学研究》2004 年第 3 期。

［231］詹姆斯·科尔曼，邓方译：《社会理论的基础（上）》，社会科学文献出版社 1999 年版。

［232］张传慧：《新生代农民工社会融入问题研究》，北京林业大学博士学位论文，2013 年。

［233］张春泥、谢宇：《同乡的力量：同乡聚集对农民工工资收入的影响》，《社会》2013 年第 1 期。

［234］张存刚、李明、陆德梅：《社会网络分析——一种重要的社会学研究方法》，《甘肃社会科学》2004 年第 2 期。

［235］张乐天：《超越断裂文化，建构多元文化——对进城农民工人际传播研究的一点思考》，《华东理工大学学报（社会科学版）》2007 年第 3 期。

［236］张明园、蔡国钧、翟光亚等：《精神疾患与社会支持》，《中华精神科杂志》1998 年第 4 期。

［237］张庆五：《关于人口迁移与流动人口概念问题》，《人口研究》1988 年第 3 期。

［238］张惟英：《拉美过度城市化的教训与北京人口调控》，《人口研究》2006 年第 4 期。

［239］张文宏：《社会资本：理论争辩与经验研究》，《社会学研究》2003 年第 4 期。

［240］张文宏、阮丹青：《城乡居民的社会支持网》，《社会学研究》1999 年第 3 期。

［241］张兴杰、杨正喜：《非政府组织对流动农民工子女教育的支持——以广东省东莞市横沥镇隔坑社区服务中心为例》，《西北人口》2010 年第 2 期。

［242］张伊娜、孙许昊、周双海：《老年人口迁移的特征和影响：文献综述》，《西北人口》2012 年第 4 期。

［243］张友琴：《老年人社会支持网的城乡比较研究——厦门市个案研究》，《社会学研究》2001 年第 4 期。

［244］张友琴：《社会支持与社会支持网——弱势群体社会支持的工作模式初探》，《厦门大学学报（哲学社会科学版）》2002 年第 3 期。

［245］张岳红：《新生代农民工融入城市的社会支持系统探析》，《经济研究导刊》2012 年第 6 期。

［246］赵敏：《国际人口迁移理论评述》，《上海社会科学院学术季刊》1997 年第 4 期。

［247］甄月桥、朱茹华、李益娟、刘雨：《新生代农民工身份转型过程中的社会支持问题研究：基于浙江杭州、宁波、嘉兴、温州四地的调查》，《发展研究》2011 年第 9 期。

［248］郑秉文：《改革开放 30 年中国流动人口社会保障的发展与挑战》，《中国人口科学》2008 年第 5 期。

［249］郑秉文：《拉美城市化的教训与中国城市化的问题——"过度城市化"与"浅度城市化"的比较》，《国外理论动态》2011 年第 7 期。

［250］郑功成：《解决农民工工资拖欠问题需要多管齐下》，《中国党

政干部论坛》2004 年第 5 期。

　　[251] 郑功成、黄黎若莲：《中国农民工问题与社会保护》，北京：人民出版社 2007 年版。

　　[252] 郑功成：《农民工的权益与社会保障》，《中国党政干部论坛》2008 年第 8 期。

　　[253] 郑杭生、李迎生：《社会分化、弱势群体与政策选择》，郑杭生主编，《中国人民大学社会发展研究报告——弱势群体与社会支持》，北京：中国人民大学出版社 2003 年版。

　　[254] 钟涨宝、李飞：《非政府组织与农民工社会支持——基于青岛、深圳、东莞的调查》，《社会工作（理论版）》2008 年第 9 期。

　　[255] 周英、李亚洁、林建葵等：《406 名住院精神病患者社会支持状况及其对生存质量的影响》，《护理学报》2012 年第 9 期。

　　[256] 周聿峨、阮征宇：《当代国际移民理论研究的现状与趋势》，《暨南学报（哲学社会科学版）》2003 年第 2 期。

　　[257] 朱考金、刘瑞清：《青年农民工的社会支持网与城市融入研究——以南京市为例》，《青年研究》2007 年第 8 期。

　　[258] 朱天：《社会网络中节点角色以及群体演化研究》，北京邮电大学博士学位论文，2011 年。

　　[259] 邹美萍：《边缘化：新生代农民工身份认同困境研究》，华中师范大学硕士学位论文，2012 年。

　　[260] 左鹏、史金玲：《农村留守儿童的成长障碍与社会支持系统构建——来自四川 W 县的调查》，《北京科技大学学报（社会科学版）》2010 年第 1 期。

附录1 访谈提纲

一 针对乡城移民群体的访谈提纲

1. 您来杭州工作/居住多久了？目前的工作情况如何？

2. 您对目前在杭州的日常生活最满意和最不满意的地方是什么？请具体谈谈。

3. 您对目前所居住的场所/社区满意吗？如公共交通、基础设施、生活服务、社区环境等。

4. 您目前的社会保障状况如如何？为什么参加这些项目，觉得参加这些项目会有用吗？

5. 您知道杭州市针对外来人口提供了哪些惠民政策，或惠民服务？对您的生活有影响吗？

6. 您有经常参加一些您居住的小区或社区举办的活动吗？如有，请举例说明。

7. 您与当地人结交朋友吗，有很多这类朋友吗？他们在哪些方面能帮助你，您与他们交朋友的主要原因是什么？您与这些朋友经常往来吗？

8. 您的孩子目前和您一起生活吗？在杭州读书遇到过什么困难吗？如有，请举例说明。

9. 您对未来在杭州生活的规划是怎么样的？期望政府能够提供哪些福利支持？

10. 与其他城市相比，杭州在社会福利提供上有哪些地方令你满意，哪些地方还需要加强？

二 针对政府部门的访谈提纲

1. 请您介绍一下本部门负责的工作中有哪些与乡城移民群体密切相

关的？并请详细介绍一些相关工作的内容或流程。

2. 请问这些工作职能的部署是常态化的吗？请问最初的设想是什么？

3. 请问贵部门是否建立了一些能够倾听乡城移民群体诉求的渠道？您认为目前政府部门现有政策的实施效果如何？

4. 您认为政府目前工作遇到的最大难题是什么？有哪些可能的解决办法？

5. 请问贵部门未来在为乡城移民群体提供社会支持方面有哪些规划和设想？有没有考虑过和其他社会主体进行合作？如有，请具体说明。

三　针对企业的访谈提纲

1. 请问贵企业在招聘外来工过程中有什么特殊要求吗？对外来工群体有什么期望吗？

2. 外来工群体有哪些明显特点，大都从事于怎样的工作岗位？

3. 请问贵企业针对外来工是否签订了正规的劳动合同，是否都有购买社会保障，他们对此问题的态度如何？

4. 请问贵企业针对外来工群体提供有特殊的帮助和支持措施吗？如有，请具体说明。

5. 请问贵企业在企业文化建设中是否有哪些值得推广的经验介绍？

四　针对社区的访谈提纲

1. 请您介绍一下贵社区中乡城移民群体的基本情况，呈现出哪些明显特征？

2. 您认为社区对于乡城移民群体社会融入中应该发挥什么作用？

3. 目前，社区对乡城移民群体提供了哪些福利服务？反馈的效果如何？

4. 社区在乡城移民群体过程中有哪些社会创新的举措吗？如有，请举例说明。

五　针对社会组织的访谈提纲

1. 请您介绍一下贵组织的基本情况，秉持的发展理念有哪些？

2. 您认为目前乡城移民群体融入社会过程中遇到的最大障碍有哪些？

3. 贵组织对于乡城移民群体提供了哪些支持性服务项目？请具体介绍。

4. 这些项目措施的主要立脚点是什么？是否遇到过什么困难？目前的反馈效果如何？

5. 未来贵组织在为乡城移民群体提供服务有哪些规划和设想？

附录2　调查问卷(摘编)

2013 年"流动人口管理和服务对策研究"调查问卷
（与本研究相关问题的摘编）

问卷说明

朋友，您好！

　　我们是"流动人口管理和服务对策研究"课题组的访问员。流动人口为中国城市发展做出了巨大贡献，为了全面了解、及时反映该群体的生活、工作、需求等各方面的问题，为有关部门制定有针对性的政策提供数据资料，我们专门开展本次调查。

　　问卷不涉及个人隐私，所有问题没有对错之分，您只要根据平时的想法和实际情况，实事求是地回答就行。对于您的回答，我们将按照《统计法》的规定，严格保密，并且只用于学术研究，请您不要有任何顾虑。

　　调查结束后，我们将有小礼品赠送，课题组全体人员衷心感谢您的协助与配合！

"流动人口管理和服务对策研究"课题组

2013 年 8 月

被访者姓名		手机号码	
QQ 号码		其他联系方式	
访问员姓名		访问员编号	
访问时间	月　　日，　时　分　到　　时　分		
访问地点			

A.　个人基本情况

A1.　出生年月：_____ 年 _____ 月。

A2.　性别：　1. 女；　2. 男。

A3.　民族：　1. 汉族；　2. 少数民族（请注明）：_____ 族。

A4.　您的户口状况是：

1. 外地农业户籍；　　　　　2. 外地非农户籍；

3. 本地农业户籍；　　　　　4. 本地非农户籍。

A5.　您的籍贯是：_____ 省_____ 市。

A6.　您的受教育程度是：

1. 没上过学；　　2. 小学；　3. 初中；　4. 高中；

5. 中专/技校/职高；　6. 大专；　7. 本科；　8. 研究生及以上。

A7.　您的政治面貌：　1. 中共党员；　2. 共青团员；　3. 普通群众；　4. 民主党派。

A8.　您是否拥有职业资格或技术等级证书：　1. 有；　2. 没有。

A9.　您的婚恋状况是：

1. 未婚，也无恋爱对象；　　　2. 未婚，但有恋爱对象

3. 已婚；　　　4. 离异；　　　5. 丧偶。

A10.　您有几个孩子：____ 个；其中：女孩有 _____ 个，18 周岁以下的有 _____ 个。

A11.　您是哪一年到目前城市的：_____ 年 _____ 月。

A12. 2012 年您全家全年的总收入大约是 _____ 元；2013 年春节以来，您全家的总收入大约是 _____ 元【注意：包括在城里工作的收入和家乡的收入】。

A13.　您目前的就业状况（注意：若有多份工作则以作为主要收入来源的工作做答）：

1. 全职工作；　　2. 非全职工作；　　　3. 正在找工作；

4. 不用工作；　　5. 其他 _____。

B. 十个指标的测量

问题编号与指标	回答			
J1e. 您对政府应该加强对外来人口的公共服务这一政策议题持何态度	不支持	比较支持	非常支持	无所谓
E3c. 目前城市中朋友中的本地人有多少	没有	有一些	有很多	
J2b. 目前是否存在找工作困难的问题	没有	有一些	有很多	
J3a. 目前是否存在社会保险的转移接续难	没有	有一些	有很多	
J3b. 目前是否存在子女入学难	没有	有一些	有很多	
J3c. 目前是否存在居住环境太差	没有	有一些	有很多	
J3d. 目前是否存在与邻里交往困难	没有	有一些	有很多	
J3e. 目前是否存在生活单调	没有	有一些	有很多	
J3g. 目前是否存在权利受到侵害	没有	有一些	有很多	
J3j. 目前是否存在维权困难	没有	有一些	有很多	

附录3 访谈人员记录表

乡城移民个人访谈记录表

编号	性别	居住区域	职业	访谈时间	访谈形式
YM01	男	江干区	家电厂员工	2012 年 10 月	个人访谈
YM02	男	江干区	电子厂员工	2012 年 10 月	个人访谈
YM03	女	下城区	服装厂员工	2012 年 11 月	小组访谈
YM04	男	江干区	家电厂员工	2012 年 11 月	小组访谈
YM05	男	江干区	中介公司员工	2012 年 11 月	小组访谈
YM06	女	西湖区	财务公司员工	2012 年 11 月	小组访谈
YM07	女	江干区	电子厂员工	2012 年 12 月	个人访谈
YM08	女	江干区	餐馆服务员	2012 年 12 月	个人访谈
YM09	男	江干区	快递员	2013 年 1 月	小组访谈
YM10	男	江干区	电子厂员工	2013 年 1 月	小组访谈
YM11	女	下城区	打零工	2013 年 1 月	小组访谈
YM12	男	西湖区	自雇	2013 年 1 月	小组访谈
YM13	女	拱墅区	超市打工	2014 年 11 月	小组访谈
YM14	女	拱墅区	超市打工	2014 年 11 月	小组访谈
YM15	男	拱墅区	公交车司机	2014 年 11 月	小组访谈
YM16	男	拱墅区	自雇	2014 年 11 月	小组访谈
YM17	男	江干区	公交车司机	2014 年 12 月	座谈会
YM18	女	滨江区	电子厂员工	2014 年 12 月	座谈会
YM19	男	江干区	运输车队司机	2014 年 12 月	座谈会
YM20	女	江干区	电子厂员工	2014 年 12 月	座谈会

续表

编号	性别	居住区域	职业	访谈时间	访谈形式
YM21	男	江干区	出租车司机	2014 年 12 月	座谈会
YM22	男	江干区	物流公司员工	2014 年 12 月	座谈会
YM23	女	下城区	家庭主妇	2014 年 12 月	座谈会
YM24	男	江干区	食品厂员工	2014 年 12 月	座谈会
YM25	男	西湖区	物业公司员工	2015 年 1 月	个人访谈
YM26	男	西湖区	物业公司员工	2015 年 1 月	个人访谈
YM27	女	拱墅区	餐馆服务员	2015 年 1 月	个人访谈
YM28	女	下城区	超市打工	2015 年 1 月	个人访谈
YM29	女	江干区	家庭主妇	2015 年 1 月	个人访谈
YM30	男	拱墅区	电信公司员工	2015 年 1 月	个人访谈
YM31	女	拱墅区	家庭主妇	2015 年 3 月	小组访谈
YM32	男	西湖区	物业公司员工	2015 年 3 月	小组访谈
YM33	女	江干区	餐馆服务员	2015 年 3 月	座谈会
YM34	女	江干区	自雇	2015 年 3 月	座谈会
YM35	女	西湖区	家庭主妇	2015 年 3 月	座谈会
YM36	男	下城区	公交车司机	2015 年 4 月	个人访谈
YM37	女	下城区	外贸公司员工	2015 年 4 月	个人访谈
YM38	男	滨江区	出租车司机	2015 年 4 月	个人访谈
YM39	男	拱墅区	出租车司机	2015 年 8 月	个人访谈
YM40	男	拱墅区	建筑公司员工	2015 年 8 月	个人访谈
YM41	女	滨江区	制药公司员工	2015 年 8 月	个人访谈

政府、企业、社区与社会组织人员访谈记录表

编号	性别	职务	访谈时间	访谈形式
QY01	女	江干区某园林公司人事部门负责人	2012 年 10 月	个人访谈
QY02	女	拱墅区某物业管理公司人事部门负责人	2012 年 10 月	个人访谈

编号	性别	职务	访谈时间	访谈形式
ZF01	女	杭州市住房保障和房产管理局政策法规处工作人员	2012 年 11 月	个人访谈
ZF02	男	杭州市总工会综合办公室工作人员	2012 年 11 月	个人访谈
ZF03	男	杭州市人力资源和社会保障局就业创业指导处农村劳动力就业办公室工作人员	2012 年 11 月	个人访谈
SQ01	女	杭州市江干区 L 社区主任	2014 年 12 月	座谈会
SQ02	女	杭州市江干区 L 社区党委委员	2014 年 12 月	座谈会
SQ03	女	杭州市拱墅区 X 社区工作人员	2015 年 8 月	个人访谈
SH01	男	杭州网义工分会工作人员	2012 年 12 月	个人访谈
SH02	男	杭州网义工分会常驻志愿者	2013 年 1 月	个人访谈
SH03	女	杭州网义工分会常驻志愿者	2013 年 1 月	个人访谈

附录 4　征求访谈参与者意见书

您好：

  我是浙江大学公共管理学院社会保障与风险管理系的研究人员。在这里，我诚挚地邀请您参与我的研究课题——乡城移民社会支持的建构研究。我将主要以访谈的形式了解您在城市工作和生活的主要障碍因素，以及您对地方政府公共服务的看法等方面的问题，访谈会持续 1 小时左右，期间会使用录音设备以保证访谈的质量。

  我将会使用字母来替代您的身份信息以最大程度地保护您的隐私，请您放心。如您需要，我将在访谈结束之后给您一份访谈记录的复制件，您可以进行任意修改。这次访谈的全部内容仅限于学术研究，不会对您造成任何负面影响，因而恳请您根据自身的生活经历、主观理解等如实做出回答，回答的内容并无对错之分。您有权在访谈进行的过程中随时中断访谈，也有权在访谈结束一个月内随时收回您的访谈内容。

  如果您愿意参加这次访谈，我将不胜感激，这将有助于本研究项目的顺利完成。如果您有任何疑问和建议，欢迎随时与我联系（电子邮箱：lfyi@ zju. edu. cn）。

  再次向您的合作表示感谢！

  访谈员签名：

如果您同意参加这次访谈，请填写下面内容。

本人签字：　　　　　　　　　　　　　　日　期：